詳説

日本仏教13宗派がわかる本

正木 晃

The New Fifties
講談社

はじめに

近年、日本人の仏教信仰は、伝統仏教と新宗教系の二つによってになわれている。伝統仏教と新宗教を分かつ指標は、明治維新以前に成立していたか否か、に求められる。あらためて指摘するまでもなく、伝統仏教とは明治維新以前に成立していた仏教宗派を指している。ただし、気をつけておかなければならないことがある。それは「宗派」という言葉の意味だ。厳密にいうと、現時点で私たちが接している「宗派」の成立は、早くても江戸時代の初期であり、おおむねは明治維新期以降、なかには第二次世界大戦以降になってから、ようやく成立した例すらあるからだ。

ちなみに、各宗派の教義、つまり根本的な教えあるいは思想や哲学が、現行のかたちになったのもそう古い話ではない。日本有数の寺院数や信者数を誇る宗派の中にも、今の教義の成立は１９５０年代の後半になってからという事例がある。また、教義の内容そのものも、人々の価値観の変化とともに、いつの間にか変わっている場合も少なくない。

伝統宗派の「13」という数は、明治政府が13宗56派を公認したことに由来する。そして、13宗派は奈良仏教系・天台系・真言系・浄土教系・禅宗系・日蓮系・その他に分類されてきた。本書では、各宗派の歴史・教義・代表的な寺院、人物を考察の対象として、各宗派の特徴をわかりやすく解説することをめざした。

実は私たちが日本史の教科書やメディアから得ている仏教関係の知識や情報の中には、間違っているものがけっこうある。ときには伝統仏教の宗派から発信されている知識や情報の中にも、事実と異なっているものがある。それらが本書をお読みの方々に正しく理解され、「目から鱗が落ちる」ことが少しでもあれば、著者としては本望である。

正木　晃

目次

『詳説　日本仏教13宗派がわかる本』

はじめに……2

基礎知識――13宗派が生まれた歴史

日本仏教13宗派……8
インドで仏教が生まれる……10
インド仏教の歴史……12
周辺地域へ広まる……18
中国の仏教……20
仏教伝来……22
奈良仏教……24
平安仏教……26
鎌倉新仏教……30
室町時代の仏教……33
江戸時代の仏教……35
明治時代の仏教……37
【コラム】　神と仏の関係……38

日本仏教13宗派の主な本山と本尊

本山と本尊……40
宗派で異なる伽藍の配置……44
本尊の種類……48
各宗派の本尊……55
法相宗の本山　興福寺……64
華厳宗の本山　東大寺……67
律宗の本山　唐招提寺……70

天台宗の本山　比叡山延暦寺……72
天台寺門宗の本山　園城寺（三井寺）……76
高野山真言宗の本山　金剛峯寺……78
真言宗の本山　東寺……82
「真言宗十八本山」……85
融通念仏宗の本山　大念佛寺……86
浄土宗の本山　知恩院……88
浄土宗の本山　増上寺……90
浄土真宗本願寺派の本山／真宗大谷派の本山
本願寺（西本願寺）
本願寺（東本願寺・真宗本廟）……92
時宗の本山　遊行寺（清浄光寺）……94
臨済宗妙心寺派の本山　妙心寺……96
臨済宗大徳寺派の本山　大徳寺……98
臨済宗南禅寺派の本山　南禅寺……100
臨済宗天龍寺派の本山　天龍寺……102
臨済宗相国寺派の本山　相国寺……104
臨済宗建仁寺派の本山　建仁寺……106
臨済宗東福寺派の本山　東福寺……107
五山制度とは……108
鎌倉五山とは……109
【コラム】　比叡山と高野山……113
曹洞宗の本山　永平寺……114
曹洞宗の本山　總持寺……116
黄檗宗の本山　萬福寺……118
日蓮宗の本山　久遠寺……120
日蓮宗の本山　池上本門寺……122
【コラム】　流行るお寺・つぶれるお寺……124

13宗派の教え・宗祖・歴史

奈良仏教系

法相宗……126

知っておきたい名僧列伝　玄昉……130
華厳宗……132
知っておきたい名僧列伝　明恵……136
律宗……138
知っておきたい名僧列伝　叡尊と忍性……141

密教系
天台宗……143
知っておきたい名僧列伝　良源……148
真言宗……150
知っておきたい名僧列伝　仁海……155

浄土教系
融通念仏宗……157
知っておきたい名僧列伝　道御……160
浄土宗……162
知っておきたい名僧列伝　祐天……167
浄土真宗……169
知っておきたい名僧列伝　蓮如……173
時宗……175
知っておきたい名僧列伝　他阿真教……179

禅宗系
臨済宗……181
知っておきたい名僧列伝　白隠慧鶴……186
曹洞宗……188
知っておきたい名僧列伝　鈴木正三……192
黄檗宗……194
知っておきたい名僧列伝　了翁道覚……198

日蓮系
日蓮宗……200
知っておきたい名僧列伝　日親……204

【コラム】　なぜたくさんの「信仰」があるのか……206

編集協力／永渕美加子、渡邉光里（株式会社スリーシーズン）
本文レイアウト／内藤富美子、梅里珠美（有限会社 北路社）
イラスト／小野寺美恵、髙安恭ノ介
装丁／山原 望

基礎知識——

13宗派が生まれた歴史

日本仏教13宗派

日本独自の発展を遂げ生まれた13宗派

　日本仏教で、明治維新以前に成立していた仏教を「伝統仏教」と呼ぶ。現在その伝統仏教が、法相《ほっそう》宗・華厳《けごん》宗・律《りつ》宗・天台《てんだい》宗・真言《しんごん》宗・融通念仏《ゆうずうねんぶつ》宗・浄土《じょうど》宗・浄土真《じょうどしん》宗・時《じ》宗・臨済《りんざい》宗・曹洞《そうとう》宗・黄檗《おうばく》宗・日蓮《にちれん》宗の13宗派から構成されることは、明治政府が13宗56派を公認していた事実に由来する。

　その後、戦時体制のもと、国家による宗教統制のさらなる強化を受けて、１９４０年に宗教団体法が施行され、28宗派に再編された。さらに第二次世界大戦後の１９５１年に宗教法人法が成立し、国による認可制度がなくなると、分派や独立が相次いだ。

　ちなみに現行の法律では、宗派は「包括宗教法人」と呼ばれる。毎年、文化庁が発行している『宗教年鑑』（平成30年版）に登録された宗教法人の総数は18万１２５２もある。仏教系の法人は７万７２８０だから、全体の43％ほどを占める。このうち、宗派・教派・教団と認定されている、いいかえれば大きな組織をもつ仏教系の包括宗教法人は１５７を数える。すなわち、現時点で、仏教には１５７の宗派が存在する。

　しかし、信仰の対象や、教えの違い、そして歴史の違いから、日本の伝統仏教は大きく13の宗派に分けられる。かつて国家神道を推進し、仏教に対しては、ごく一部の宗派を除けば、おおむね冷淡で、むしろ抑圧的だった明治政府ですら、13宗派を公認していた事実は、重い意味がある。

日本仏教13宗派の流れ

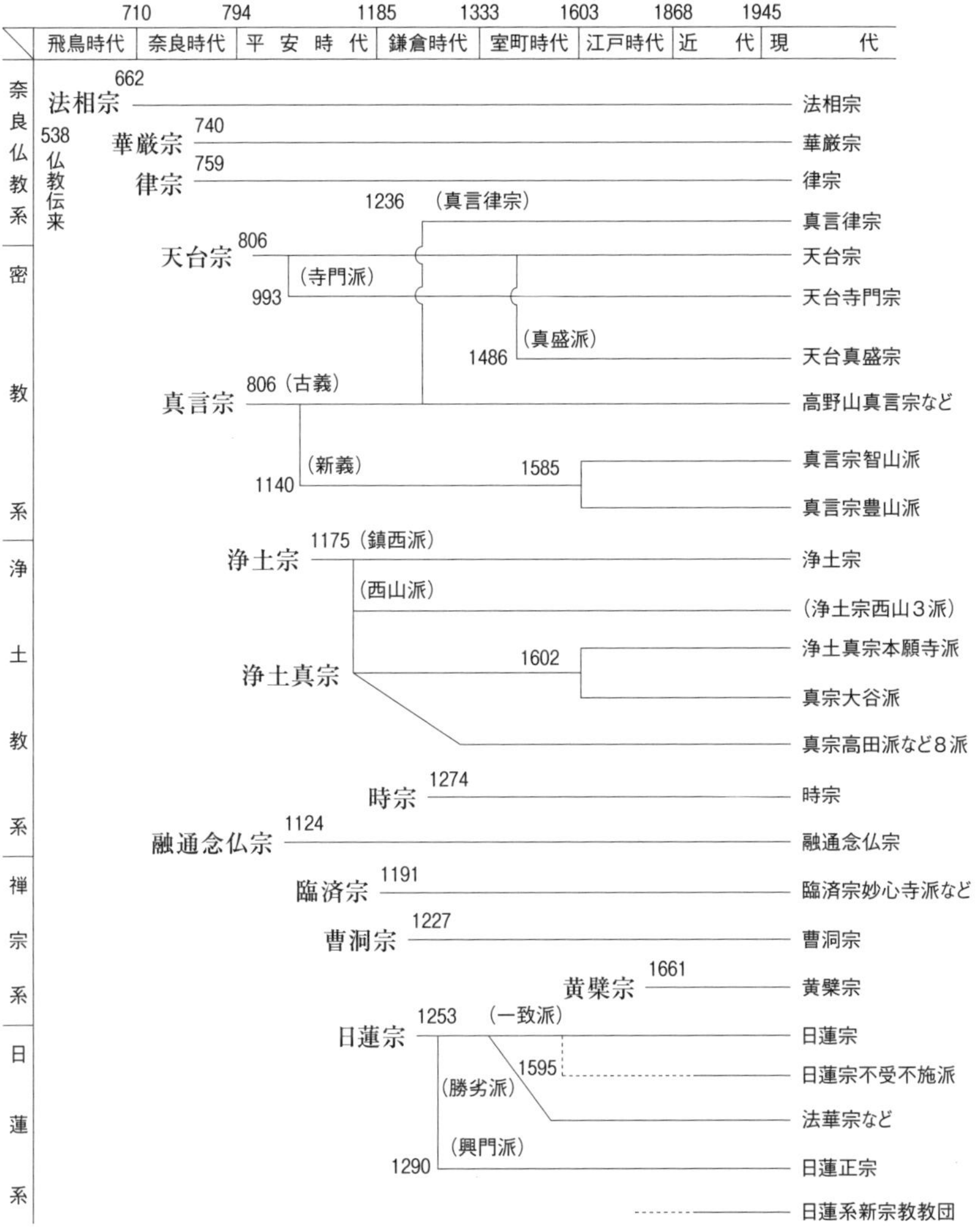

『宗教年鑑』(平成30年版・文化庁編)より

インドで仏教が生まれる

釈迦族のブッダが仏教を興す

今から２４５０年ほど前、インドで仏教が生まれた。開祖の出家前の名前はガウタマ・シッダールタ（ゴータマ・シッダッタともいう。「ゴータマ姓の万事を成就する者」という意味）。悟りを開いてからは、ブッダ（仏陀＝目覚めた者）、あるいは釈迦《しゃか》族出身だったので釈尊《しゃくそん》とか釈迦牟尼《しゃかむに》（釈迦族の尊者）などと呼ばれるほか、尊称は10あまりもある。

ブッダが35歳で悟りを開き、80歳で涅槃《ねはん》（釈尊が入滅すること）に入ったことは、伝承が一致するが、生没年は確定していない。たとえば生年は学説により紀元前６２４年から同４６３年までと１６０年以上も開きがあるため、仏教の誕生も紀元前５８９年から同４２８年と幅がある。

ブッダは中国の孔子《こうし》（前５５２〜前４７９）、ギリシアのソクラテス（前４６９〜前３９９）やプラトン（前４２７〜前３４７）などとほぼ同じ時代を生きた人物であり、この時代に人類の精神文明はその基礎が構築されたとみなす説もある。

インドでも、都市の形成とともに、旧来の保守的な宗教や思想からの解放をめざす人々が出現。ブッダもその一人だった。

ブッダは生死を超える真実、すなわち悟りを開いた。しかし悟りは、体得するしかなく、言葉では表現できないと弟子たちに教えた。このことが、悟りとは何かをめぐり、仏教に多くの宗派や学派が生まれる原因となった。

ブッダの生涯

	ブッダ	中国	ヨーロッパ
前479年		孔子が没する	
前463年	ガウタマ・シッダールタ（ブッダ）誕生		
前399年			ソクラテス没する
前403年		春秋時代から戦国時代に	
前447年	ヤソーダラーを妻に迎える		
前434年	出家して、各地で苦行を行うようになる		
前428年	瞑想の末、菩提樹の下で悟りを開く 初めて説法を行う		
前383年	ブッダ入滅する		
前347年			プラトン没する

誕生
ネパールにあったとされる、ルンビニの花園で、サーキャ族の王子として誕生。母親のわきの下から生まれたともいう。

悟りを開く
6年間続けた苦行に疑問をもち、放棄。菩提樹の下に座り深い瞑想に入ると、49日後に悟りを開いた。

初転法輪《しょてんぼうりん》
かつてともに苦行を行っていた修行僧に、初めて説法を行う。修行僧たちはしばらくしてブッダの弟子になった。

入滅
布教活動の最中、沙羅双樹の下に横たわり、弟子たちに遺言を伝えると、静かに入滅した。

図表内は、生年が前463年の説を採用。

インド仏教の歴史

インド仏教を時期的に大別すると、初期仏教・中期仏教・後期仏教になる。

初期仏教（紀元前4～紀元1世紀）

ブッダの死後、教団が分裂

ブッダは弟子たちに「戒《かい》・定《じょう》・慧《え》」、すなわち戒律を守って禁欲に徹し、瞑想修行に精進すれば最高の智慧を体得し、悟りを開くことができると教えた。その一方で、みずからの教えを哲学的に考察し、教義をつくりあげることにはむしろ否定的だった。たとえば教義の基本中の基本とされる「四《し》聖諦《しょうたい》」も「八正道《はっしょうどう》」も「十《じゅう》二《に》因《いん》縁《ねん》」も、いま私たちが知っているような、4の倍数できれいにまとめてブッダが説いたことはなかったようだ。

ブッダが涅槃に入った後、教えは弟子たちに受け継がれた。その後、大乗《だいじょう》仏教が登場する紀元1世紀までが初期仏教の時代とされる。初期仏教は小乗《しょうじょう》仏教とも呼ばれてきた。さらに初期仏教は、インド最初の統一王朝マウリヤ朝第3代の王だったアショーカ王（在位前268頃～前232頃）の時代を挟んで、前期の原始仏教と後期の部派《ぶは》仏教の、二つの段階に分けられる。

原始仏教とは、生前のブッダから直接、説法を受けた人が生きていた時代、およびブッダの教えがまだ変容せずに伝わっていた時代である。この段階ですでに経典と戒律はかなり整備されていたものの、哲学的な考察を記す論書はまだ整備されていなかった。部派仏教とは、さまざまな部派（学派）

ブッダの説いた主な教義

四聖諦　ブッダの教えの根本となる、4つの真理。

【苦諦《くたい》】
この世はすべて苦であり、すべての人は苦の人生を歩んでいること。

【集諦《じったい》】
苦しみの原因は、執着と欲望にあるということ。

【滅諦《めったい》】
苦しみの原因である執着と欲望を捨てれば、苦しみから脱出できる。

【道諦《どうたい》】
滅諦をめざすには、八正道を実践すること。

八正道　苦しみから脱するための、8つの修行方法。

【正見《しょうけん》】
固定観念にとらわれず、正しく物事を見ること。

【正思惟《しょうしゆい》】
正しく物事を考えること。

【正語《しょうご》】
嘘や悪口を言わず、正しい言葉で話すこと。

【正業《しょうごう》】
殺生や盗みを避け、正しい行いをすること。

【正命《しょうみょう》】
悪行を行わず、正しい生活をおくること。

【正精進《しょうしょうじん》】
悟りに向かって、正しく努力を行うこと。

【正念《しょうねん》】
正しい教えを常に忘れず、正しいと自覚をもつこと。

【正定《しょうじょう》】
目標に向かって、正しく精神統一（瞑想）すること。

十二因縁　無明の状態から老死まで、人間の苦しみの過程を12の要素で表したもの。

【無明《むみょう》】
生と死の真理について、何も知らない状態。

【行《ぎょう》】
間違った知識のまま、行為を行おうとする動き。

【識《しき》】
行のために、間違った知識や行為が植えつけられる。

【名色《みょうしき》】
間違った知識を得たまま、心と体が発達する。

【六処《ろくしょ》】
眼、耳、鼻、舌、身の5つの感覚器官と意（意識）が備わる。

【触《そく》】
完成した意識と体で、外界と接触する。

【受《じゅ》】
外界と接したことにより起こる、感受作用。

【愛《あい》】
感受対象に対して、激しく渇愛し欲望をもつこと。

【取《しゅ》】
欲望を満たすために生まれる執着。

【有《う》】
生存しており、ここに存在していること。

【生《しょう》】
生存しており、ほかの存在を生み出すこと。

【老死《ろうし》】
老いて死ぬこと。

に分裂した段階の仏教を意味する。哲学的な考察が進むと、ブッダの教えをめぐって見解の違いが表面化し、同じ見解の僧侶たちが結集して、互いに自分たちこそ正統であると主張した結果、多くの部派が生まれた。最初の分裂は紀元前100年頃までに、保守的な上座部《じょうざぶ》と上座部に批判的な大衆部《だいしゅぶ》の間で起こり、その後、それぞれがさらに細かく分裂し、最終的には18~20ほどの部派が成立した。

中期仏教（紀元1~6世紀）

大乗仏教の時代

　中期仏教は大乗仏教が興隆した時期であり、紀元1世紀から6世紀末頃にあたり、インド仏教は全盛期をむかえていた。大乗仏教とは、大乗仏典をブッダの真説とみなす仏教である。原始仏典が基本的にブッダの言行録なのに対して、大乗仏典はもはや神に近い存在にまで高められたブッダの物語といっていい。

　この中期仏教も二つの時期に分けられる。前半期は紀元1世紀から4世紀末頃で、般若《はんにゃ》経・華厳《けごん》経・法華《ほけ》経・浄土三部経など代表的な大乗仏典が次々に編纂された。日本の仏教宗派の大半は、この時期の経典にもとづいて成立している。

　後半期は5世紀から6世紀末に至る時期で、世界も神もなにもかも実在していないと主張する中観《ちゅうがん》派、いや心だけは実在すると主張する唯識《ゆいしき》派、唯識派の見解を論理学の導入によって証明しようとする論理学派、凡夫もみな仏の胎児を宿しているから必ず解脱できると主張する如来蔵《にょらいぞう》と呼ばれるグループなどが、すこぶる高度な哲学論争を展開した。

　ここでお断りしておくが、大乗仏教が興隆したからといって、部派仏教が姿を消したわけではない。むしろインド仏教界の主流派だった可能性が高い。いずれにせよ、同じ僧院の中に、部派仏教と大乗仏教が共存していたというのが実態である。

　だいいち当時の慣習として、正式に出家するためには、まず最初に部派仏教の戒律を授かる必要があった。そのうえで、大乗仏教を学びたい者は、さらに大乗仏教の

インド仏教の流れ

初期仏教（小乗仏教）

前期 **原始仏教** ブッダの生前に、直接説法を受けた人によって、ブッダの教えが正しく伝わっていた時代。

↓

後期 **部派仏教** ブッダの生前を知る者がいなくなり、ブッダの教えに対する解釈に対してさまざまな考察が生まれ、多くの部派に分裂。

分裂

上座部 / **大衆部**

ブッダの時代は一つの教団だった僧集団が分裂。「根本分裂」という。

さらに分裂し、18〜20もの数に

中期仏教

上座部仏教

部派仏教時代に分裂した上座部は大乗仏教が盛んな時期にも、引き続き存続した。のちにスリランカや東南アジアに伝播。

大乗仏教

インド仏教全盛期に革新的な仏教として成立。のちに中国やチベット、日本などへ伝播。

日本の宗派の多くは、前半期の経典から成立。

前半期 般若経、華厳経、法華経、浄土三部経など

後半期 中観派、唯識派、論理学派、如来蔵など

ヒンドゥー教をはじめ、さまざまな要素を導入

後期仏教

密教 大乗仏教が衰退した時期に成立。ヒンドゥー教のほか、土着の神々なども取り入れられ、インド最後発の仏教として隆盛をきわめた。

戒律を授かった。意見が対立しても、相手をむやみやたらと撲滅したりはしないというのが、インド仏教界の常識だったのである。このあたりは、敵対する者を徹底的に弾圧するセム型一神教（ユダヤ教・キリスト教・イスラム教）とはまったく異なる。

後期仏教（7～13世紀）

密教の時代

後期仏教は7世紀から13世紀にあたり、密教が興隆した時期にほかならない。ただし、この時期になると、ヒンドゥー教の攻勢に圧倒されて、仏教の勢力は明らかに衰えていた。さらに、西方からやってきたイスラム教の勢力から攻撃されて、後期仏教の時代は苦難の連続となった。

密教が登場してきた理由も、ヒンドゥー教の攻勢に対する仏教なりの反応あるいは対抗策だった面が否めない。

密教の特徴は以下のとおりだ。

①密教は「秘密仏教」という意味。
②密教は大乗仏教に属している。
③密教はインド仏教の最終走者。
④密教は神秘的で、シンボルを駆使して、儀礼を実践する。
⑤密教は前期・中期・後期の三期に分けられる。
⑥日本密教（真言宗）は中期密教、チベット密教は後期密教である。

そのほか、競合するヒンドゥー教から多くの神々を、密教に帰依したという理由を付けて、招き入れた。日本仏教で「天」(※)が付く者たちはみなヒンドゥー教出身とみなしていい。

13世紀の初頭、インド仏教は、ヒンドゥー教とイスラム教に挟み撃ちされるかたちで、滅亡した。具体的には、密教を中心に仏教勢力にとって最後にして最大の拠点となっていた東インドのヴィクラマシーラ大僧院がイスラム勢力に焼き討ちされて、インド仏教は滅び去ったのである。

その後もインド各地にほそぼそと残存した形跡がないではない。しかし、社会全体に影響をおよぼす力は完全に失い、やがてヒンドゥー教との差違も失って、その大波に呑み込まれていったようだ。

※大黒天、弁才天、帝釈天、梵天、毘沙門天など。

上座部仏教と大乗仏教の違い

	上座部仏教	大乗仏教
救われる対象	 救われるのは出家して修行した本人のみ。別名である小乗仏教の「小乗」とは、少人数しか乗れない船という意味で、大乗仏教が興隆した際に、大乗仏教側からの蔑称として生まれた言葉	 「大乗」とは、すべての人々が乗ることができる船という意味で、出家した人も在家の人も、すべての人が救われる
最終目的	八正道による修行で、涅槃を達成すること	如来（仏）になること
理想の姿	阿羅漢（ブッダの教えを実践して高い境地に達した聖者）	菩薩（悟りを求め努力する者）
信仰のよりどころ	ブッダが直接説いた教え	さまざまな仏、菩薩が説いた経
ブッダの存在	修行しても、特別な存在であるブッダにはなれない	修行により、誰しもが如来（仏）になれる可能性がある
修行者の目的	自己鍛錬によって、自身の悟りの境地をめざす	ほかの者の幸福を願い、みなが救済されることを願う
経典の言語	パーリ語	サンスクリット語（梵語）
信者	僧侶へ布施などにより奉仕して、功徳を積む	如来や菩薩に直接祈りをささげる
伝播	スリランカ、ミャンマー、タイ、ラオス、カンボジアなど	中国、朝鮮、日本、チベット、モンゴルなど
別名	南伝仏教、テーラワーダ仏教、小乗仏教	北伝仏教

周辺地域へ広まる

シルクロードから中国へ 中国から日本へ

このように、最終的には生まれ故郷のインドでは滅び去らざるをえなかった仏教は、インドで滅亡するはるか前の時期から、インドの周辺地域で布教活動をはじめていた。

まず初期仏教が、南アジアや東南アジアに伝えられた。スリランカ、さらにミャンマー・タイ・カンボジアという順番である。現在でもこれらの地域では、初期仏教の中でも最も保守的なグループに起源をもつテーラワーダ（上座部仏教）が根付いている。

次の段階では、大乗仏教が周辺の各地に伝えられた。南アジアや東南アジアにも伝えられたが、やがて権力者から、必ずしも伝統を重視しない傾向が危険とみなされて弾圧され、滅び去った。そして最後の段階では、密教が南アジアや東南アジアに伝えられたが、戒律を無視しがちな点や呪術を多用する点が権力者から忌避されて、消え去った。今は世界最大数のイスラム教信者をもつインドネシアにも密教は伝えられた。

南アジアや東南アジアで拒否された大乗仏教や密教が活路を見出したのは、シルクロードでつながれた地域やチベット高原である。とりわけ東アジア世界の盟主だった中国に伝わると、大きく発展を遂げた。日本仏教はその圧倒的な影響下に成立したといっていい。またヒマラヤの彼方に位置するチベット高原では密教が受容され、非常に高度な理論や修行法が開発されることになる。

インドから各地へ広まる仏教

インドで誕生した仏教は、周辺地域から各地へと広まることになり、初期仏教は、インドを出てスリランカや東南アジアなど、主にインドより南方面へと広まった。大乗仏教はインド北方を経由し、中央アジアをへて中国、日本と、主にインドより北方面へと広まった。

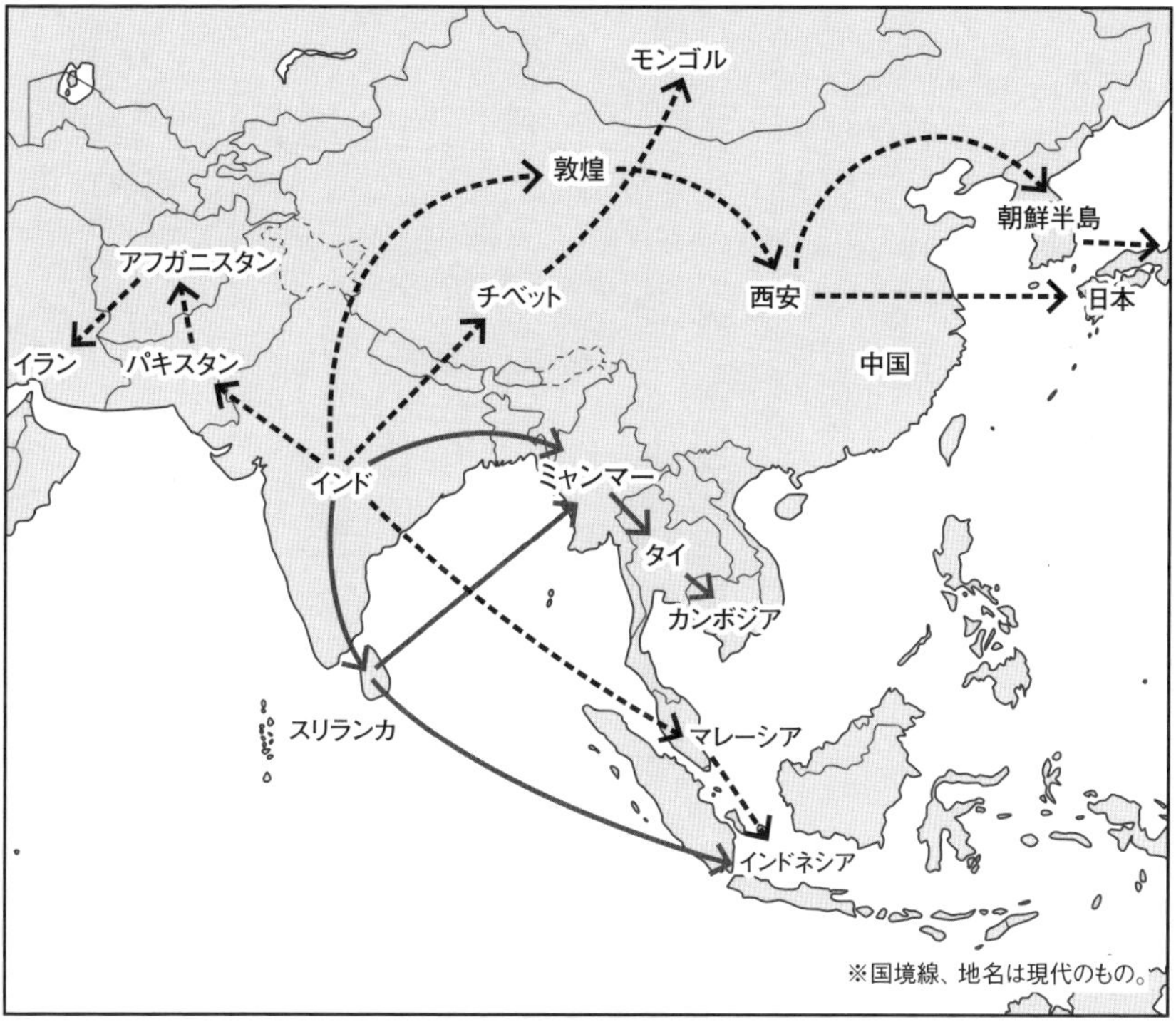

初期仏教　インドを出た初期仏教は、スリランカやミャンマーなどをへて、タイ、カンボジアといった東南アジア諸国へ。

大乗仏教　大乗仏教はインドを出て、中央アジアへ広まり、ここでヘレニズム文化の影響を受けたギリシア彫刻風の仏像が造られたりした。そこからシルクロードを伝って東アジアへ。中国へ伝わると独自に発展し、やがて日本へ伝来することになる。インドネシアには、巨大な密教遺跡であるボロブドゥールの寺院群も残る。

中国の仏教

大乗仏教が発展し中国型に変容

中国に最初に仏教が伝わったのは紀元1世紀頃とされる。もともと中国には儒教や道教という巨大な精神文明が存在した。外来宗教である仏教は、儒教や道教とときには対立し、融合しながら、中国仏教という独自の宗教思想を形成した。中国仏教には初期仏教の姿がほとんど見当たらない、つまり中国では大乗仏教が圧倒的に優位だった。インド仏教では、必ずしも大乗仏教が優位ではなかったから、その違いは大きい。

中国仏教の全盛期は隋・唐から宋の時代（6世紀から13世紀頃）である。天台宗の智顗《ちぎ》、華厳宗の法蔵《ほうぞう》、密教の不空《ふくう》、法相宗の祖で大翻訳家の玄奘《げんじょう》（三蔵法師）など、偉大な人材が次々に現れ、インドの大乗仏教を、中国人の精神世界に適合するかたちに変容させた。

なかでも、浄土教と禅宗が成功した。この世は破滅に向かって突き進んでいるという末法《まっぽう》思想《しそう》を背景に、極楽浄土への往生を願って阿弥陀如来を崇拝する浄土教は、隋・唐時代に道綽《どうしゃく》や善導《ぜんどう》により大成された。ヨーガ（禅定）はインドでは瞑想修行の基本だったが、中国では悟りを直感的に得る宗派として独立し、禅宗となった。禅宗の大成者は唐時代の慧能《えのう》とされる。

密教は唐時代に一時的に興隆したが、唐朝滅亡とともにほぼ壊滅した。ただし元や清のような異民族王朝の時代になると、チベット密教が皇帝などの支配階層からあつく信仰されることになる。

中国で宗派が生まれるまで

1世紀頃（後漢の時代）　仏教伝来

後漢の皇帝・明帝《めいてい》が夢でブッダを見て仏教に興味をもち、インドに使者を派遣。そのときの使者が経典や仏像を持ち帰り、中国に仏教が伝来したといわれるが、ほかにもいくつかの説がある。

↓

2世紀〜　経典の漢訳開始

2世紀・安世高《あんせいこう》
安息《あんそく》国（現イラン）の王族出身の出家僧で、中国に渡り原始仏典を中心とした経典を漢訳。以後、漢訳仏典の浸透とともに仏教も定着していく。

5世紀・鳩摩羅什《くまらじゅう》
亀茲《きじ》国の僧侶である鳩摩羅什が来朝し、『般若経』『法華経』『阿弥陀経』など主要大乗経典を漢訳。

↓

教相判釈《きょうそうはんじゃく》 ＝ 宗派が生まれる

さまざまな経典が非体系的に多くの僧によって漢訳されたため、それぞれの間に矛盾が生じた。そこで経典を整理し、体系づける作業が盛んに行われるように。これを教相判釈といい、宗派が生まれるきっかけになった。

●中国の主な仏教宗派

天台宗 ／ 宗祖：智顗
慧文《えもん》を始祖とし、教義を整理した孫弟子の智顗が実質的宗祖。『法華経』を重要視する。

法相宗 ／ 宗祖：玄奘
師匠である玄奘の教えをもとに、基《き》が大成させた。唯識思想を説く。

華厳宗 ／ 宗祖：杜順《とじゅん》
3代目の法蔵が、天台宗や法相宗の教えを取り入れ大成させた。『華厳経』の重要性を説く。

律宗 ／ 宗祖：道宣《どうせん》
終南山に住んでいた道宣によって開かれたことから、南山律宗とも。戒律の実践をすすめた。

禅宗 ／ 宗祖：達磨《だるま》
インドの僧・達磨が中国に伝えたといわれ、のちに慧能が大成させ、広く浸透した。

浄土教 ／ 宗祖：慧遠《えおん》
慧遠を始祖とし、曇鸞《どんらん》、道綽、善導が大成。とくに善導流は称名念仏を重要視し、一般大衆に広く受け入れられた。

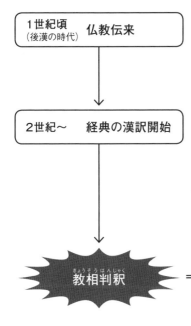

仏教伝来

朝鮮半島から日本に伝わる

538年、朝鮮半島を経由して、日本の支配階層の人々に初めて仏教が伝えられた。その仏教は、インド仏教そのままではなく、中国的な変容を遂げた大乗仏教であった。

当時の日本人が仏教の深い思想を理解できたとはいいがたい。仏教を受容した人々は、仏を霊験あらたかな「あだしくにのかみ（蕃《ばん》神《しん》）」、つまり「外国の神」として崇めたのである。そのため「くにつかみ（国神・日本の神）」を崇める人々との間に、激しい対立が生じた。

さらにその対立が有力豪族間の権力闘争とからんだ結果、ついに蘇我《そが》氏を中核とする崇仏派と物部《もののべ》氏を中核とする排仏派との戦いに発展した。戦いは崇仏派の勝利に終わり、以後、仏教は、宗教のみならず、政治や文化の分野でも、古代日本を導く指針となった。

6世紀後半から8世紀のはじめころ、大和盆地（現在の奈良県）に法隆寺をはじめ、寺院が次々に建立され、日本最初の仏教文化が開花した。仏教は大陸の最新文化の象徴であり、建築・工芸・医学・文学などの知識や技術が仏教とともに輸入された。

中国から帰国した留学僧は、最高の知的エリートとして、各界を指導する立場についた。

日本で初めて仏教の深い理解に達した可能性のある人物として、聖徳太子の名があげられる。

仏教が日本に定着するまで

538年　**仏教伝来**

欽明天皇に百済の聖明王《せいめいおう》から仏像や経典がもたらされたことが、日本における仏教のはじまり。538年説と552年説があるが、538年が有力とされる。

↓

欽明《きんめい》天皇

仏教を信仰するべきか、臣下に問うと、蘇我稲目が崇仏を主張。欽明天皇は試しに仏像の礼拝を命じた。

蘇我氏・崇仏派

蘇我稲目《そがのいなめ》
父子
蘇我馬子《うまこ》
協力
聖徳太子

蘇我氏は渡来人との関わりが深かったため、中国大陸や朝鮮半島が受け入れた仏教を、日本も信仰するべきと主張。

仏教の導入をめぐって

対立

（丁未《ていび》の乱）

物部氏・排仏派

物部尾輿《もののべのおこし》
中臣鎌子《なかとみのかまこ》
父子
物部守屋《もりや》

祭祀を取り仕切ってきた物部氏と中臣氏は、異教の神の存在は認めず、伝統的な神信仰を守るべきと主張。

↓

崇仏派が勝利

蘇我馬子が物部氏を打ち滅ぼし、崇仏派の勝利となった。この後仏教の導入が本格化し、馬子は日本最初の本格寺院である法興寺（飛鳥寺）を建立。

↓

594年　**三宝興隆の詔**

推古天皇により発令。仏教信仰が公的に認められ、蘇我氏以外の豪族も仏教寺院を建立するように。政権の根本思想となり、国教として栄えていく。

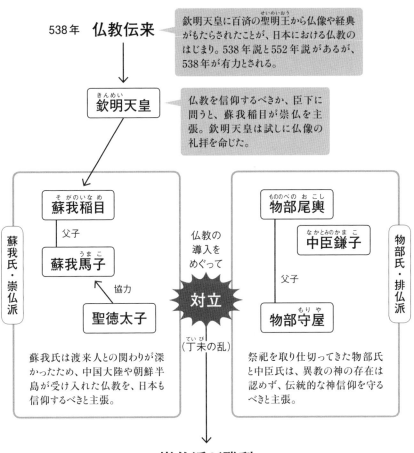

奈良仏教

奈良時代（710～794年）に平城京を中心に栄えた仏教六宗派

平城京のもと国家の基本思想に

710（和銅3）年、奈良に平城京が建設され、仏教を基軸とする天平文化が花開いた。とくに聖武天皇は『華厳経』が説く「共栄」の考え方、すなわち身分の上下にかかわらず人々が一つになって国家建設につとめるという思想を政策の基本にすえ、全国各地に国分寺と国分尼寺(※)を、平城京に東大寺を建立し、その本尊として巨大な盧舎那仏《るしゃなぶつ》を造立した。

大仏造立の際には、八幡神を信仰対象とする人々が九州から上京して協力し、神と仏の関係が新たな展開を示しはじめる。平城京には大規模な官立寺院（東大寺や新薬師寺など）がいくつも建立されて、そこでは国家に認定された僧侶たちが仏教の学問的研究にいそしんでいた。三論《さんろん》・成実《じょうじつ》・法相《ほっそう》・倶舎《くしゃ》・華厳《けごん》・律《りつ》の六つの宗派があったので、「南都六宗《なんとろくしゅう》」と呼ばれる。

国家主導の仏教とは別に、民間にも仏教が広まっていった。その指導者は私度僧《しどそう》、すなわち国家の認定を受けていない僧侶が多かったが、行基《ぎょうき》（668～749）のように、国家が無視できないほど民衆に支持される者も現れた。

民間レベルでも仏教は、仏教以前から日本にあった宗教と交渉を深め、両者の融合から、役行者《えんのぎょうじゃ》を開祖とする修験道《しゅげんどう》が誕生した。

以後、仏教は都市と山岳の、二つの場に展開していく。

国分寺・国分尼寺：聖武天皇の発願により建立された僧寺と尼寺。鎮護国家（仏教の力で国を安定させる）の祈願のために建てられ、それぞれ僧20名、尼10名が常住した。

平城京で栄えた南都六宗と寺院

南都六宗の宗派は、学問仏教としての特色が強く、一つの寺院に複数の宗派が存在している場合もあった。法相宗、華厳宗、三論宗は大乗仏教、倶舎宗、律宗は部派仏教の思想、成実宗はその中間的な思想だったが、当時は宗派間の交流もあり、一人の僧が複数の宗派を学ぶこともあった。

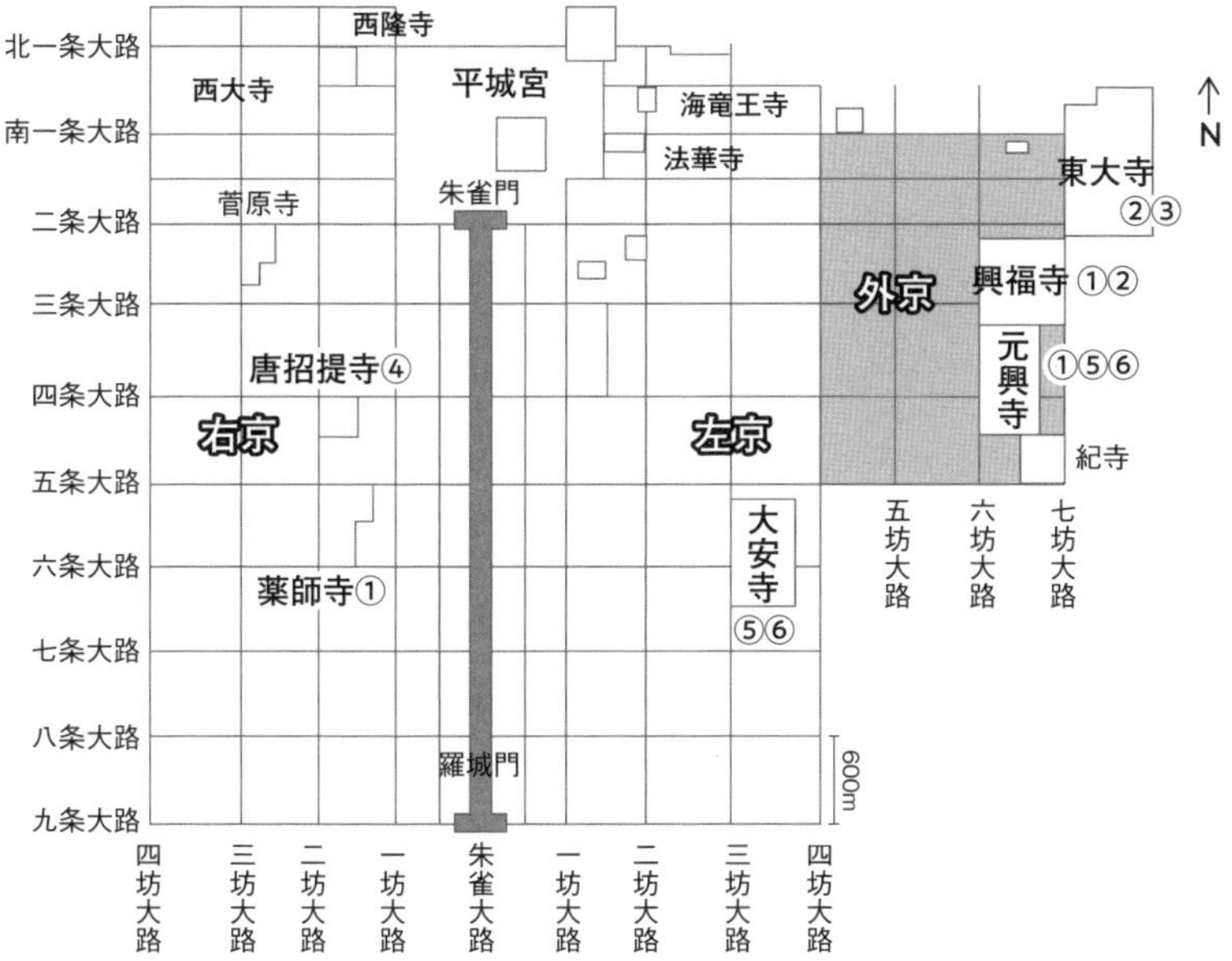

① 法相宗
玄奘がインドで学んだ唯識思想を研究対象とする。玄奘の弟子の基によって開かれた宗派。寺院は興福寺と薬師寺、元興寺。

③ 華厳宗
『華厳経』を聖典として、東大寺で研究された。聖武天皇にも影響をあたえ、大仏造立につながる。

⑤ 三論宗
中国で吉蔵が開き、弟子の慧灌が日本に伝えた。『中論』『十二門論』『百論』の中観派の三論を聖典とする。元興寺、大安寺で研究。

② 倶舎宗
道昭などが日本に伝えたといわれる。『倶舎論』を聖典とし、東大寺や興福寺で研究された。後に法相宗に吸収される。

④ 律宗
鑑真が日本にもたらした。唐招提寺を本拠地にして、戒律を整備し戒壇制度を確立。

⑥ 成実宗
『成実論』を研究対象とし、三論宗とともに日本に伝来。寺院は元興寺や大安寺。後に三論宗に吸収される。

平安仏教

平安時代（794~1185年）に生まれた、天台宗、真言宗の二つの宗派

日本仏教を代表する宗祖 最澄と空海が登場

奈良時代の末期、仏教勢力が強大になった結果、僧侶が政治に介入する事態が生じた。たとえば玄《げん》昉《ぼう》は聖武天皇の母の宮子《みやこ》と、道鏡は孝謙《こうけん》上皇（後の称徳《しょうとく》天皇）というように、天皇家の女性たちと深い関係をもつ僧侶が、彼女たちの意向を受けて、政治権力まで握ろうとした。その反省から桓武天皇は仏教と距離を置く政策を進め、仏教勢力が強い平城京から平安京への遷都を実現した。

奈良末期から平安初期は、血族内で権力闘争を繰り返し自滅した天武系から、壬申の乱で権力の座からいったん追われた天智系へ、皇統が変わったこともあって、政治的な混乱が続いた。その犠牲となり非業の死を遂げた人々は、怨《おん》霊《りょう》となって天下国家に祟り続けると信じられたために、人々を怨霊から守り、死者の怒れる霊魂を鎮めて成仏に導くことができる僧侶に、大きな期待が寄せられた。

最澄と空海はこのような時代に活動し、日本仏教の進むべき方向に決定的な役割を果たした。最澄を宗祖（祖師）とする天台宗と、空海を宗祖とする真言宗は、この後日本仏教を代表する大宗派として、後発宗派の生みの親ともいうべき貢献を果たすことになる。

最澄はすべての人が必ず成仏できると説く『法華経』信仰を広めた。インド仏教ではすべての人が成仏できるという教えは主流ではなかった。日本でも奈良時代の仏教界には同様の傾向があったので、最澄の主張はきわめて新鮮で

多くの宗祖を生んだ天台宗

天台宗=総合仏教

天台宗は、天台宗の教え（法華経）のほかに密教や禅宗、戒律、浄土教なども取り入れた総合仏教である。そのため、天台宗では後に宗祖となる僧を多く輩出した。「鎌倉新仏教」と呼ばれる宗派のほとんどが、天台宗出身である。

浄土教　密教　禅宗　法華経　戒律

↓

浄土教系

良忍《りょうにん》＝融通念仏宗

法然《ほうねん》＝浄土宗

親鸞《しんらん》＝浄土真宗

禅宗系

栄西《ようさい》＝臨済宗

道元《どうげん》＝曹洞宗

日蓮系

日蓮《にちれん》＝日蓮宗

鎌倉新仏教

密教の主な特徴

象徴主義	仏や菩薩の姿を描いた「曼荼羅」などを用いて、視覚的に理解しやすくする。
神秘・秘密主義	手で印を結ぶ（身密）、口で真言を唱える（口密）、本尊を心に念じる（意密）の三密の行を行うことで、大日如来と一体化できる。
祭式主義	護摩をたく祈禱を行い、息災や繁栄を願う。

魅力に富み、日本仏教を万人成仏が当然という方向へと導いた。これは日本仏教の特徴を考えるとき、特筆にあたいする。

空海が唐からもたらした密教は、怨霊対策はもとより、国家の守護（鎮護国家）から個人的な願望に至るまで、成就に最も効果的とみなされた。その結果、日本仏教の中核は密教僧によってになわれる事態となった。このような密教優位の状況は、後に鎌倉新仏教が誕生しても簡単には変わらず、室町時代の前半期くらいまで続いていく。また空海が開拓した宗教哲学は他の追随を許さない高度な内容であり、その影響力は絶大だった。鎌倉新仏教の宗祖たちが提示した理論も、陰に陽に空海の影響を受けている。

末法思想が広まり浄土教が台頭

平安中期になると、原因はまだよくわかっていないが、死後の世界に対する関心が強く意識されるようになる。そして西暦の1052（永承7）年に最悪の時代が到来すると説く末法《まっぽう》思想《しそう》が広まり、死んだら永遠の至福が約束される極楽浄土へ往きたいと願って、ひたすら阿弥陀如来を信仰する浄土教が大流行しはじめる。この頃、比叡山延暦寺にあって浄土教の権威とうたわれた源信《げんしん》は、地獄と極楽の様相を詳しく論じ、どうすれば極楽に往けるかを説く『往生要集《おうじょうようしゅう》』を書き、日本の浄土教の方向を決定づけ、後世に影響をあたえた。

平安時代の浄土教といえば、源信と同じ天台宗の僧侶だった良忍《りょうにん》が融通念仏宗の宗祖となった。この宗派は、後に登場する法然《ほうねん》や親《しん》鸞《らん》がもっぱら浄土三部経（『無量《むりょう》寿経《じゅきょう》』・『観無量寿経《かんむりょうじゅきょう》』・『阿弥陀経』）を聖典としたのとは対照的に、阿弥陀如来に対する信仰や極楽浄土への往生を説かない『華厳経』と『法華経』を主要聖典にして、浄土三部経を副次的な聖典とする点に特徴がある。

ちなみに『法華経』には末尾に近い部分で、『法華経』を信仰すれば阿弥陀如来の浄土へ往生できると説く箇所があるが、『法華経』全体から見れば、決してメインテーマではない。

末法思想と浄土信仰

釈迦の入滅

→

正法の時代

釈迦の教えが正しく守られ、それを実践して悟りを得る人がいる時代

→ 500年ないし1000年

像法の時代

釈迦の教えや修行が正しく行われているが、悟りを得ることができなくなった時代

→ 500年ないし1000年

末法の時代

釈迦の教えが説かれても、修行者も悟りを得る人もいなくなった時代

→ 1万年

法滅の時代

釈迦の教えも説かれることがなくなった、暗黒の時代

↓

1052年が末法の始まり

↓

浄土へのあこがれ

↓

浄土信仰が広まる

源信

『往生要集』で念仏を最重要視

天台宗の僧侶であった源信は、念仏に専念する生活をおくっていた。その間に書いたのが『往生要集』である。念仏を重要視する内容で、後に浄土宗の専修念仏につながる。

↓

浄土系宗派の宗祖に影響をあたえる

空也

民衆に念仏を広めた

後の浄土教の発展に影響をあたえた。空也は諸国をめぐりながら、「南無阿弥陀仏」と節をつけ、歌うように唱えるパフォーマンスを行った。これにより、念仏は民衆にも親しまれるようになった。

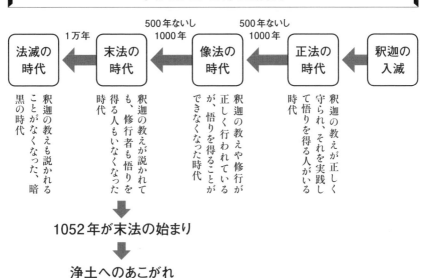

鎌倉新仏教

鎌倉時代（1185～1333年）に誕生した
念仏・題目・坐禅を重視する六つの仏教

浄土教・法華経信仰・禅宗から新たな宗派が

末法思想の影響は貴族層にとどまらず、殺人を職能とするため嫌われた武士や、知識に乏しい民衆にまで及んだ。これを受けて、武士や民衆の救済をめざす仏教が誕生した。その宗祖たちが鎌倉時代に活動したので、「鎌倉新仏教」と呼ばれる。彼らは浄土教・法華経信仰・禅宗という、性格の異なる三つの領域から出現したが、念仏・題目・坐禅という、一つの宗教的行為の実践だけで救済は可能になると主張した点、および身分的には国家の保護を一切受けない僧侶だった点で、共通していた。

人々の信仰を最も多く集めた浄土教からは、3人の宗祖が現れた。浄土宗の宗祖、法然《ほうねん》は「南無阿弥陀仏（阿弥陀如来に帰依します）」と唱える念仏のみで浄土に往生できると説いた。法然の弟子で浄土真宗の宗祖、親鸞《しんらん》は法然の教えをよりいっそう徹底し、阿弥陀如来に帰依する以外の行為は必要ないとする絶対他力を説いた。さらに時宗の宗祖、一遍《いっぺん》はひとたび念仏を唱えるだけでも浄土に往生できると説き、踊り念仏という民衆向けの布教方法を創出した。このすこぶる簡単な実践と人目を引く布教方法は大成功し、室町時代中期くらいまで、時宗が最大の信者数を誇っていたらしい。

日蓮宗の宗祖、日蓮は法華経こそ最高の仏教と主張し、「南無妙法蓮華経（『法華経』に帰依します）」という題目さえ唱えれば、救済されると説いた。浄土教に対しては、現世を軽視して来世を志

鎌倉新仏教の誕生

鎌倉時代に誕生した「鎌倉新仏教」は、信仰対象により二つに大別される。

阿弥陀信仰

阿弥陀如来に祈り、仏の力（他力）で極楽浄土への往生をめざす。

（浄土教系）

法然 ⇒ 浄土宗を開く
親鸞 ⇒ 浄土真宗を開く
一遍 ⇒ 時宗を開く

↓

念仏を重視

釈迦信仰

釈迦如来を信仰し、修行や経典を読むことで悟りを開く。

（禅宗系）

栄西 ⇒ 臨済宗を開く
道元 ⇒ 曹洞宗を開く

⇒ **坐禅**を重視

（日蓮系）

日蓮 ⇒ 日蓮宗を開く

⇒ **題目**を重視

念仏と題目

浄土教には「南無阿弥陀仏」と唱える念仏、日蓮宗には「南無妙法蓮華経」と唱える題目があり、この言葉を唱えれば成仏できるとされている。

浄土教系

南無	阿弥陀	仏
帰依する	無限の光・無限の寿命	仏陀

意味 「阿弥陀如来に深く帰依します」

日蓮系

南無	妙法蓮華経
帰依する	経典（『法華経』）の題目

意味 「『法華経』に帰依します」

向するのは間違いと厳しく批判した。その結果日蓮宗は、強い現実改革の方向性と激烈な他宗派攻撃の特徴を持つようになった。

　栄西《ようさい》と道元《どうげん》が中国から伝え、坐禅による悟りと厳しい戒律を説く禅宗は、主に武士に広まった。臨済宗の宗祖、栄西は複雑な方向性の持ち主であり、密教の権威でもあれば、中国文化の紹介者でもあった。禅宗と密教はまったく違うと考えられがちだが、瞑想修行をなによりも重視する点など、共通する要素も多く、鎌倉時代の禅僧たちの中には禅宗だけでなく密教も実践する者がかなりいた。

　それに対し、栄西の孫弟子で曹洞宗の宗祖となった道元は、より純粋に禅を追求し、著作活動にも心血を注いだ。中国から渡来した禅僧も大きな役割を果たした。鎌倉の建長寺を開いた蘭渓道隆《らんけいどうりゅう》、同じく円覚寺を開いた無学祖元《むがくそげん》などは鎌倉幕府の執権に帰依され、禅宗が武士階級の宗教となるうえで多大な貢献を果たした。

宗派による坐禅の違い

臨済宗 →	看話禅《かんなぜん》（公案禅）	師からの公案を熟考しながら坐禅を行い、悟りをめざす。
曹洞宗 →	黙照禅《もくしょうぜん》（只管打坐《しかんたざ》）	ひたすら坐禅にはげむ。坐禅そのものが悟りとみなされる。

旧仏教にも広まった改革運動

　鎌倉時代、従来型の仏教（旧仏教＝奈良仏教・天台宗・真言宗）にも新たな展開があった。当時は旧仏教も鎌倉新仏教も戒律を軽視する傾向があった。真言律宗(※)の叡尊《えいぞん》と忍性《にんしょう》は、それでは仏教の本義にもとると厳しく批判し、戒律の復興につとめた。また国家の保護下から脱して教団をひきい、民衆の救済を実践した。彼らの運動は具体的かつ組織的で、病人・被差別者・女性の救済において、世界史的にも特筆されるほどの実績をあげている。

真言律宗：真言宗の一派であり、律宗の戒律を重んじる考えも併せもつ。

室町時代の仏教

上級武士が帰依した禅の教え 鎌倉新仏教の発展

鎌倉末期から室町時代にかけての時期、禅宗は全盛期を迎えた。とくに大応《だいおう》・大燈《だいとう》・関山《かんざん》の三代の禅僧は、日本における臨済禅の頂点を体現した。禅は政権を握る上級武士層にとって不可欠の教養となる。また中国文化輸入の窓口としても大きな役割を果たし、絵画や文学、茶道や華道など、中世における新たな日本文化創造の源泉ともなった。

しかし旧仏教に数えられる比叡山延暦寺や奈良の興福寺の力は、まだまだ強かった。とくに京都ではさまざまな経済利権をもっていた延暦寺の力は無視できず、鎌倉新仏教系の宗派とたびたび抗争を展開した。

室町中後期になると、幕府の権威は、応仁の乱のような、たびかさなる政争や内乱をへて失われ、秩序を守る力はもはやなかった。宗教界でも奈良時代や平安時代に創立された巨大寺院は、経済的な基盤である荘園を武士たちに奪われ、その多くの力は衰えた。

このように、あらゆる秩序が崩壊する状況の中で、親鸞の血を引く蓮如《れんにょ》は浄土真宗の組織化に成功し、本願寺を頂点とする強大教団をきずきあげた。日本史上、最大最強の宗教組織となった浄土真宗は一向宗とも呼ばれ、各地で自治を求めて一向一揆を起こした。戦国大名をしのぐ政治＝軍事力をもち、その実力は信長らの天下統一を長らく阻止するほど高かった。

一方、商工業活動の中心にあった京都や堺では、日蓮の教えを受

各地で起きた一向一揆

山科本願寺・石山本願寺を拠点に、巨大な武装勢力となった一向宗は、戦国大名とたびたび衝突した。主な一向一揆を紹介する。

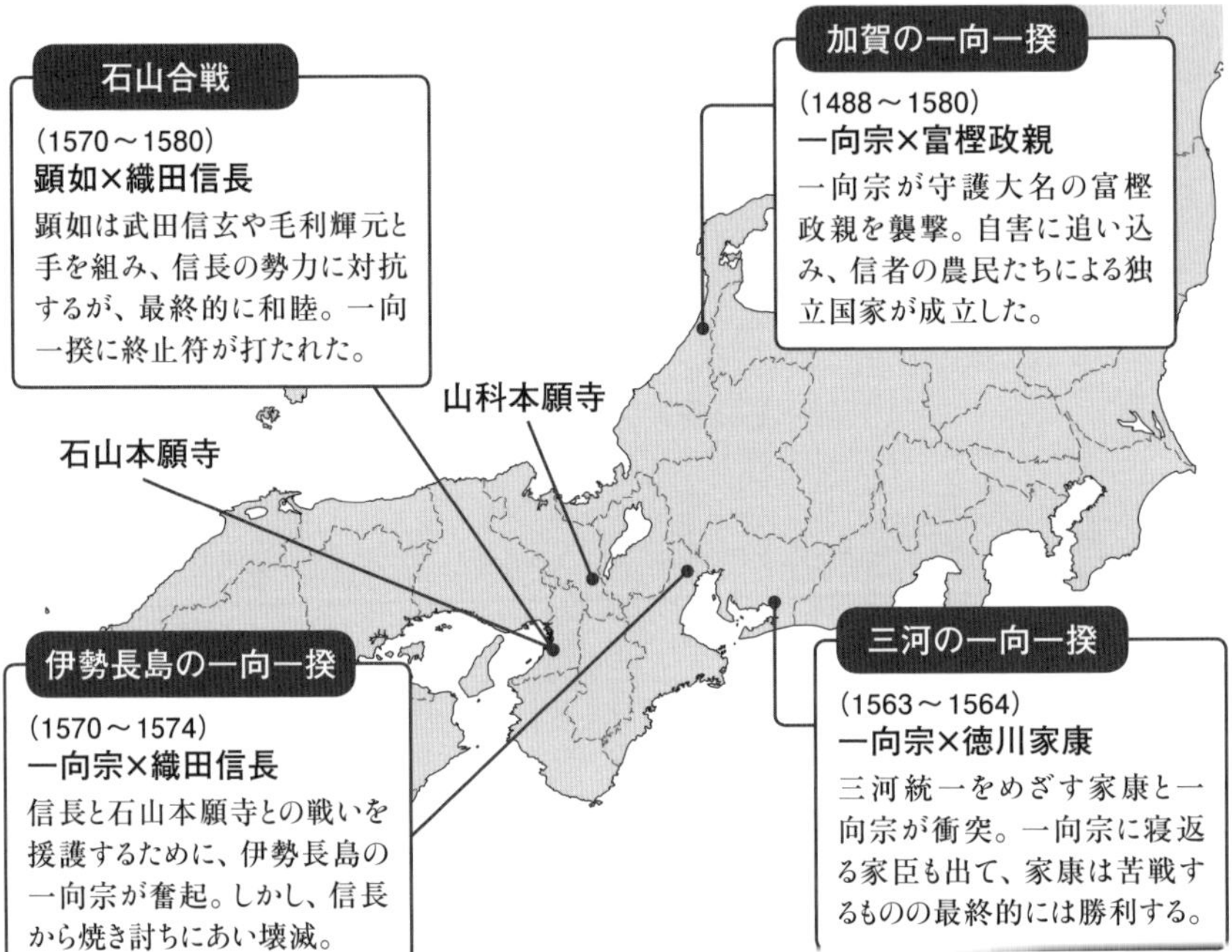

石山合戦

(1570〜1580)
顕如×織田信長
顕如は武田信玄や毛利輝元と手を組み、信長の勢力に対抗するが、最終的に和睦。一向一揆に終止符が打たれた。

加賀の一向一揆

(1488〜1580)
一向宗×富樫政親
一向宗が守護大名の富樫政親を襲撃。自害に追い込み、信者の農民たちによる独立国家が成立した。

伊勢長島の一向一揆

(1570〜1574)
一向宗×織田信長
信長と石山本願寺との戦いを援護するために、伊勢長島の一向宗が奮起。しかし、信長から焼き討ちにあい壊滅。

三河の一向一揆

(1563〜1564)
一向宗×徳川家康
三河統一をめざす家康と一向宗が衝突。一向宗に寝返る家臣も出て、家康は苦戦するものの最終的には勝利する。

け継ぐ法華宗（日蓮宗）が、町衆と呼ばれる有力な商人階層に広まった。日蓮の現実重視の思想が、現実的でなければ生きていけない商人たちの心をとらえたのだ。

こうして鎌倉新仏教が台頭してくると、旧仏教は急速に衰えていったが、例外もあった。戦国末期でも真言宗の根来寺《ねごろじ》や高野山は、戦国大名並みの広大な領地をもっていたうえに、手工業の段階ながらもさまざまな物品の生産にもつとめ、そこから得られる経済力を背景に、日本最大級の鉄砲軍団をもつなど、強大な軍事力を誇っていた。これらの宗教勢力が衰えたのは、実際には織田信長や豊臣秀吉による徹底的な制圧が行われて以降のこととなる。

江戸時代の仏教

幕府から統制を受けるも、檀家制度の成立で経済安定

　巨大な宗教勢力が、政治と軍事の両面で、為政者を悩ませ続けた中世の動乱を収拾して、ようやく統一政権を樹立した江戸幕府にとって、宗教勢力をいかに統制するかは、最重要の課題であり、それを江戸幕府は粛々と実行した。したがって、江戸時代の仏教というと、「統制」のイメージが濃い。

　仏教勢力には政治的な力をいっさいあたえず、政教分離を徹底した。この意味で、日本は江戸時代初期に「世俗国家」へと変貌していたともいえる。西欧で「世俗国家」が誕生したのは、17世紀の初頭にローマ教皇の権威から離脱したイギリスが最初とされるから、ほぼ同時期といっていい。

　仏教勢力にはその代わりに各宗派にある程度の自治を認めた。教えの解釈や人事権を握って宗派の中核となる本山と、その支配に従う末寺の制度（本末制度）を整えて、既成の権威を高める政策をとるなど、一種の特権もあたえた。

また、仏教を学問として研究することも大いに奨励した。そのため、今ある各宗派の教義の基本は、ほとんどの場合、江戸時代に確立している。

　さらに江戸幕府は、キリシタンや日蓮宗の不受不施派《ふじゅふせ》のような、禁制された宗派を弾圧するために、「宗門改《しゅうもんあらた》め」を実施し、その人物が禁制宗派の信徒でないことを寺が証明する「寺請《てらうけ》制度」が設けられた。この制度によって檀家制度が成立し、仏教寺院が経済的に保障される結果をもたらした。

寺請制度と檀家

江戸幕府は禁制宗派の弾圧のため、寺請制度を設けた。これにより、すべての日本人は檀家として、いずれかの仏教宗派に所属することになった。

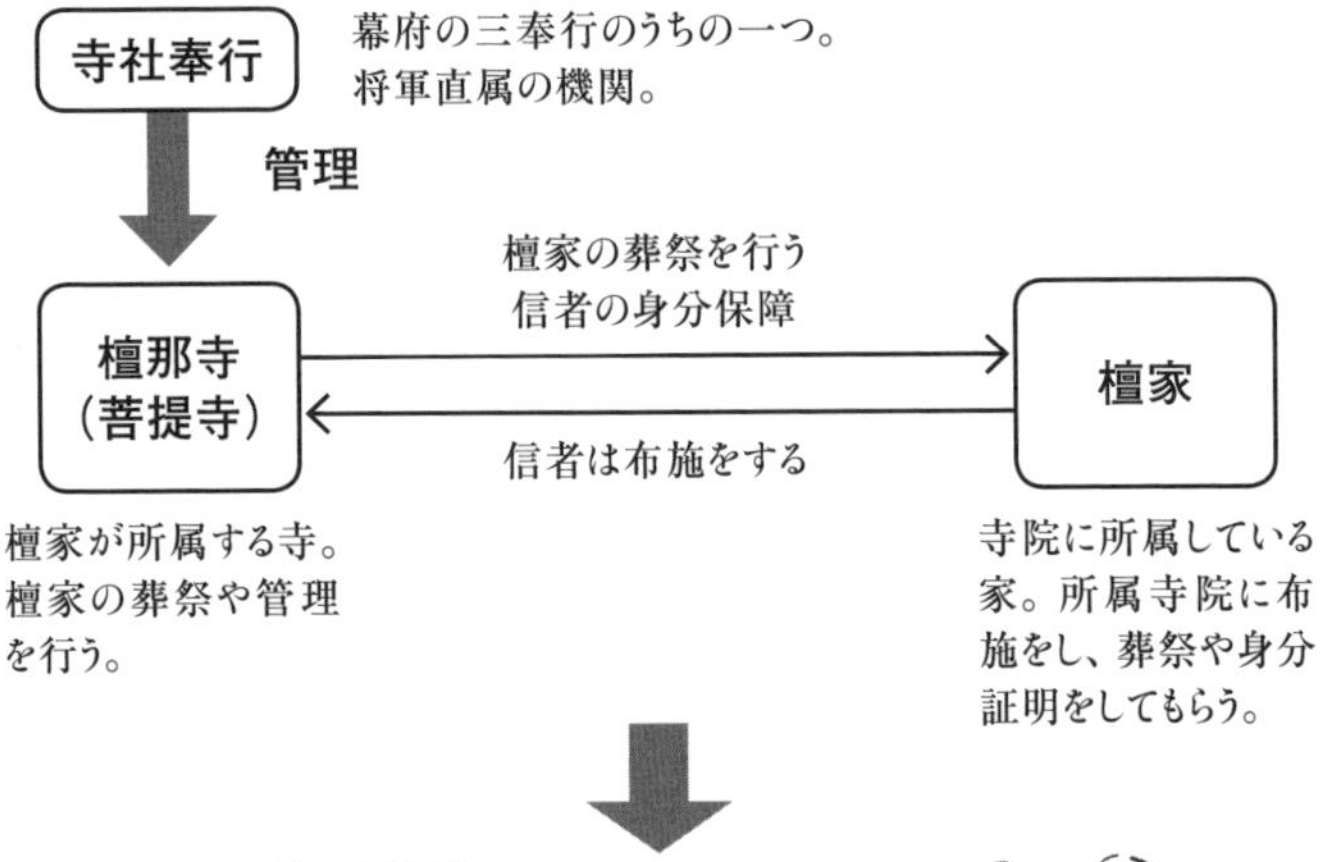

寺社奉行
幕府の三奉行のうちの一つ。
将軍直属の機関。
管理
檀家の葬祭を行う
信者の身分保障

信者は布施をする
檀家が所属する寺。
檀家の葬祭や管理
を行う。
寺院に所属している
家。所属寺院に布
施をし、葬祭や身分
証明をしてもらう。

葬式仏教へ

檀那寺（菩提寺）と檀家の関係が整うことによって、寺院は布教して信者を増やす必要がなくなった。そして、寺院の仕事は布教活動よりも葬祭に変化し、葬式仏教と呼ばれるかたちになり、大衆化していった。

その反面、体制に安住し、保守化して、中世までの仏教がもっていた創造性や革新性を喪失したことも否めない。

もちろん負の側面ばかりではなかった。最近の研究では、仏教が民衆の間に本当に浸透したのは江戸時代という説も強い。寺院が経済的に安定したおかげで、たくさんの伽藍《がらん》が建立されたので、あまたの仏像が造立されたという事実もある。

なお、鎌倉時代の終わり頃には、伝統仏教13宗派のうち、すでに12宗派までが成立していたが、江戸初期に中国から黄檗宗が伝えられ、ここに13宗派すべてがそろった。

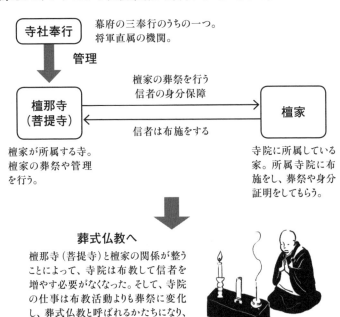

明治時代の仏教

神仏分離の政策により、多くの伝統仏教が衰退

明治維新後、神仏分離が実施され、さらに新時代の天皇制を強化する目的で神道を日本の国教とする国家神道体制が推進されると、伝統仏教のほとんどの宗派は衰退した。わけても奈良仏教系や天台宗、真言宗のような、いわゆる旧仏教系や密教系の宗派は、神と仏を分け隔てなくというより、むしろ仏を神の上位に置く神仏混淆《こんこう》という信仰の形態が、神を仏の上位に置く国家神道とはまったく相容れぬとして、徹底的に否定され例外なく衰退した。修験道の場合は神仏混淆の度合いがひときわ深かったために、明治政府から苛酷な弾圧を受け、存在そのものを否定された。

浄土真宗は維新期に新政府に協力的だったことや清沢満之《きよざわまんし》(※)などの努力により近代化にかなり成功して新時代の宗教として評価されたことから、衰退をまぬがれた。禅宗は知識人を中心に信奉者を集めただけでなく、鈴木大拙《すずきだいせつ》(※)らによって欧米に輸出され、東洋精神の象徴として世界的な評価を得た。この傾向は今もなお続いている。日蓮宗も明治政府から、近代化にふさわしくない宗教勢力として、修験道とともに最も苛酷な弾圧を受けた。そのため伝統教団は活動を低下させた一方で、民間の在家信者から派生したいろいろな教団が運動を活発化させた。その強烈な現実志向から、第二次世界大戦前から現在に至るまで、政治や文化の領域に多大な影響をあたえ続けてきた事実も見逃せない。

清沢満之：浄土真宗大谷派の僧・宗教家。「精神主義」を提唱し、近代の仏教信仰の確立をめざした。
鈴木大拙：仏教哲学者・文学博士。禅の研究につとめ、英文著作で日本の禅文化を海外に広めた。

神と仏の関係

在来の信仰と新来の信仰とが激しく対立し、ついには血で血を洗う戦いになるケースは、世界史上にいくらでも見られる。日本でも、6世紀の中頃、初めて仏教が伝えられたとき、在来の神信仰を守ろうとする人々との間で、同じ事態が生じた。このときの戦いは仏教側の勝利に終わり、日本の神々は、仏の下に位置づけられることとなった。

やがて日本の神々は「本地垂迹《ほんじすいじゃく》」といって、インドの仏菩薩（本地）が、日本の実情にあわせて、姿を変えて現れた（垂迹）ものという思想が生まれ、広く受けいれられた。こうして神と仏は、仏教主導のもとで融合し、仲良く共存していたのである。

この関係は、明治政府が天皇を頂点とする国家神道体制を推進するにあたり、神と仏の間を引き裂いたうえで、神と仏の地位を逆転させるまで、長く続いた。

実は私たちが現在目にするような、神官によって運営される神社は、明治維新の前はほとんどなかった。なぜなら、神社の多くは主に仏教僧によって運営され、神官の地位はその下だったからだ。つまり神信仰も仏教の支配下にあった。たとえば、鎌倉の鶴岡八幡宮の正式名称は鶴岡八幡宮寺といい、天台宗の園城寺（三井寺）の末寺だった。

ちなみに神と仏の共存関係を、従来は「神仏習合《しんぶつしゅうごう》」と呼んできた。しかしこの言葉は、明治30年代に国家神道体制が確立されてから、いいかえると神が仏の上に位置づけられてから、新たに創作されたものだ。この事実を考慮すれば、むしろ「神仏混淆《こんこう》」と呼ぶほうが正しいと研究者から指摘されている。

本地垂迹の例

仏菩薩（本来の姿）		日本の神（仮の姿）
釈迦如来	⇒	日枝の神
阿弥陀如来	⇒	八幡神、熊野権現
大日如来	⇒	天照大神
薬師如来	⇒	牛頭天王
地蔵菩薩	⇒	愛宕権現

日本仏教
13宗派の主な本山と本尊

本山と本尊

宗派の統制をはかるため、江戸幕府が本末制度を制定

日本の仏教界には、「本末制度」というシステムがある。葬式仏教の台頭とともに寺の数が劇的に増加した中世後期では、同じ宗派の同じ地域内で寺の格に上下が設定され、複数の末寺《まつじ》を中本寺《ちゅうほんじ》が支配していた。江戸時代になると、幕府の宗教統制政策の一環として、宗祖と深いゆかりがあり、かつ多くの寺を支配下に置くなどの条件を満たす大規模な寺を、宗派ごとにいくつか選んで本山と認定し、その宗派の統制をゆだねた。この措置のおかげで、本山に命令を下すだけで末寺をすべて統制できたから、幕府にとってはすこぶる好都合だった。

本山は末寺住職の任免権や寺号の免許権などを握り、その権限は非常に大きかった。明治以降もこの制度は根強く残ってきたが、近年は単立寺院といって、本山から統制されることを嫌い、独立をめざす寺が多くなり、従来の制度は揺らいでいる。

本山と本尊をめぐる関係は、宗派によって、かなり異なる。同じ宗派に属す以上、本山の本尊と末寺の本尊は同じになるはずだ。この点は、鎌倉新仏教ではほぼ一貫している。とりわけ浄土真宗の阿弥陀如来は徹底している。ただし同じ鎌倉新仏教でも、ほかの宗派ではその限りではない。この件については別項で説明したい。

旧仏教に属す天台宗と真言宗の本尊は、複雑かつ多岐にわたる。真言宗を例にとれば、本尊は大日如来のはずだが、実際には大日如

本末制度

江戸幕府は仏教勢力が権力をもつことを防ぐために、本末制度を制定した。それにより、各宗派の有力寺院が本山に認定され、それぞれの末寺を管理するようになった。なお本山には、総本山、大本山があり、総本山とは、本山を統轄する寺院のことで、大本山も本山を統轄する寺であるが、総本山より格は下がる。

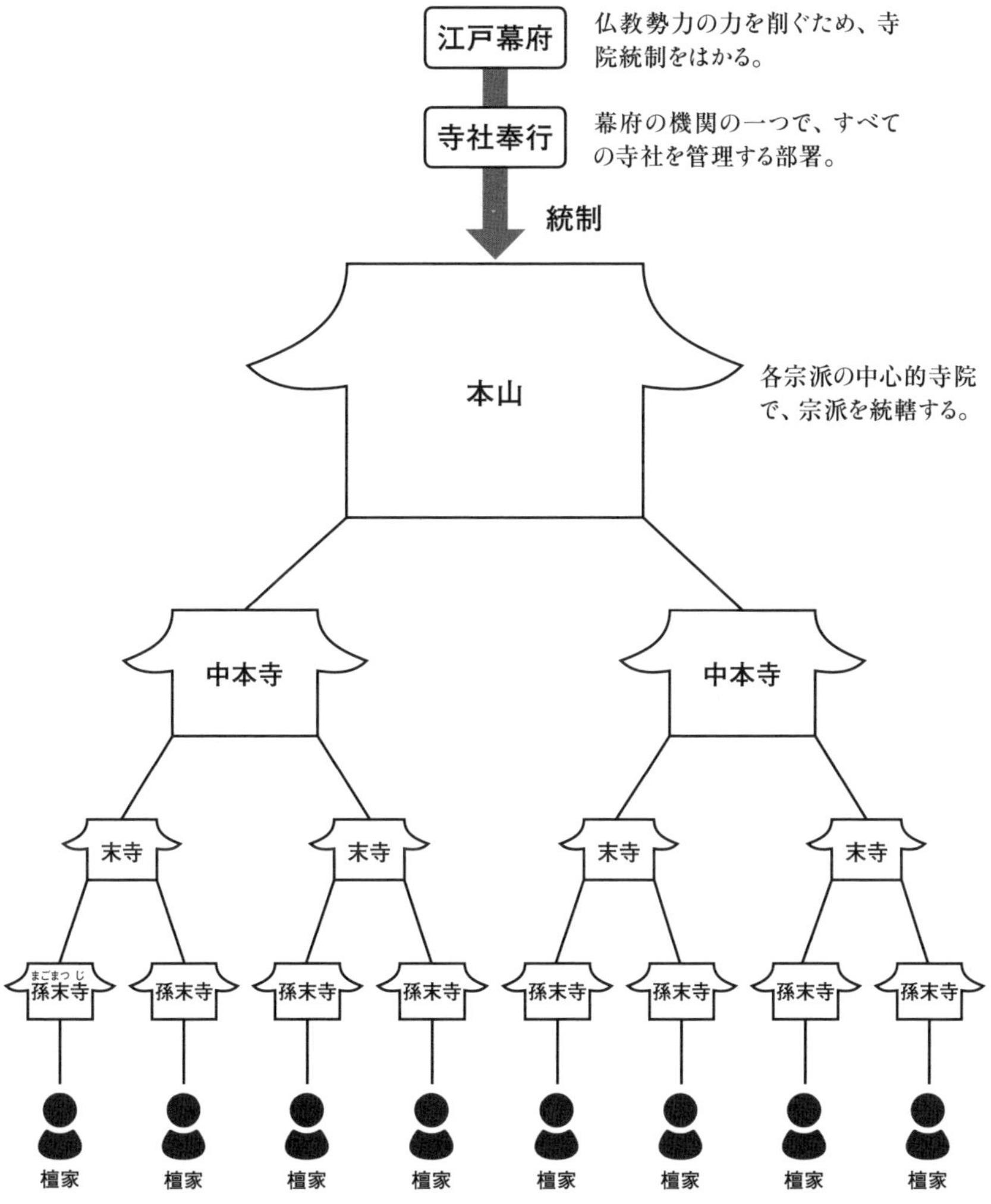

来以外の尊格、例をあげれば不動明王や千手観音、あるいは薬師如来などを本尊として祀っている例がいくらでも見出せる。もっとも真言宗の理論では、あらゆる尊格は大日如来の化身とされるので、矛盾は生じない。

本尊が複雑化した天台宗や真言宗

天台宗や真言宗の場合、歴史を振り返ると、宗祖の段階で本尊が何度も変わっている事実がある。最澄も空海も最初に建立したり関わったりした寺では薬師如来を本尊として祀っていた。その背景には、当時、猛威をふるっていた怨霊を鎮めるためには薬師如来が最も効験があるという認識があったようだ。ところが活動が旺盛になるにつれ、二人とも本尊として祀る尊格を変えていった。そもそも天台宗や真言宗は鎮護国家、つまり個人的な救済はもとより、国家的な次元における救済を主たる目的としていたために、祀るべき尊格も一つでは済まず、大勢祀らざるをえなくなったという事情がある。

とりわけ天台宗の場合は、その拠点となった比叡山延暦寺と、京都が近いという立地条件もあって、総合仏教学院としての性格があった。もともとの法華経信仰に加え、密教や浄土信仰、もしくは禅宗の原点となる止観業《しかんごう》（瞑想）など、さまざまな要素が次々に導入され、それにともなって祀る尊格の種類も飛躍的に増えていった。本山がそうなれば、末寺に祀られる尊格が多岐にわたり、本山の本尊と必ずしも一致しないのも、当然といえる。

本尊ではない尊格が、その寺にとって最も多くの信仰を集めている事例も少なからずある。日本三大稲荷とも称される豊川稲荷が典型例だ。その名のとおり稲荷信仰で有名だが、実は曹洞宗の寺で、正式名称は妙厳寺《みょうごんじ》といい、本尊は千手観音である。曹洞宗と千手観音という取り合わせも奇妙だが、妙厳寺の前身が真言宗の寺で、千手観音を本尊として祀っていたかららしい。

このように、本尊をめぐっては事情が錯綜している。

宗派ごとの本山

日本仏教13宗派の本山の位置を紹介。宗派によっては、分派ごとに本山をたてることもあるため、複数の本山をもつ場合もある。

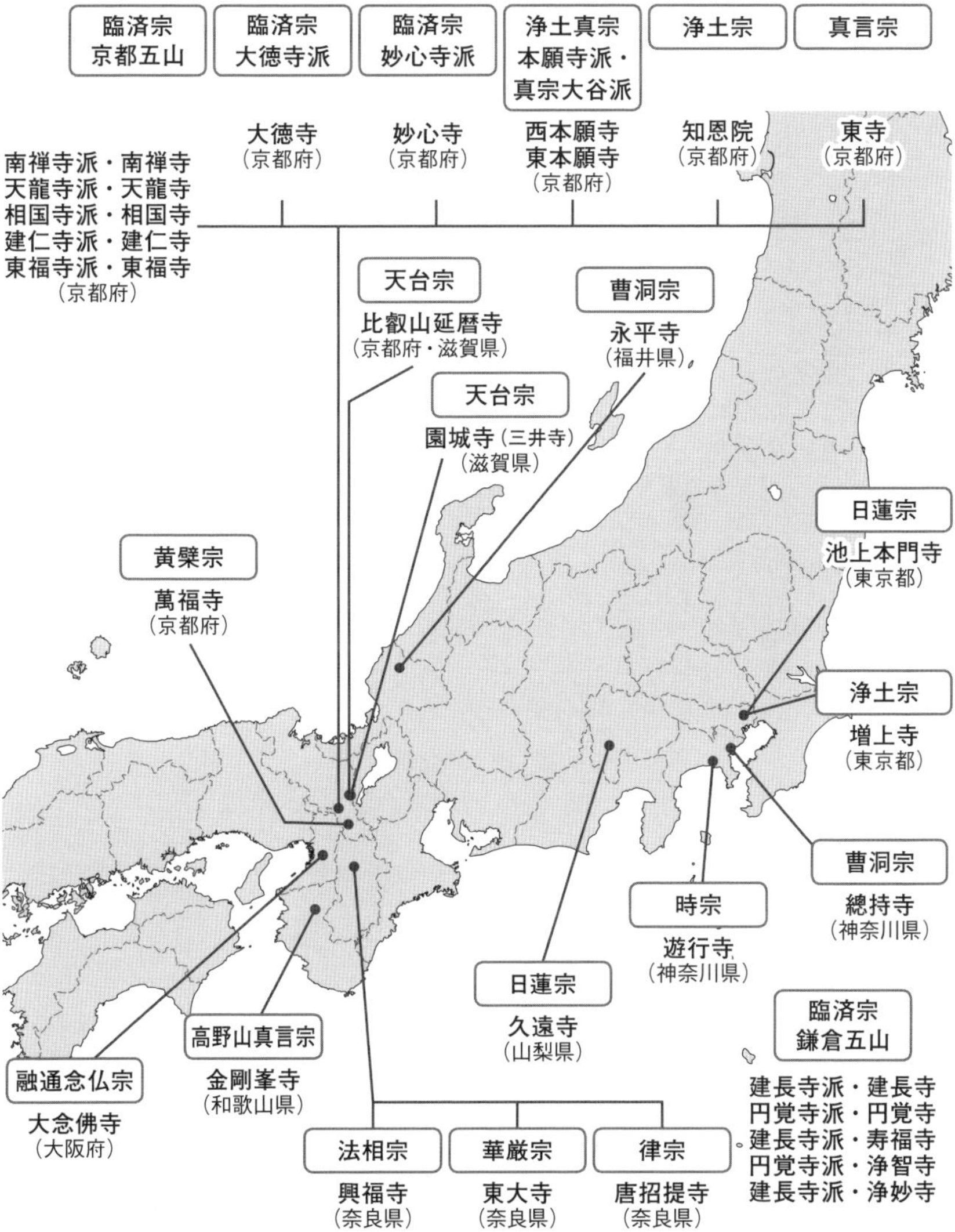

宗派で異なる伽藍の配置

修行の場を意味する「伽藍」日本では木造建築が主流

寺の境内に配置された建築物は「伽藍《がらん》」と呼ばれる。インド仏教に用いられたサンスクリット（梵語）で、「僧侶が集まって修行する清らかな場所」を意味する「サンガ・アーラーマ」を漢字で音写して、さらに略語化した言葉だ。

仏教の建築物のうち最も起源の古いのは塔である。ブッダは遺言で、自分の遺骨を「大きな塔を造って、そこに祀れ」と述べていて、崇拝の中心とされたからだ。仏像を安置する堂宇《どうう》(※)は、仏像が制作されるようになり初めて建立されたので、出現はかなり遅れる。

インドをはじめ、大陸では石造建築が主流だった。またインドのアジャンター、あるいは中国敦煌《とんこう》や雲崗《うんこう》のように、岩壁に建造された石窟《せっくつ》寺院も数多い。しかし日本では、良質の石材が乏しかったために、石造建築も石窟寺院もほとんど造られず、その代わりヒノキやカヤなど良質の木材に恵まれていたために、木造建築がほとんどすべてを占めてきた。

日本仏教の伽藍は、基本的に以下の建築物から構成されている。門、ブッダの遺骨（舎利《しゃり》）をおさめる塔、本尊を安置する本堂（金《こん》堂《どう》）、学習の場である講堂、そして僧侶たちの住居にあたる僧房《そうぼう》、経典をおさめる経蔵、鐘楼《しょうろう》などだ。配置の基本は、南から北に向かって、門・塔・本堂・講堂が直線上に並び、その東西に他の建築というパターンである。

仏教が伝来した飛鳥時代から奈良時代までに建立された古代寺院

堂宇：仏教寺院の建物のこと。

日本寺院の一般的な伽藍の配置

日本の寺院の伽藍は、一番南に門を配置して北へ向かって塔、本堂、講堂が直線状に並ぶのが基本。それ以外の僧房や経蔵などは、東西に配置する場合もある。

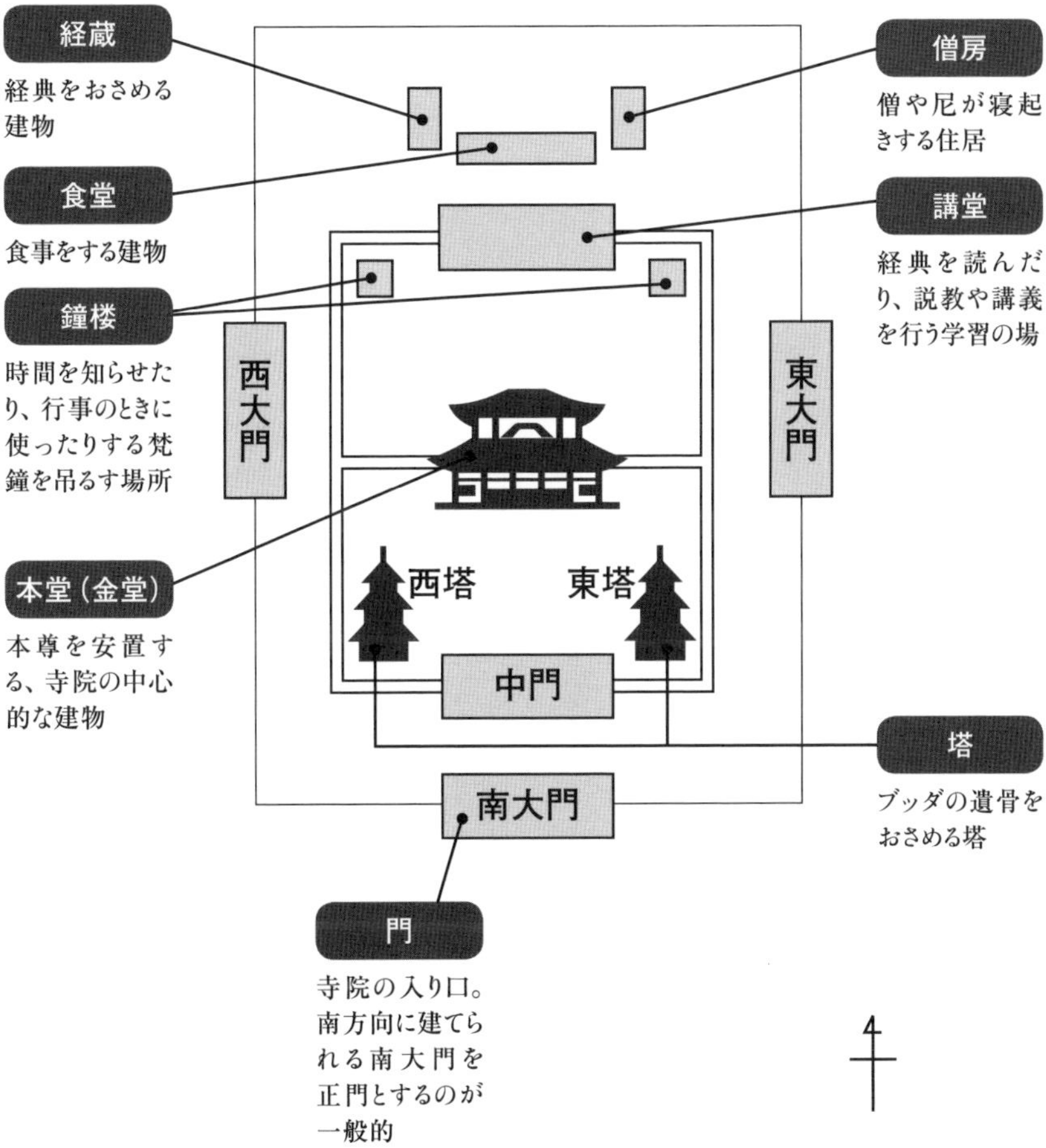
経蔵
経典をおさめる建物
食堂
食事をする建物
鐘楼
時間を知らせたり、行事のときに使ったりする梵鐘を吊るす場所
本堂（金堂）
本尊を安置する、寺院の中心的な建物
僧房
僧や尼が寝起きする住居
講堂
経典を読んだり、説教や講義を行う学習の場
西大門
東大門
西塔
東塔
中門
南大門
塔
ブッダの遺骨をおさめる塔
門
寺院の入り口。南方向に建てられる南大門を正門とするのが一般的

の伽藍は、まさに多種多様で、試行錯誤の形跡が濃い。したがって日本独自の伽藍配置が登場するのは、平安時代以降になる。伽藍配置を考えるうえで、いちばん重要な条件は立地である。平地であればどんな配置も可能だが、山岳ではそうはいかず、伽藍配置に大きな制約があるからだ。日本の寺は密教系を典型例として、山岳に立地するケースが多く、伽藍配置もきわめて複雑になる傾向がある。さらに神仏混淆《こんこう》が一般的だったために、境内に仏寺と神社が併存するケースも決して少なくない。

浄土教系と禅宗系は独自の伽藍配置を貫く

　以上のとおり複雑な伽藍配置を特徴とする日本仏教にあって、浄土教系と禅宗系の寺は、独自の原則が貫かれている。浄土教系の場合は、阿弥陀如来が西方極楽浄土の主と説かれているところから、阿弥陀如来像を安置する本堂は参拝者から見て西側とされ、そのため寺全体が東向きに構成されている。なお浄土真宗の本山の東西本願寺では、本堂よりも宗祖の親鸞を祀る御影堂（祖師堂）のほうが大きいという特徴もある。

　禅宗の場合は、中国の禅宗寺院をそのまま真似ることが理想とされたため、南から北に向かって、中心線上に総門《そうもん》・三門・仏殿・法《はっ》堂《とう》・礼堂が直線的に配置されることが多い。具体例は、日本初の本格禅宗寺院として建立された鎌倉の建長寺で、以後、この配置が踏襲されることとなった。

山門と三門

密教系の寺院のように、山上に寺院が建てられるようになると、寺院に「○○山」という山号がつけられるようになった。たとえば、比叡山延暦寺の「比叡山」は山号になる。それにともない、寺院の門も「山門」と呼ばれるようになり、時代が下ると平地の寺院でも山門と呼ぶようになった。また禅宗寺院などでは「三門」と書く場合もあり、これは迷いから解放される道の「三解脱門」の略である。

宗派による伽藍の配置

浄土教系の伽藍配置（例：西本願寺）

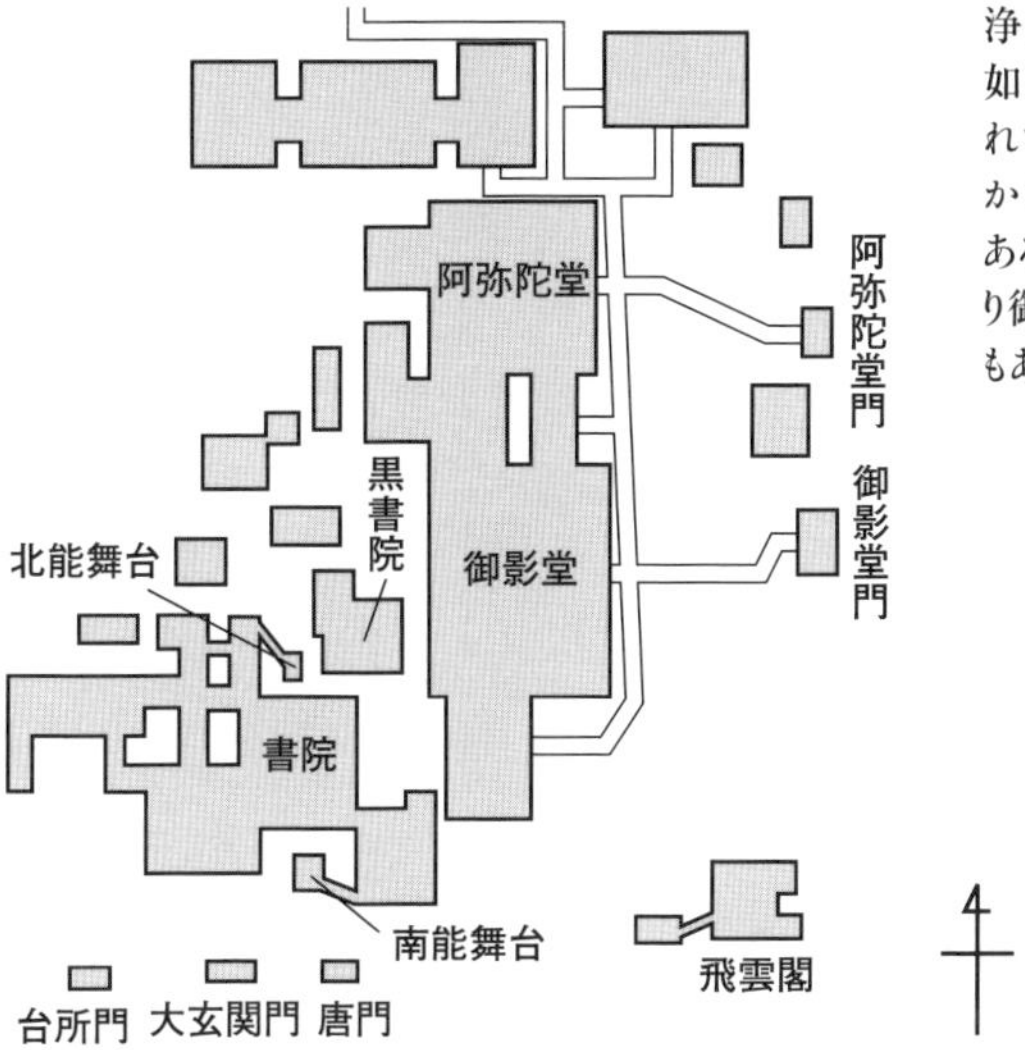

浄土教で重要視されている阿弥陀如来が、西方極楽浄土にいるとされているので、寺院全体が参拝者から見て西側に配置される傾向にある。また、西本願寺のように本堂より御影堂（祖師堂）が大きいケースもある。

禅宗系の伽藍配置（例：建長寺）

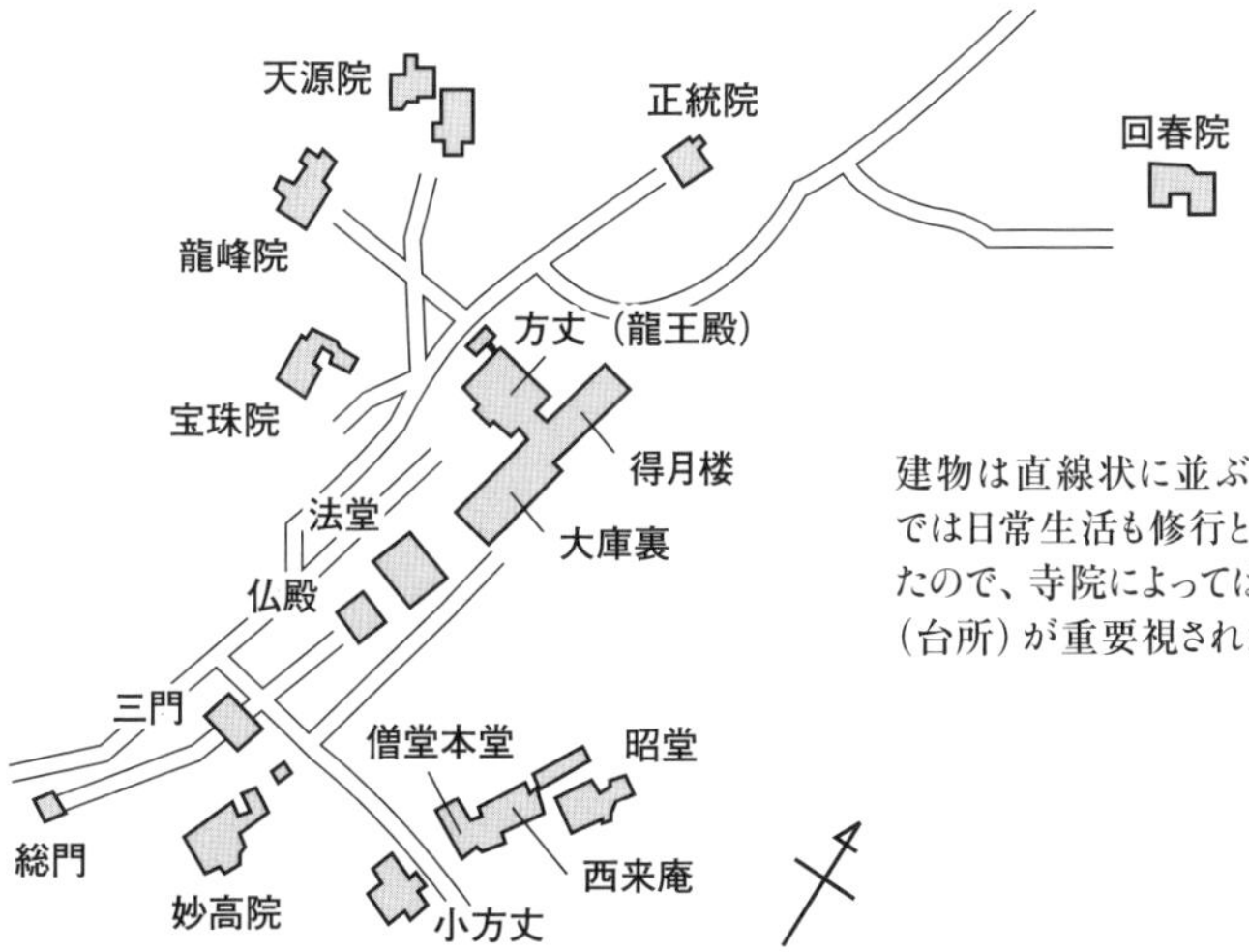

建物は直線状に並ぶ。また、禅宗では日常生活も修行と考えられていたので、寺院によっては浴室や庫裏（台所）が重要視された。

本尊の種類

本尊を祀らない寺は存在しない

各宗派の寺で祀られる本尊、ならびに家庭の仏壇に祀られる本尊について述べるが、その前に知っておいたほうが良い事実がある。日本のどの宗派のどの寺でも、本尊を祀らないところはない。しかし奈良仏教を代表する法相宗・華厳宗・律宗は、いわば国家的なレベルで仏教研究のための機関として出発したこともあって、檀家をもたない。したがって家庭の仏壇そのものがないのである。

以下に各宗派で本尊として祀られる代表的な尊格について説明する。ただし法相宗と融通念仏宗、ならびに日蓮宗の本尊は、ほかの宗派と異なる特別なものなので、その宗派の項で説明する。

釈迦如来

仏教の開祖である釈迦如来はどの宗派でも尊崇される。ただし本尊とする宗派は限られている。造像例を見ても、阿弥陀《あみだ》如来・薬師如来に次いで三番目にすぎない。

また釈迦如来の場合は、その性格には大きく分けて二タイプ見られる。一つは、仏教の原点にあったような、人間としての身体をもち、師あるいは指導者として尊崇される場合だ。このタイプは、修行の領域で仏教への原点回帰をめざす禅宗系の宗派、そして戒律の領域で原点回帰をめざす真言律宗が典型例となる。もう一つは『法華経』の「久遠実成《くおんじつじょう》の本仏《ほんぶつ》」のように、神格化が極限まで進められた結果、永遠不滅の神のごとき存

釈迦如来像の特徴

釈迦如来

施無畏印《せむいいん》
手の平を見せた、人々の心を和らげるためのポーズ。

衲衣《のうえ》
装飾品などはつけず、質素な布を身につける。

与願印《よがんいん》
人々の願いを聞き入れることを表す。施無畏印と組み合わせて、如来の一般的なポーズ。

釈迦如来は仏教を興したブッダがモデル。修行を積み悟りを開いた後の姿が基本形なので、質素な服装をしているのが、如来の特徴の一つ。

本尊として祀る宗派

法相宗
天台宗
臨済宗
曹洞宗
黄檗宗
日蓮宗

代表的な仏像

法隆寺「釈迦三尊像」
室生寺「釈迦如来坐像」

仏像のグループ

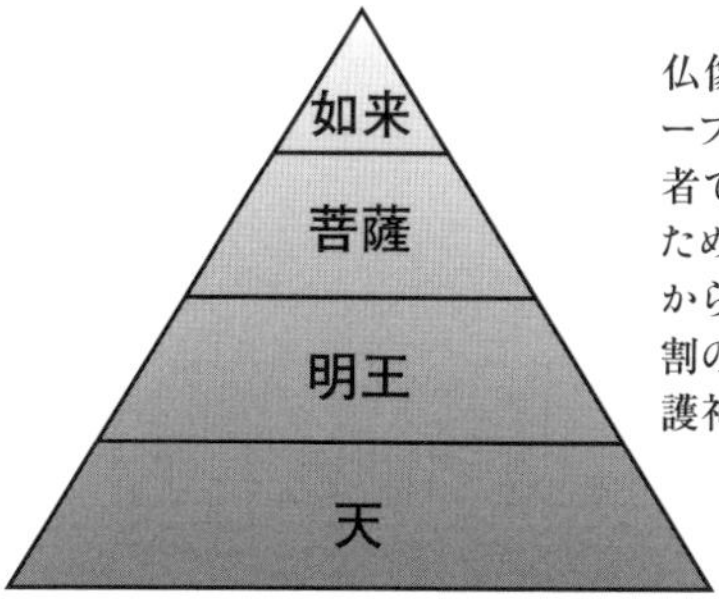

仏像は、大きく四つのグループに分類される。悟った者である如来、如来になるために修行中の菩薩、悪から仏教の教えを守る役割の明王、仏教世界の守護神である天と続く。

在として尊崇される場合だ。このタイプは、『法華経』を最高の経典に位置づける天台宗の一部や日蓮宗が典型例になる。

阿弥陀如来

阿弥陀如来は西方極楽浄土にあって、死後世界における永遠の至福を約束する尊格である。起源はインド本土ではないらしく、西方宗教の影響が想定されている。

阿弥陀という言葉には「アミターバ（無量の光）」と「アミターユス（無量の寿命）」の二つの意味があり、日本や中国では一体化されたが、チベットでは別々の扱いを受けてきた。

阿弥陀如来は報身《ほうじん》と呼ばれる仏で、救済の力をもち、その音声を聞き、その姿を見ることはできるが、具体的な身体をもたず、触ることはできない。極楽浄土は、私たちが今いる娑婆《しゃば》世界（サハー世界）から十万億土、つまり十万億の世界（宇宙）を隔てた彼方にあるが、死者を極楽浄土へ迎える来迎は瞬時に行われるという。

経典の記述によれば、阿弥陀如来の背の高さは60万億那由多由《なゆたゆ》旬《じゅん》、すなわち60×万×億×千×億本分のガンジス河の砂の数×10キロメートルもあるという。

薬師如来

薬師如来はサンスクリット（梵語）では「バイシャジヤ（医者）グル（師）」といい、薬師は漢字による意訳である。経典には、かつてまだ菩薩《ぼさつ》だった頃、自分の名を唱える者を病や障害から救うなど、12の誓願を立て、その誓願が成就したので今は仏となり、東方の瑠璃光《るりこう》浄土（浄瑠璃《じょうるり》世界）にいると説かれる。阿弥陀如来と同じように、報身というタイプの仏である。左手には薬壺《やっこ》を持ち、左右に日光と月光の両菩薩を従え、さらにその周囲に十二神将を配する。典型的な現世利益の仏といってよく、古来、日本では病気平癒や怨霊対策に効験あらたかとされてきた。しかし起源はいまだ判明せず、その信仰もほぼ日本だけに限られている。

盧舎那仏
（毘盧遮那如来）

盧舎那仏《るしゃなぶつ》という表現は、サンスクリット（梵語）の「ヴァイロー

阿弥陀如来像の特徴

阿弥陀如来坐像

阿弥陀如来立像

阿弥陀定印

阿弥陀如来特有の印相で、九つの種類がある。どの印相も、おおむね親指を使って輪をつくっている。

西方極楽浄土をつかさどる仏であるため、東向きに安置されるのが一般的。阿弥陀如来の印相（仏像の手の形で、それぞれ意味がある）は九品往生印といい、往生のランクによって9段階に分かれる。また、髪の長さや顔の向きなどにいろいろなバリエーションがある。

本尊として祀る宗派

浄土宗（立像、坐像ともにある）
浄土真宗（多くが立像）

代表的な仏像

中尊寺金色堂「阿弥陀如来像」
平等院鳳凰堂「阿弥陀如来坐像」
高徳院「阿弥陀如来坐像」（鎌倉大仏）

チャナ（遍く照らす者）」を漢字で音写した「毘盧遮那仏」の略称だ。インド本土ではなく、中央アジアで成立した『華厳経』の教主であり、その起源はイランのゾロアスター教で崇められていた、光明の神たるアスラにまでさかのぼるという。

この仏は、歴史上に実在した釈迦如来（ブッダ）とも、あるいは神話的な存在として登場した阿弥陀如来とも違って、悟り＝真理そのものを象徴化し具現化した、法《ほっ》身《しん》と呼ばれる存在に位置づけられる。要するに、ほかの仏とは比べようもないほど、超越的な存在であり、世界創造だけはしないものの、ほかの点では一神教の神に近いとすらいえる。

大日如来

正しくは摩訶毘盧遮那《まかびるしゃな》（マハー・ヴァイローチャナ）如来と称して、『華厳経』の盧舎那仏をさらに発展させ、大宇宙の活動の根源的な存在にまで高めた尊格といってよく、もちろん法身である。その能力や性格は高度かつ複雑で、生きとし生けるものすべてを救済するため、多種多様な化身に展開する。盧舎那仏はみずから活動しないため、この点が大きく異なる。

造形上の違いもある。盧舎那仏が装飾をいっさい身につけない通常の如来形なのとは対照的に、大日如来は宝冠をはじめ、さまざまな装飾を身にまとう。これは欲望をある程度容認し、現世により肯定的なことを象徴するためだ。

その思想を視覚化した画像が曼《まん》荼羅《だら》だ。曼荼羅に描かれているあまたの仏菩薩や神々はすべて、中央に坐す大日如来が変身したものなのである。要するに人々が求めるところに従い、大日如来は姿形を自在に変える。いいかえればこの世のありとあらゆる存在は、大日如来の化身ということになるので、たとえば不動明王のように化身の姿で表現されることのほうがむしろ多い。そのせいか、大日如来の造像例は思いのほか少ない。

弥勒如来
（弥勒仏・弥勒菩薩）

唯識《ゆいしき》思想が兜率天《とそってん》（※）で弥勒《みろく》菩薩

兜率天：仏が住む天界の世界の一つ。

盧舎那仏と大日如来の特徴

盧舎那仏

二重光背
頭からの光の頭光と、体からの光の身光を合わせた光背(※)。

蓮華座
蓮の花を形どった台座。

盧舎那仏は1000枚の蓮の花びらに鎮座しているが、その花びら1枚1枚に100億の国が存在するという。それぞれの国に釈迦が現れ、それら無限に広がる国々の頂点が盧舎那仏とされる。

本尊として祀る宗派

華厳宗

代表的な仏像

東大寺「盧舎那仏坐像」
唐招提寺「盧舎那仏坐像」

大日如来

宝冠・瓔珞《ようらく》
如来ではめずらしく、宝冠や瓔珞などのアクセサリーをつける。

智拳印
金剛界大日如来は智拳印を結ぶ。

宇宙の真理=根源そのもの。ほかの如来と異なり豪華な装飾品を身につけている。立像はなく、悟りの境地を象徴した智拳印も、大日如来特有の印相。

本尊として祀る宗派

真言宗

代表的な仏像

円成寺「大日如来坐像」
東寺「大日如来坐像」

光背：仏は光を発するといわれており、それを仏像で表現するため、取りつける。

弥勒如来の特徴

弥勒如来
釈迦如来同様、装飾品などはつけず、質素な布を身につける。

如来と菩薩の両方の要素をそなえたものもあるため、像によって見た目もさまざま。如来像のように質素な姿をしたものや、菩薩像のように着飾ったもの、如来と菩薩の中間的な姿などもある。

本尊として祀る宗派

法相宗

代表的な仏像

興福寺「弥勒如来坐像」

から無著《むじゃく》に伝えられたという伝承にもとづき、弥勒菩薩は、本尊に祀られることもある。

弥勒（マイトレーヤ）という尊格の成立については、無著の師だった実在の人物が神格化されたという説と、無著が深い瞑想の中で遭遇した神秘的な存在という説の両方がある。弥勒を対象とする信仰についても、もともと仏教に未来仏として設定されていたという面と、西方で流行していたミトラ教からの影響という面の、両方を考える必要がある。また弥勒は、通常は菩薩とされるが、如来(仏)とみなされる場合もあり、さらに菩薩と如来の性格を兼ねそなえた例もある。

各宗派の本尊

法相宗・華厳宗・律宗

法相宗は、唯識曼荼羅図（法相曼荼羅図）もしくは弥勒菩薩像を本尊に祀る。

唯識曼荼羅図は、中央に宝冠を被った弥勒菩薩を、その周囲にインドの無著・世親《せしん》・護法《ごほう》・陳那《じんな》・戒賢《かいけん》、中国の玄奘《げんじょう》・基《き》、日本の善《ぜん》殊《しゅ》・玄賓《げんぴん》・行賀《ぎょうが》など、法相宗の根本教義とされる唯識思想の確立に貢献した論師（宗教哲学者）を描いた画像である。ただし描かれる人物は作例により異同がある。

同じ法相宗でも、薬師寺は、その名のとおり、薬師如来を本尊に祀る。ゆえんは天武天皇が後に持統天皇となった鸕野讃良《うののさらら》皇后の病気平癒のために、効験あらたかとされていた薬師如来を本尊とする寺の建立を発願したといういきさつに求められる。このように薬師寺の場合は、まず寺が建立され、その後に法相宗の拠点となったのである。

華厳宗は、盧舎那仏を本尊に祀る。

律宗は、戒律の研究と実践を目的とする宗派なので、特定の本尊はない。ただし総本山の唐招提寺では、大乗仏教の戒律を説く『梵《ぼん》網経《もうきょう》盧舎那《るしゃな》仏説《ぶっせつ》菩薩《ぼさつ》心地《しんじ》戒品第《かいほんだい》十《じゅう》』が、そのタイトルが示すように、盧舎那仏を教主とすることから盧舎那仏を本尊に祀る。なお、鎌倉時代に真言密教の立場から戒律の復興をめざした真言律宗の総本山、西大寺では、仏教の原点へ回帰するという理由から、釈迦如来が本尊として祀られている。

天台宗

天台宗は、その複雑で多岐にわたる性格を反映して、特定の本尊はない。根本中堂には薬師如来が祀られているが、これは宗祖の最澄が比叡山に最初の堂宇を建立したときに、当時の流行に添って、病気平癒や怨霊対策に効験あらたかとされた薬師如来を祀ったことに由来する。

そもそも最澄は信仰の中核に『法華経』を据えているので、この経典が説く永遠不滅の存在となった釈迦如来を本尊とするのが当然なはずだが、必ずしもそうはなっていない。

浄土信仰の部門では阿弥陀如来が祀られ、密教の部門ではありとあらゆる密教系の尊格が祀られてきた。むしろ本尊として祀られなかった尊格がないくらいで、この点は真言宗とも共通する。

家庭の仏壇では釈迦如来もしくは阿弥陀如来を本尊に祀り、その向かって右側に天台大師智顗《ちぎ》を、左側に伝教大師最澄を祀る場合が多い。

真言宗

真言宗は、大日如来を本尊に祀る。真言宗では修法と称して、人々の願望を成就させるためにさまざまな儀礼をいとなむが、儀礼の目的次第で祀る本尊も変わる。最も多いのは不動明王であろう。この尊格は慈悲にもとづく力の行使によって、邪悪な存在を改心させ良い結果を招き寄せるとされ、圧倒的な人気を誇る。その他、多《た》面多臂《めんたひ》といって、十一面観音や千手観音のように、顔や腕の数が多いタイプの観音も、万能の力をもつとされ、修法の本尊によく祀られてきた。

家庭の仏壇では、大日如来を本尊に祀る場合は、向かって右に宗祖の弘法大師空海を、左に不動明王を祀る。また弘法大師空海を本尊に祀る場合は、向かって右に大日如来を、左に不動明王を祀る。ほかの仏菩薩を本尊に祀る場合、向かって右に大日如来を、左に弘法大師空海を祀る。

仏壇飾りの例　天台宗・真言宗

仏壇飾りでとくに重要視されるのは上段にのる本尊で、次に重要なのが本尊の左右に飾る仏や宗祖などである。この上段の飾りは、もちろん例外はあるものの、宗派によっておおよその通例がある。天台宗、真言宗は本尊を柔軟に考えるため、祀られる本尊はさまざまなパターンがある。傾向としては、天台宗は釈迦如来か阿弥陀如来のどちらかを、真言宗は大日如来を本尊とすることが多い。

天台宗

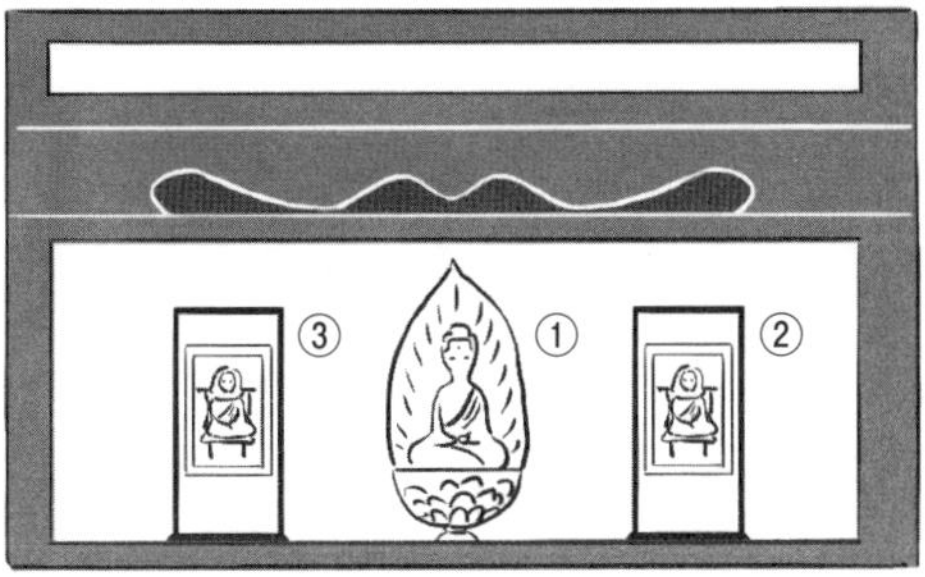

①本尊（釈迦如来、阿弥陀如来）
②天台大師智顗
③伝教大師最澄

真言宗

①本尊（大日如来）
②弘法大師空海
③不動明王

中段以下については地域や菩提寺、または住宅事情などによってさまざまで、原則は無いといってもよい。

融通念仏宗

融通念仏宗は、十一尊天得如来《じゅういちそんてんえにょらい》図《ず》を本尊に祀る。十一尊天得如来図とは、阿弥陀如来と、その両脇侍である観音菩薩・勢至《せいし》菩薩を含む10体の奏楽菩薩が、これから極楽浄土へ往生しようとしている人を迎えに来るようすを描いた画像であり、いわゆる来迎図のジャンルに入る。出現したのは融通念仏宗が宗派として形態を整えてからであり、15世紀から後のことになる。融通念仏宗の伝承によると、宗祖の良忍《りょうにん》が46歳の1117（永久5）年5月15日午の刻（正午）、一心に念仏を唱えていると、阿弥陀如来が姿を現して、万人を極楽浄土へと導く融通念仏の法門を授けられた。同時に、白い絹一枚の上に、中央に阿弥陀如来が立ち、その周囲を10体の菩薩がとりかこむ十一尊天得如来図も授けられたという。

家庭の仏壇では、十一尊天得如来図を本尊に祀り、向かって右に良忍を、左に中興の祖とされる法《ほう》明良尊《みょうりょうそん》を祀る。

浄土宗

浄土宗は、阿弥陀如来・観音菩薩・勢至菩薩の三尊を祀る。もちろん本尊は阿弥陀如来であり、その分身として観音菩薩は慈悲、勢至菩薩は智慧を、おのおのつかさどる。

阿弥陀如来は、すでに説明したとおり、超巨大な身体の持ち主である。さすがにそれでは等身大の像を本尊に祀りようもないので、宗祖の法然は、仏師の快慶《かいけい》に「三尺阿弥陀」という、1メートルほどの立像制作を依頼している。

立像の場合は、舟形の光背の前に立った姿が多い。これは立撮即《りっさつそく》行《ぎょう》といって、ただちに人を救おうとする姿を表現したとされる。ただし鎌倉の大仏（高徳院《こうとくいん》）のように、坐像もある。また立像の場合は来迎印の「下品下生《げぼんげしょう》」の印を、坐像の場合は定印《じょういん》（瞑想印）の「上品上生《じょうぼんじょうしょう》」の印を、それぞれ結ぶ例が多い。

家庭の仏壇では、阿弥陀如来もしくは阿弥陀三尊を本尊に祀り、

仏壇飾りの例　浄土宗・浄土真宗

浄土宗の本尊は阿弥陀如来だが、これは坐像、立像を問わない。また、木像のほかにも、掛け軸などの絵像でもかまわない。浄土真宗も、本尊は阿弥陀如来で、木像や絵像、名号本尊の場合もあり、とくに規定はない。

浄土宗

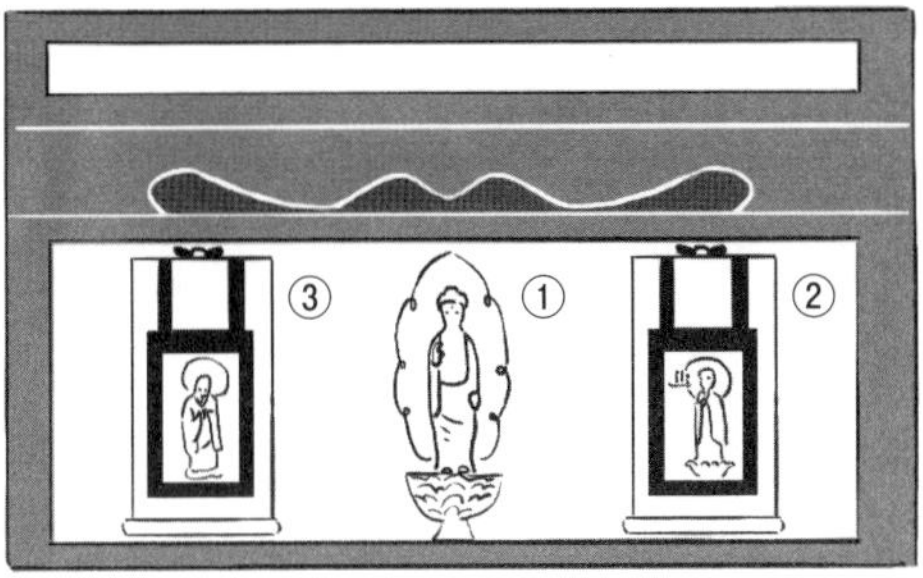

①本尊（阿弥陀如来）
②善導
③法然

浄土真宗

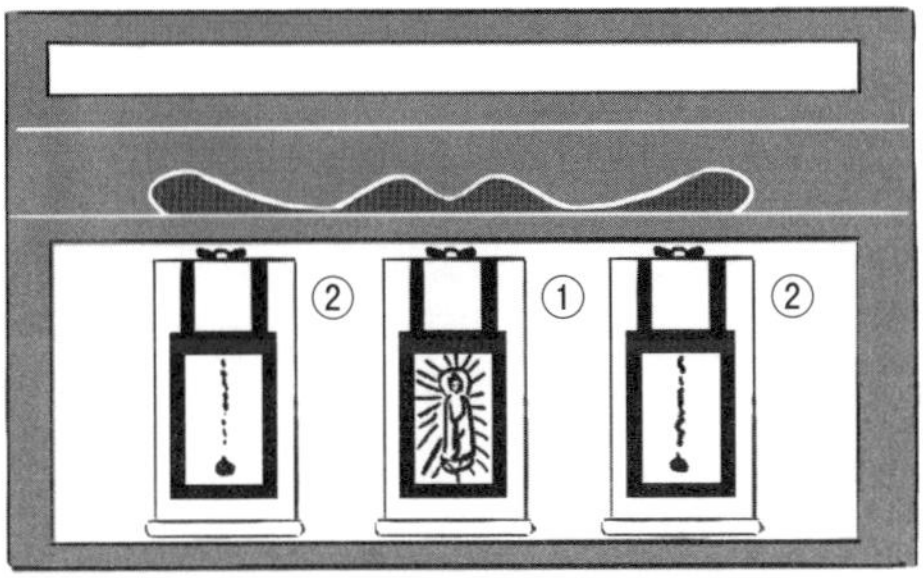

①本尊（阿弥陀如来）
②脇掛

中段以下は、地域性や菩提寺、住宅事情などによって異なり、原則は無い。

向かって右側に中国浄土教を大成した善導を、左側に法然を祀る。

浄土真宗

　浄土真宗は、阿弥陀如来を本尊として安置する。浄土宗が阿弥陀如来・観音菩薩・勢至菩薩の三尊形式なのに対し、阿弥陀如来ただ一仏という違いがある。ただし真宗高田派は、長野の善光寺様式にならった三尊を本尊とする。

　家庭の仏壇の場合、本尊は形像《ぎょうぞう》本尊（絵像・木像）と名号《みょうごう》本尊（尊号）がある。名号本尊は、宗祖の親鸞が阿弥陀如来の名称をもって仏徳を表したもので、六字尊号の「南《な》無阿弥陀仏」・九字尊号の「南無《む》不《ふ》可《か》思《し》議《ぎ》光如来《こうにょらい》」・十字尊号の「帰命尽十方無礙光如来《きみょうじんじっぽうむげこうにょらい》」がある。

また本尊の左右の脇に脇掛《わきがけ》を奉懸する。

　東西本願寺の場合、通常は、仏壇の中央に絵像もしくは木像、その左脇（向かって右）に十字尊号または親鸞聖人の御影を、右脇（向かって左）に九字尊号または蓮如《れんにょ》上人の御影という配置になる。これら仏壇に安置する本尊・脇掛などの掛け軸は、必ず本山から迎えなければならない。

　絵像や木像の場合、後光が阿弥陀如来の前身である法蔵比丘《ほうぞうびく》が立てた48の誓願を表す48本という点は共通するが、上部の後光の数が浄土真宗本願寺派（西本願寺）は8本なのに対し、浄土真宗大谷派（東本願寺）は6本と異なる。

　真宗高田派は、中央に阿弥陀如来もしくは「南無阿弥陀仏」の名号を、向かって右に親鸞を、左に九字名号と十字名号を並べた合幅を祀る場合が多い。

時宗

　時宗は、阿弥陀如来を本尊に祀る。ただし宗祖の一遍が融和的な性格の持ち主だったゆえか、薬師如来・地蔵菩薩・観音菩薩など、時宗に改宗する以前の本尊がそのまま祀られている事例がある。家庭の仏壇では、舟形光背の阿弥陀如来立像を本尊に祀る。そして、向かって右に宗祖の一遍の掛け軸を、左に二祖の他阿真教の掛け軸を祀る。

仏壇飾りの例　時宗・臨済宗

極楽が西方にあるため、時宗では安置する向きは東向きがふさわしいとされるが、家庭事情などにもよるため、必須ではない。臨済宗で本尊の両脇に飾るのは、本山の開山であったり、禅宗の祖である達磨大師の場合もある。

時宗

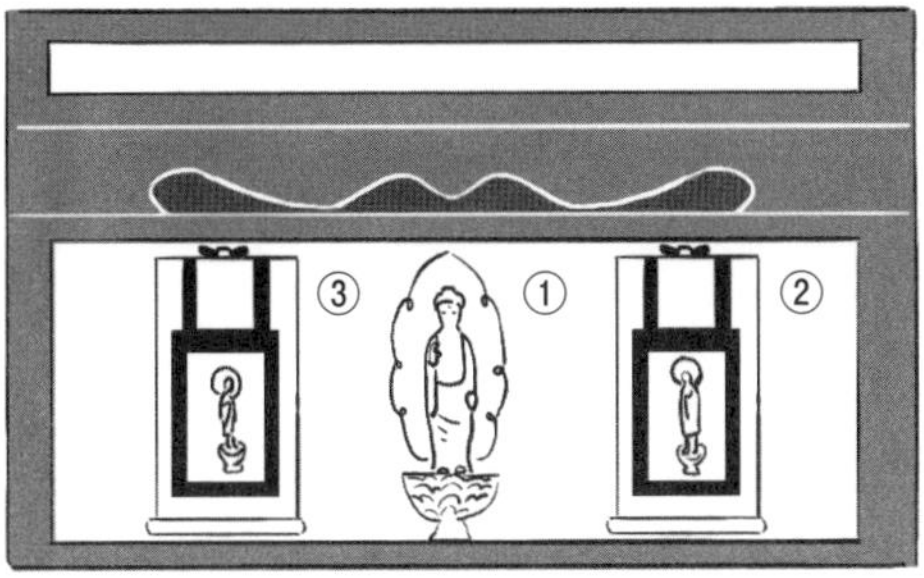

①本尊（阿弥陀如来立像）
②一遍上人像
③二祖他阿上人像

臨済宗

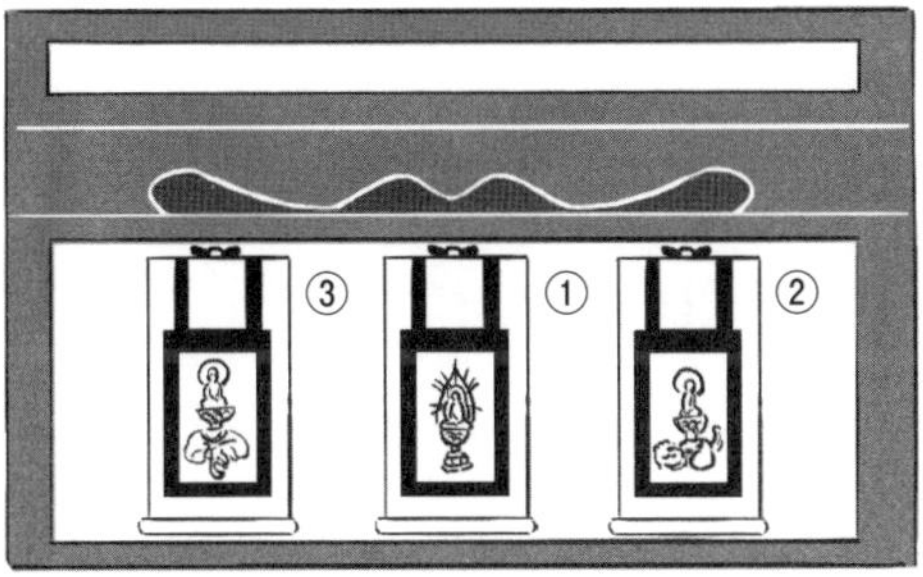

①本尊（釈迦如来）
②脇侍（文殊菩薩など）
③脇侍（普賢菩薩など）

中段以下は、地域性や菩提寺、住宅事情などによって異なり、原則は無い。

臨済宗

臨済宗は、釈迦如来を本尊に祀る。家庭の仏壇では、釈迦如来を本尊に祀り、その左右に脇侍を祀る。脇侍は派によって異なり、向かって右に文殊菩薩、左に普賢菩薩を祀る派もあれば、その派の祖や功績のあった僧侶を祀る派もあり、一定していない。

曹洞宗

曹洞宗は、通常は釈迦如来を本尊に祀る。ただし天台宗や真言宗から改宗した寺の場合は、もとの仏菩薩を本尊に祀ることもある。家庭の仏壇では釈迦如来を本尊に祀り、向かって右に高祖の希玄道元《きげんどうげん》の掛け軸を、左に太祖の瑩山紹瑾《けいざんじょうきん》の掛け軸を祀るのが一般的だ。

日蓮宗

日蓮宗は、日蓮が唯一絶対の聖典とみなす『法華経』にもとづき釈迦如来＋多宝《たほう》如来を本尊とする寺もあれば、同じく日蓮が晩年に自己の信仰世界をわかりやすくしめす目的から、数多くあらわした人曼荼羅（御曼荼羅）を本尊とする寺もある。多宝如来は過去仏(※)であることは確かだが、その起源は明らかではない。

また日蓮宗の大曼荼羅は、真言宗など密教系の曼荼羅が主に図像による表現なのに対し、文字による曼荼羅であり、この点は大きく異なる。家庭の仏壇では、大曼荼羅を本尊に祀る。大曼荼羅の前に、日蓮の木像を祀ることもある。本尊の脇侍として、向かって右に鬼子母神《きしもじん》を、向かって左に大黒天を祀ることもある。

黄檗宗

黄檗宗は、釈迦如来を本尊に祀る。家庭の仏壇では、釈迦如来の坐像を本尊に祀り、向かって右に中国禅宗の祖とされる達磨大師の影像を、向かって左に宗祖の隠元《いんげん》隆琦《りゅうき》の影像を祀る。

過去仏：釈迦如来以前に出現した仏。

仏壇飾りの例　曹洞宗・日蓮宗

日蓮宗で本尊とする大曼荼羅は多種あるが、日蓮宗としては妙本寺（神奈川県鎌倉市）にある「弘安三年三月の大曼荼羅＝臨滅度時のご本尊」を推奨している。

曹洞宗

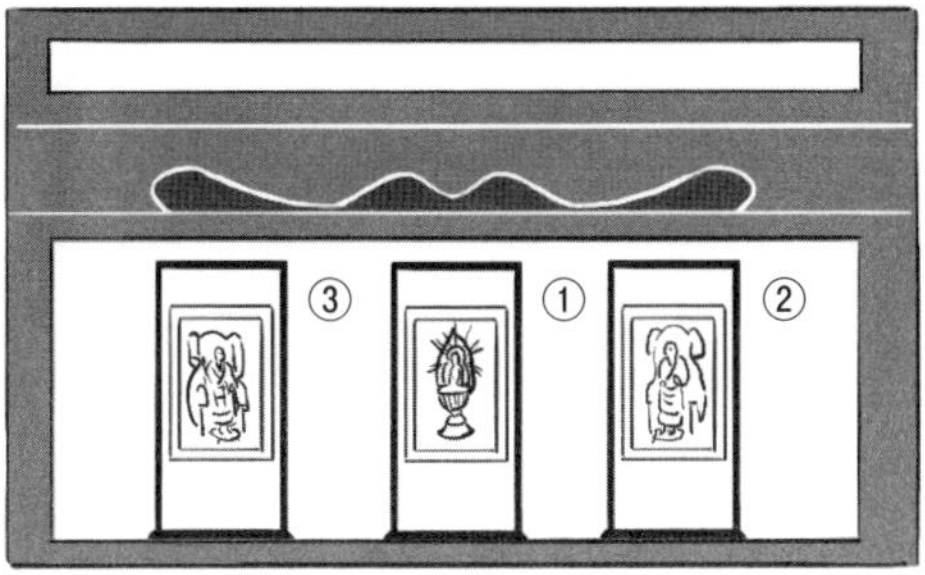

①本尊（釈迦如来）
②希玄道元
③瑩山紹瑾

日蓮宗

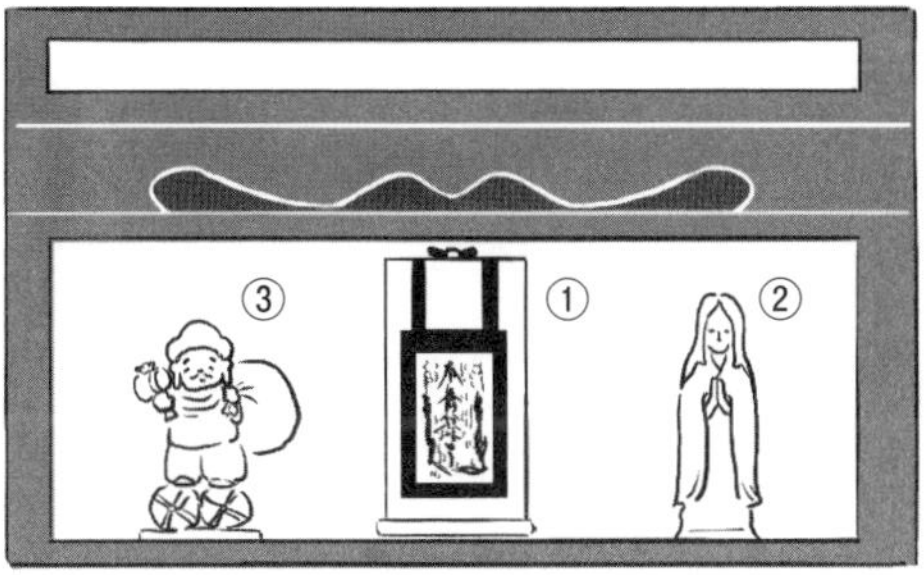

①本尊（大曼荼羅）
②鬼子母神
③大黒天

中段以下は、地域性や菩提寺、住宅事情などによって異なり、原則は無い。

法相宗の本山

興福寺

DATA

◆創建
669（天智天皇8）年

◆開基
藤原不比等

◆本尊
釈迦如来坐像

◆所在地
奈良県奈良市

◆主な文化財
阿修羅像、南円堂、東金堂、五重塔、乾漆十大弟子立像など

※　　は国宝

藤原氏の氏寺、春日大社を支配

興福寺は、薬師寺と並び、法相宗の大本山であるとともに、藤原氏台頭の大功労者として有名な藤原鎌足ゆかりの寺である。創建は669（天智天皇8）年、鎌足が病に臥したとき、天智天皇の后から鎌足の正妻となった鏡大王《かがみのおおきみ》が平癒を願い、釈迦三尊像を本尊として、山科《やましな》（現在の京都市山科区）に建立した山階寺《やましなでら》が起源と伝えられる。その後、藤原京をへて、710（和銅3）年の平城京遷都の際に、現在の地に移転し、この時点で興福寺という寺名を称した。

このいきさつから明らかなとおり、興福寺は藤原氏の氏寺であり、同じく氏神の春日大社と対になる存在だった。ただしコラム「神と仏の関係」（38ページ）で述べたように、仏が神の上に位置づけられたため、興福寺は春日大社を支配下に置いていた。もっとも春日大社も最奥に僧侶が立ち入れない領域を確保し、神の威厳をたもってバランスをとっていたという。

教学、政治力の強化で最大の宗教勢力に発展

藤原氏が天皇家と深い絆をきずきあげ、ほとんど一体化するにつれ、興福寺の造営も国家の手にゆだねられ、日本の寺院の中でも別格の存在となっていく。それは奈良時代には四大寺《しだいじ》の一つに、平安時代には七大寺《しちだいじ》の一つに数えられていた事実からもよくわかる。

興福寺と法相宗の関係が強化されたのには、玄昉《げんぼう》（?～746）の果たした役割が大きい。玄昉は聖

奈良時代の四大寺

	寺院名	宗派 ※現時点の宗派名
1	興福寺	法相宗
2	薬師寺	法相宗
3	大安寺（大官大寺）	高野山真言宗
4	元興寺	真言律宗

平安時代の七大寺

	寺院名	宗派 ※現時点の宗派名
1	興福寺	法相宗
2	薬師寺	法相宗
3	東大寺	華厳宗
4	大安寺（大官大寺）	高野山真言宗
5	元興寺	真言律宗
6	西大寺	真言律宗
7	法隆寺	聖徳宗

武天皇の生母、宮子《みやこ》との醜聞や失脚の事情などから悪評を立てられることも多いが、唐に18年も留学して、かの地で法相宗を本格的に学び、これを日本にもたらし、興福寺に伝えたことでは、大きな功績があった。

　帰国にあたっては仏典5000巻と漢訳された仏典のデータベースともいえる『開元釈教録《かいげんしゃっきょうろく》』(※)を持ち帰るなど、奈良時代の仏教にとって欠かせない人材だった。

　このように、興福寺は教学研究と政治力の両面で突出し、その実力は当初から国営寺院だった東大寺をもしのいだ。「南都北嶺《なんとほくれい》」と称されたように、南都は興福寺、平安京は比叡山延暦寺が、中世日本における最大の宗教勢力としてながらく君臨した。背景には、興福寺が藤原氏の後援を受けて、大和国（現在の奈良県）にあった荘園をほぼすべて領地とし、鎌倉時代から室町時代をへて、戦国時代に至るまで、実質的に国主の地位にあったことが指摘されている。

　この点は、平安時代以降、東大寺が荘園を次々に失って疲弊し、いろいろな面で興福寺に頼らざるをえなかったのと対照的である。

争乱の兵火と明治政府の弾圧

　平安末期の争乱では、興福寺も東大寺とともに甚大な被害を受け、堂塔伽藍も仏像の多くも焼き尽くされて灰となったが、その後の復興の主体となったのはやはり

『開元釈教録』：中国、唐僧の智昇が著作した一切経目録の一つ。全20巻から成る。

興福寺であった。このことは、平安末期から鎌倉時代の仏像制作を代表する運慶《うんけい》も快慶《かいけい》も、興福寺を拠点に活動していた奈良仏師に属していた事実からもうかがわれる。

　しかしそんな興福寺も、明治維新期の神仏分離にはじまる仏教弾圧には抗しきれなかった。

　神と仏を強制的に分離しようとする明治政府は、興福寺を文字どおり目の敵にした形跡があり、徹底的な破壊を試みた。興福寺くらい、酷い目にあった寺は稀である。最近では失われた堂宇《どうう》が徐々に復興されてきてはいるものの、広大な境内には空処がまだ目立つ。

破壊をまぬがれた多くの傑作彫刻が残る

　さきほど述べたように、創建当初の建築物はすべて失われ、現存する堂宇は鎌倉初期に復興されたものが最も古い。その点、仏像はたび重なる火災や争乱を奇跡的にまぬがれた作例がかなり残されている。その典型例が大ブームを巻き起こした阿修羅像であり、はるか天平時代にまでさかのぼる。

　また運慶や快慶の作になる仏像群も幸い焼失や破壊をまぬがれ、私たちに日本彫刻史の頂点に位置する傑作に接する機会をあたえてくれる。

伽藍の配置

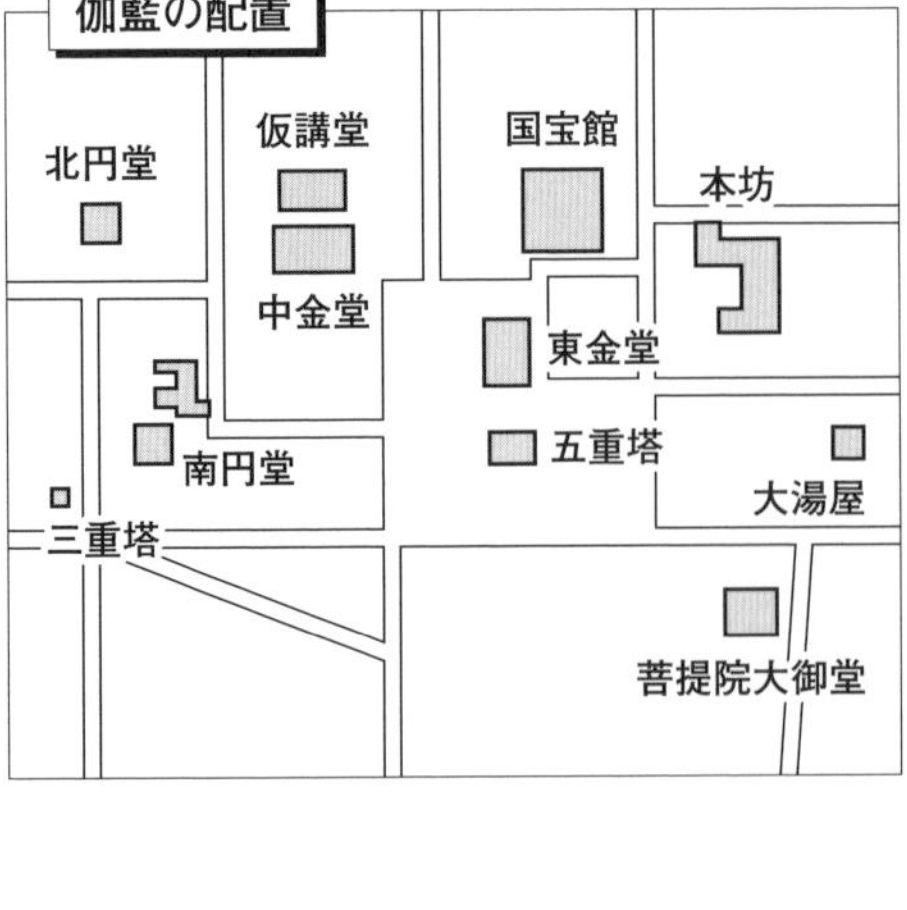

文化財の安置場所

【国宝館】乾漆八部衆立像、乾漆十大弟子立像、木造釈迦如来坐像、木造金剛力士立像など

【中金堂】木造四天王立像、木造釈迦如来坐像など

【東金堂】木造十二神将立像、木造文殊菩薩坐像など

【北円堂】木造弥勒如来坐像、木心乾漆造四天王立像など

【南円堂】木造法相六祖坐像、木造不空羂索観音菩薩坐像など

華厳宗の本山

東大寺

聖武天皇の発願と奈良大仏の造立

現在、東大寺が建つ地には、もともと金鍾山寺《きんしょうせんじ》（金鍾寺《きんしょうじ》）という寺があった。現在の三月堂（法華堂）がその遺構という。この寺は、聖武天皇の皇太子だった基親王《もとい》が満1歳になる前に死去し、その菩提を弔うために建立された。その後、741（天平13）年に、その頃平城京の北東に恭仁京《くにきょう》を造営していた聖武天皇から、国分寺・国分尼寺（金光明寺・法華寺）建立の詔《みことのり》が発せられると、金鍾山寺の寺格があがり、寺名を大和金光明《やまとこんこうみょう》寺《じ》とあらためた。この寺こそ、東大寺の前身寺院にほかならない。

ついで743（天平15）年の10月15日、「大仏造立の詔」が発せられた。この詔には、「盧舎那仏の金銅像一軀《いっく》を造り奉る」と書かれていた。聖武天皇が巨大な盧舎那仏（大仏）を造立しようとしたきっかけは、740（天平12）年に、かつての都だった難波宮《なにわのみや》に行幸したみちすがら、河内国大県郡《かわちのくにおおがたぐん》の知識寺《ちしきじ》で盧舎那仏を拝んだことだったと史書に見える。

この出来事の注目すべき点は、二つある。一つは、大乗仏教の最高峰ともいわれる『華厳経』の教主であり、全宇宙を統合する性格をもつ超巨大な存在に、聖武天皇が大きな魅力を感じた点。もう一つは、知識寺という寺名にある「知識」が、仏教の信者を意味し、さらには仏教の信者たちが、強制的にではなく、自発的に物資や労力を提供することを意味していた点だ。わかりやすく表現すれば、「みんなの力で、大乗仏教にとって最

DATA

◆創建
8世紀

◆開山
良弁

◆本尊
盧舎那仏

◆所在地
奈良県奈良市

◆主な文化財
金堂（大仏殿）、南大門、二月堂、盧舎那仏像、金剛力士立像など

高の仏である盧舎那仏を造ろう」ということで、ここに聖武天皇は大きな可能性を見出したらしい。

初代別当の良弁が造仏の現場を指揮

東大寺の初代別当（代表者）に就任した良弁《ろうべん》（689～773）は、南都六宗の一つの華厳宗、すなわち盧舎那仏を教主とあおぐ『華厳経』を研究する学派の僧侶だったが、法相宗も学んでいた。宗派意識が強くなった後世の仏教界では考えがたいが、奈良時代の仏教は学問仏教という性格が強かったこともあって、別に問題にはならなかった。

良弁が大仏造立の主導権を握っていたことに疑いはない。大仏造立に関しては、行基《ぎょうき》（668～749）の活動も特筆されるが、それはあくまで「知識」、つまり官民あげての総動員という領域にとどまり、教理や現場の実務に相当する領域はもっぱら良弁が仕切っていた可能性が高い。文字どおり辣腕の持ち主だったようだ。

東大寺の大仏は二度も戦火にさらされて焼損し、そのたびに復興されてきた。一度目は1180（治承4）年の平重衡《たいらのしげひら》の兵火によるものだ。このときは興福寺が全焼し、東大寺も伽藍の主要部を焼失する大惨事となった。この際の復興に大活躍したのが、重源《ちょうげん》（1121～1206）である。二度目は、戦国時代の1567（永禄10）年、松永久秀の兵火に大仏も大仏殿も焼け落ちてしまった。時代背景の違いもあって復興はなかなか進まず、大仏が開眼供養されたのは1692（元禄5）年、大仏殿の落慶は1709（宝永6）年とさらに遅れた。

歴史深い天平彫刻や伝統的な儀礼が残る

境内の諸堂には天平彫刻の粋が伝わる。とりわけ東大寺大仏殿東方の丘陵地に建つ三月堂（法華堂）には、国宝に指定されている仏像が10体もある。不空羂索《ふくうけんさく》観音立像・梵天立像・帝釈天立像・金剛力士立像（阿形《あぎょう》・吽形《うんぎょう》）・四天王像・執金剛神《しゅうこんごうしん》立像である。いずれも天平時代の彫刻を代表する名作ばかりだ。そして戒律を授けるために建立された戒壇堂の四天王像は、天平彫刻のリアリズムを体現する傑作ばかりで、8世紀の段階でこれほどの次元に達した作例は、世界中を見渡してもまずない。

　東大寺は伝承されてきた儀礼の領域でも、特筆にあたいする。その筆頭「お水取り（お松明《たいまつ》）」として知られているのが修二会《しゅにえ》だ。かつては旧暦2月1日から14日まで、今日では新暦の3月1日から14日まで2週間いとなまれる儀礼は、二月堂の本尊である十一面観音像に、練行衆《れんぎょうしゅ》と呼ばれる精進潔《しょうじんけっ》斎《さい》(※)した行者がみずからの過去の罪障を懺悔し、その功徳により興《こう》隆仏法《りゅうぶっぽう》、天下泰安、万民快楽、五穀豊穣などを祈る法要行事である。その中にはさまざまな要素が入り混じって、文字どおり神仏混《こん》淆《こう》の極致といってよく、日本の伝統的な宗教世界をこれほど見事に表現する例は、他には見出しがたい。

修二会の儀礼とは

練行衆と呼ばれる11人の僧が本尊である十一面観音像に人々の代わりに罪障を懺悔し、その行いにより得た功徳で、世の中の幸福を祈るもの。

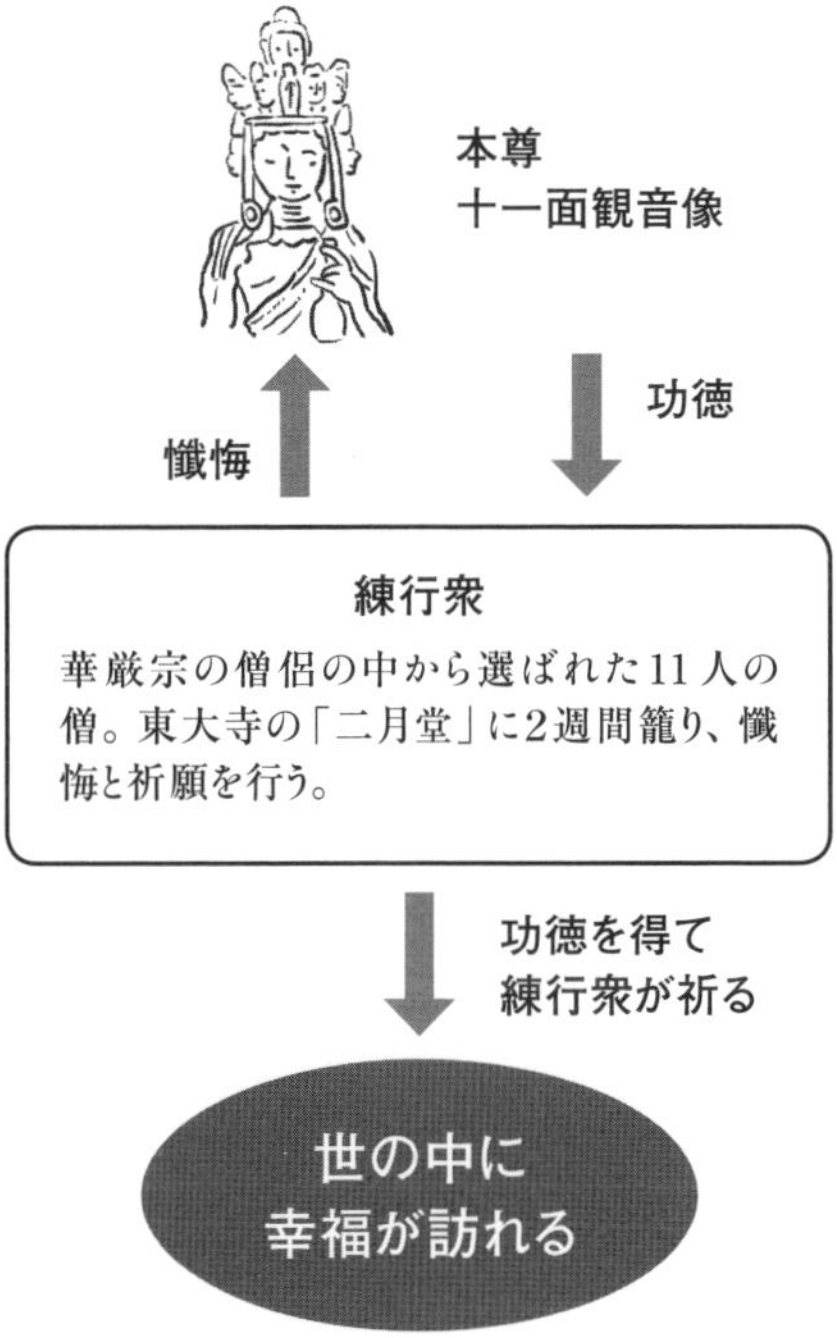

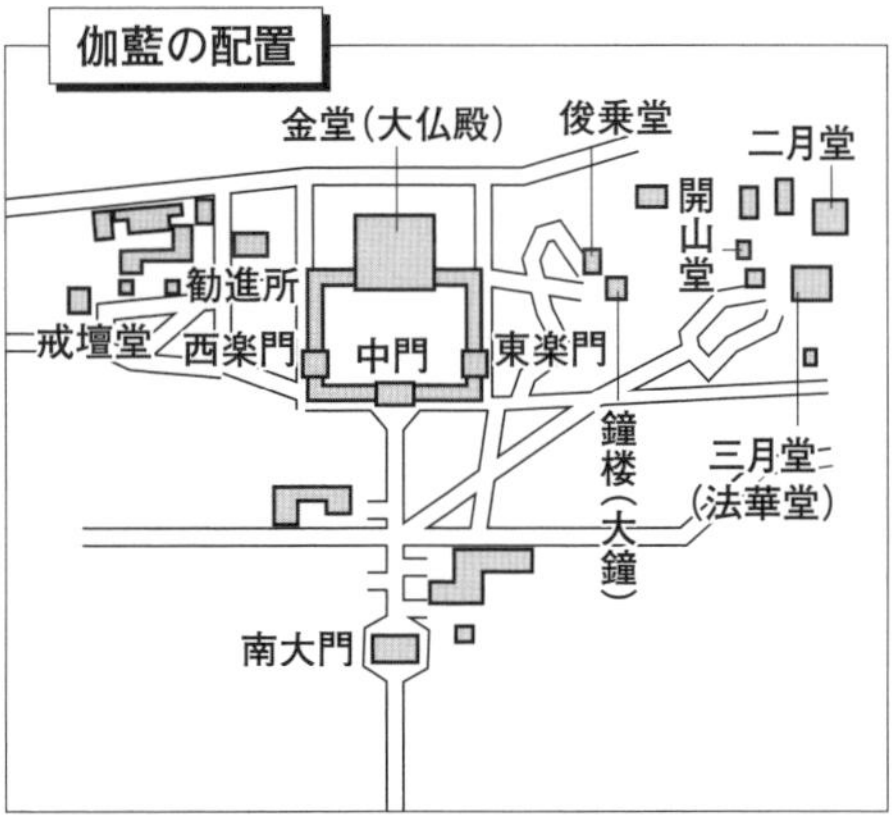

精進潔斎：酒や肉を断ち、身を清めて行動を慎むこと。

律宗の本山

唐招提寺

「戒律」の研究実践のため 唐より鑑真が招かれる

唐招提寺は「戒律」、つまり仏教者として順守すべき「自発的な行動規範（戒）と他律的な規則（律）」を研究し実践する研究機関として発足した。戒には大きく分けて二つあり、一つは在家信者も含めた菩薩戒、もう一つは出家僧を対象とする具足戒《ぐそくかい》である。奈良時代の中期まで、日本では具足戒を授けるための制度はまだ整わず、具足戒を授けられる資格をもつ伝戒の師にも乏しかった。この窮状を抜本的にあらためるために、この領域で先行する中国の仏教界から招かれたのが鑑真（688～763）だった。周囲の反対を押し切って要請を受諾した鑑真は、5回にも及ぶ失敗を重ねた末に、6回目の渡航計画でようやく来日に成功し、本格的な戒律を日本に伝えた。この時点で鑑真は66歳の高齢に達していた。

来日を果たした鑑真は、東大寺で5年間を送った後、新田部親王《にいたべしんのう》の旧宅跡（現在の奈良市五条町）を譲り受け、759（天平宝字3）年に唐律招提《とうりつしょうだい》を開いた。「招提」とは「四方から集まった僧侶の住居（道場）」だから、唐律招提は「唐の戒律を研究実践する道場」を意味した。現在の寺名の唐招提寺

二つの戒

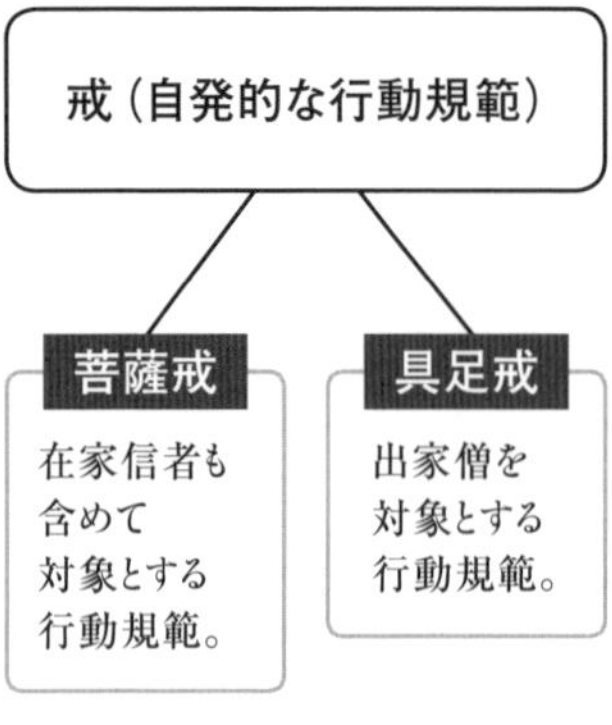

DATA

◆創建
759（天平宝字３）年

◆開山
鑑真

◆本尊
盧舎那仏坐像

◆所在地
奈良県奈良市

◆主な文化財
金堂、鼓楼、薬師如来立像、千手観音立像、鑑真和上坐像など

は、官立寺院として官額を授かってからの名称である。

舎利への信仰の高まりで衰退から復興へ向かう

奈良時代の唐招提寺には、南大門・西南門・北土門・中門・金堂・経楼・鐘楼・講堂・八角堂が三基・食堂《じきどう》・羂索堂《けんさくどう》・僧房・小子房《しょうしぼう》（迎賓館）・温湯室・倉などがあった。このうち、鑑真の生前に完成していたのは、平城宮の東朝集殿《とうちょうしゅうでん》を移築した講堂のみだった。

唐招提寺は平安時代になると、興福寺の藤原氏のような有力な支援者を得られなかったこともあって衰退した。しかし鎌倉時代になると戒律復興の気運や釈迦信仰、とりわけ釈迦の遺骨である舎利に対する信仰が流行するとともに、鑑真と彼が大陸からもたらした舎利への尊崇の念が高まり、唐招提寺に対する関心もよみがえる。ちょうどその頃、律学の復興に尽くして鑑真の再来とも称えられた覚《かく》盛《じょう》（1194～1249）が入寺し、唐招提寺も復興に向かった。

現在では、奈良時代に建立されたものとしては現存唯一の金堂、ならびに奈良時代宮廷建築の唯一の遺構としてきわめて貴重な講堂が、天平の息吹を伝える。金堂には、中央に本尊の盧舎那仏坐像、向かって右に薬師如来立像、左に千手観音立像の3体の巨像が安置されるほか、本尊の手前左右に梵天と帝釈天の立像、須弥壇の四隅に本来は四天王立像が安置されていた。また御影堂には、日本最古の肖像彫刻である乾漆鑑真和上坐像が安置されている。鑑真の弟子の忍基が、唐招提寺の講堂の梁が折れる夢を見、師僧の死期が近いことを知って造らせたと伝えられる。これらの伽藍および彫像の多くは国宝に指定されている。

伽藍の配置

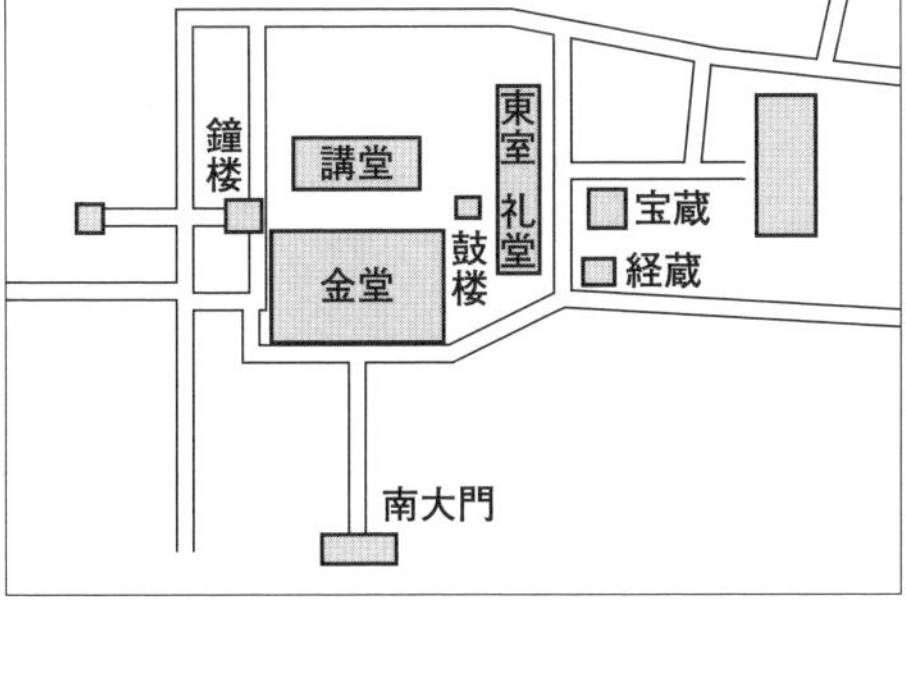

天台宗の本山

比叡山延暦寺

最澄が比叡山に建てた草庵が起源

最澄（767〜822）が比叡山を拠点に開いた日本天台宗は、さまざまないきさつから山上の延暦寺と山下の園城寺（三井寺）の二大流派に分かれ対立と抗争を繰り返した。対立と抗争というと、通常はマイナスの影響ばかり強調されるが、天台宗に限ってはライバル関係が活力を生み出しプラスにはたらいた形跡が見られる。

山上の延暦寺は最澄によって開かれた。彼は渡来人の子孫と伝えられる。近江国分寺で出家し、得度の後、最澄と名乗った。東大寺で戒を授かり、故郷にほどちかい比叡山上に小さな堂を建立して、みずから彫り刻んだ薬師如来像を安置した。これが延暦寺の創始とされる。788（延暦7）年、最澄は現在の根本中堂の建つ地点に薬師堂・文殊堂・経蔵から構成される小規模な寺院を建立して、一《いち》乗《じょう》止《し》観院《かんいん》と名付けた。一乗は「仏となるための唯一の教え」を、止観は「瞑想」を意味し、ともに最澄が終生にわたって尊崇した『法華経』にもとづく。なおこの寺は当初、比叡山寺と呼ばれ、年号に由来する延暦寺の寺号が許されるのは、最澄が遷化して1年後の823（弘仁14）年からである。

最澄は平城京から平安京への遷都を断行した桓武天皇に見出され、その身近にあって天皇を心身両面で守護する内《ない》供《ぐ》奉《ぶ》十禅師《じゅうぜんじ》（※）の一人に選ばれている。朝廷内の地位を確立し、比叡山寺の経営に近江国の税をあてるという特権も得た。さらに念願だった唐への留学

DATA

◆創建
788（延暦7）年

◆開山
最澄

◆本尊
薬師如来

◆所在地
京都府京都市
滋賀県大津市

◆主な文化財
根本中堂、根本中堂廻廊、大講堂、千手観音立像など

内供奉十禅師：宮中に奉行し、仏事や天皇の看病などに従事した僧。

を許されている。このとき空海（774～835）も唐への留学を果たしたが、空海が20年間の留学を強いられた一介の学生にすぎなかったのに対し、最澄は秘書付きの短期留学というように、その待遇は隔絶していた。帰国後日本天台宗を公認され、あわせて年間に2名が年分度者《ねんぶんどしゃ》（※）として認められた。この措置は当時の仏教界では特例といってよかった。

また、空海との交友が始まったが新時代の仏教として台頭しつつあった密教への見解の違いから、やがて両者の関係は断たれた。そして最大の支援者だった桓武天皇が崩御したこともあって、最澄は不遇をかこつこととなる。

日本仏教の母山に発展　多くの宗祖の学びの地に

晩年の最澄は、戒律の実践において規則や制度より精神性を重視するという独自の思想から、比叡山内に大乗戒壇院の創設を願うことに費やされた。この願いは僧綱《そうごう》（僧侶の統制機関）から認められず生前は実現できなかったが、遷化の1週間後に突如、勅許され

■ 延暦寺1200年のあゆみ

年	出来事
788（延暦7）年	最澄が一乗止観院を創建
806（延暦25）年	天台宗が公認される
822（弘仁13）年	最澄遷化。1週間後、大乗菩薩戒を授けることの勅許が下される
823（弘仁14）年	嵯峨天皇より「延暦寺」の寺号を授かる
貞観年間（859～877）	円珍が園城寺を再興
866（貞観8）年	最澄、「伝教大師」という名を賜る
938（天慶元）年	良源、935（承平5）年に焼失した根本道場を再建する
972（天禄3）年	良源が横川を独立させ、三塔が確立
993（正暦4）年	円珍派の僧侶が下山し園城寺に立て籠る。以後、延暦寺と園城寺の対立が激化
1084（応徳元）年	良忍が入山。以後、法然・栄西・親鸞・道元・日蓮などが入山する
1571（元亀2）年	織田信長が延暦寺を焼き討ちする
1607（慶長12）年	天台宗の僧・天海により延暦寺の再興が始まる

年分度者：仏教各宗で、1年ごとに一定の人数に限り許された得度者（出家した人）のこと。試験によって選出した。

た。大乗戒壇院の創設は比叡山寺に絶大な権威をもたらし、日本の宗教界に君臨する基盤をきずいた。こうして最澄亡き後、政権を握った藤原氏の後援を得られたこともあり、延暦寺はいよいよ発展する。完璧な教えという意味を込め円教《えんぎょう》と称された法華経信仰を中核に、最澄の段階ではまだ不備で課題とされた密教はもとより、浄土信仰や禅宗など、大乗仏教をほぼすべて網羅することに成功した。

　多くの伽藍が広大な山中のそこかしこに建立され、全盛期には三塔十六谷三千坊とうたわれた。三塔とは東塔・西塔・横川《よかわ》を指す。十六谷は16の区域という意味で、そこに堂宇や僧房が林立し、数千の僧侶が住んでいた。中核を占める東塔には根本中堂・大講堂・戒壇院・明王堂・大師堂・無動寺《むどうじ》などが、西塔には釈迦堂・にない堂・黒谷青龍寺《くろだにせいりゅうじ》などが、横川には横川中堂（首楞厳院《しゅりょうごんいん》）・四季講堂・恵《え》心堂《しんどう》などが建立された。その結果、日本最高の仏教学府として他の追随を許さず、浄土教の基礎をきずきあげた源信や融通念仏宗の宗祖の良忍のほか、法然・親鸞・道元・日蓮など鎌倉新仏教の宗祖となった人材のほとんどがここで学び修行に励んだ経歴をもつ。

政治面でも力を見せるが、幾多の法難にも遭遇

　延暦寺の力は宗教界にとどまらない。政治力においても、突出した力量を発揮した。この点は「南都北嶺」という言葉からよくわかる。延暦寺は、奈良の興福寺とともに、僧兵をあまた擁して、日本の中世を代表する一大武装勢力となっていた。また官僚機構がすこぶる未熟な室町幕府は、税収の大半を占める京都の税の徴収を延暦寺の計数に明るい僧侶たちにゆだねざるをえなかった。そんなこんなで物心の両面で、延暦寺の意向を無視しては、なにごとも実現できない状態が長らく続いた。要するに南北朝時代から戦国時代まで、延暦寺を味方に付けられるか否かは、政治的な抗争に勝利するために決定的な条件だった。

　しかし延暦寺の実権も戦国末期には失墜していく。織田信長による焼き討ちの苛酷さはよく知られ

信長による延暦寺の焼き討ち

1570（元亀元）年、「姉川の戦い」で織田信長軍に敗れた朝倉義景・浅井長政を、延暦寺がかくまったことで、翌年、信長軍により比叡山全山が焼かれ、甚大な被害が出た。

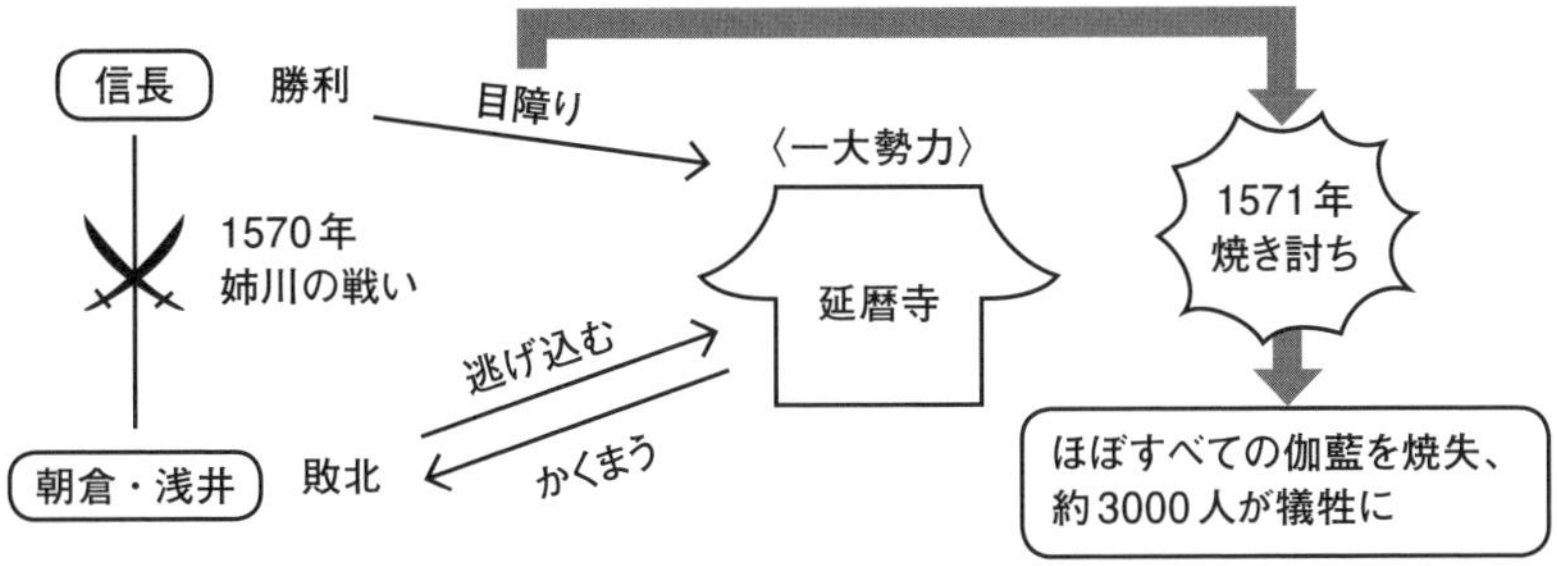

るが、実はその前から山上伽藍は管領の細川政元《ほそかわまさもと》などによって二度にわたり焼き討ちされ、かなり焼亡していた事実が判明している。

いずれにせよ、この時期の焼き討ちが延暦寺に決定的な打撃をあたえたことは疑いようがない。現時点で山上の伽藍はことごとく江戸時代以降の再建になる。しかし延暦寺の核心に位置する根本中堂には、最澄が根本中堂の前身の一乗止観院を建立したとき、本尊の薬師如来の宝前に灯明をかかげて以来、1200年間にわたり一度も消えたことがないと伝わる「不滅の法灯」が輝き続けている。

ちなみに、1625（寛永2）年に天台宗の復興をめざした天海（1536?〜1643）によって、江戸の鬼門鎮護の目的で、同時に将軍家の祈禱所ならびに菩提寺として、上野に創建された東叡山寛《とうえいざんかん》永寺《えいじ》は、その名が示すとおり、関東の比叡山という位置づけにある。江戸幕府もやはり延暦寺の権威を渇望したのである。

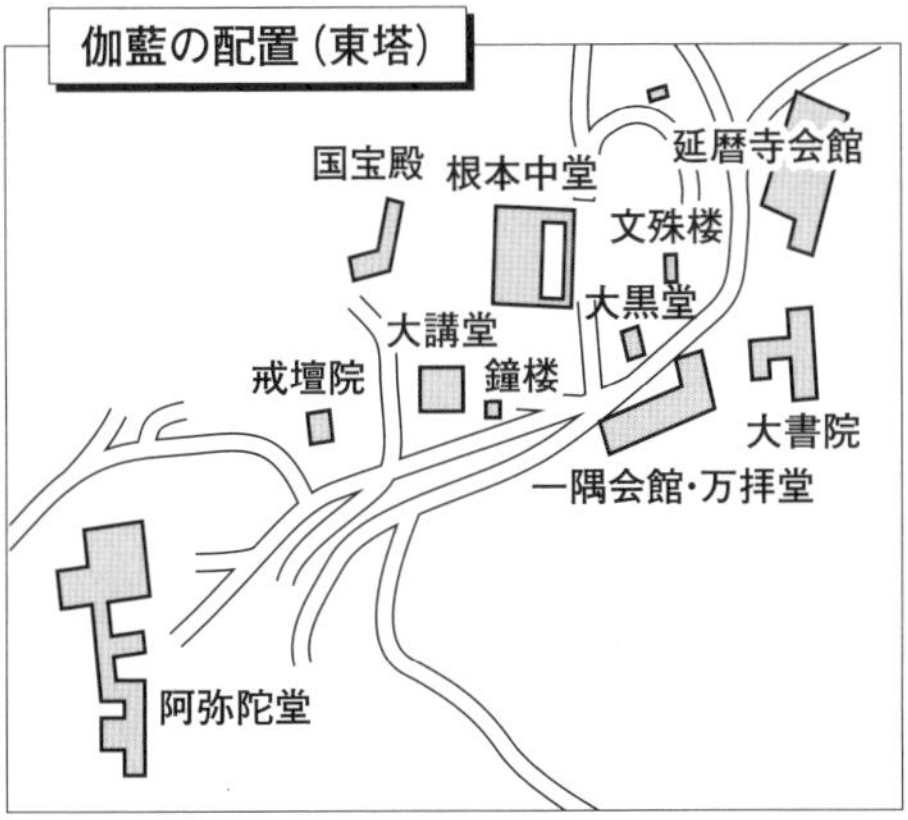

天台寺門宗の本山

園城寺（三井寺）

DATA

◆創建
686（朱鳥元）年

◆開山
円珍

◆本尊
弥勒菩薩

◆所在地
滋賀県大津市

◆主な文化財
金堂、新羅善神堂、光浄院客殿、黄不動尊、十一面観音立像など

円珍が再興した大寺 本尊は秘仏の弥勒菩薩

天台宗は最澄の遷化後、後継者をめぐる弟子たちの対立から、山上の延暦寺と山下の坂本に立地する園城寺《おんじょうじ》に分裂した。園城寺は通称を三井寺《みいでら》とも称する。この通称は、境内に涌く霊泉が天智・天武・持統の三代の天皇の産湯として使われたことから「御井《みい》」の寺、転じて三井寺となったという。本尊は金堂に安置されている身丈3寸2分の弥勒菩薩像で、天智天皇の念持仏と伝えられるが、絶対の秘仏とされ、誰も見ることは許されない。

空海の親族であり、唐に留学して最新の密教を学んで帰国した円珍（814～891）を祖とあおぐ。ただし開創はもっとずっとさかのぼる。もともとは、天智天皇の崩御後に勃発した壬申の乱に敗れ自死した弘文天皇の皇子として生まれた、大友与多王《おおともよたのおおきみ》が父の霊を慰めるために建立した氏寺だった。その後、衰微していた同寺を円珍が再興し、やがて延暦寺別院となり、繁栄への道を歩みはじめた。

数々の危機を乗り越えた 不死鳥の寺

園城寺は破壊と復興を繰り返してきた。円仁《えんにん》（794～864）の門下が支配する山上とはことごとに対立し、993（正暦《しょうりゃく》4）年に、円珍門下が山を下って園城寺に入ってからは、延暦寺を山門、園城寺を寺門と称するようになる。以後も対立と抗争は続き、何度も延暦寺の僧徒から焼き討ちされている。それにもかかわらず、全盛期

は本朝四箇大寺《ほんちょうしかだいじ》として、東大寺・興福寺・延暦寺とともに、日本最大級の宗教勢力を誇っていた。ほかの大寺院と同じくやがて寺勢が衰え、戦国末期には豊臣秀吉によって寺領をすべて奪われるなど、徹底的に弾圧され、廃寺寸前の危機に遭遇したが、近世初頭になると不死鳥のごとくよみがえり、復興して現在に至っている。

円珍が空海と似た資質と性格の持ち主で、密教に格別の関心をいだいていたこともあり、延暦寺に比べ密教色が濃い。天台宗の系譜を継ぎながら、『法華経』よりも密教を優位とみなしていたと指摘されている。円珍は密教の実践でも、大きな功績をあげた。彼自身が特殊な霊的能力をもっていたらしく、神仏との神秘的な交渉を得意としていた形跡がある。

わけても不動明王信仰は特筆される。円珍は唐に留学する前に、すでに不動明王に出会う神秘体験をしていたと伝えられる。その姿を絵師に描かせたものが、園城寺に伝来する黄不動尊《きふどうそん》（国宝）だ。

さらに寺門派の守護神的な役割を演じることになる比叡山の神々のために、わざわざ年分度者を朝廷からたまわって奉仕させ、山王信仰(※)の基礎をきずいている。

また仏教が伝来する以前からあった自然崇拝と密教をむすびつけ、結果的に民衆版の密教信仰をになうことになった修験道の大拠点でもあった。

山門派との対立

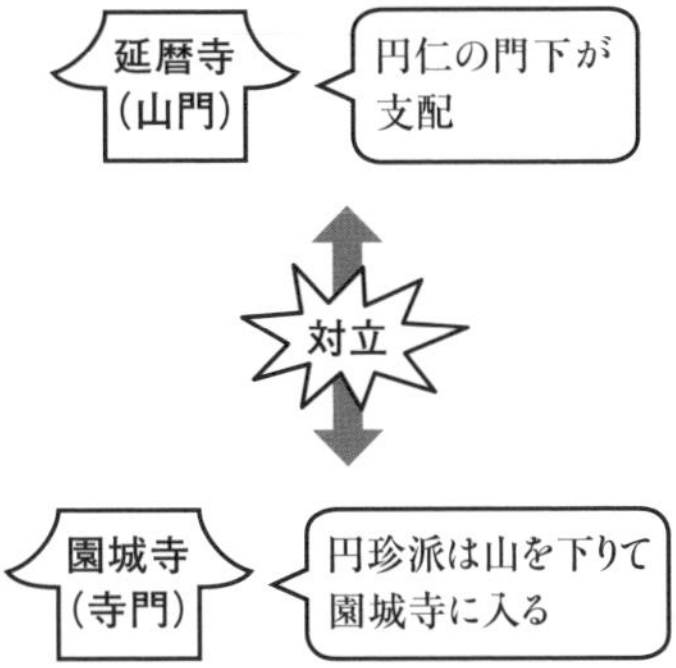

伽藍の配置

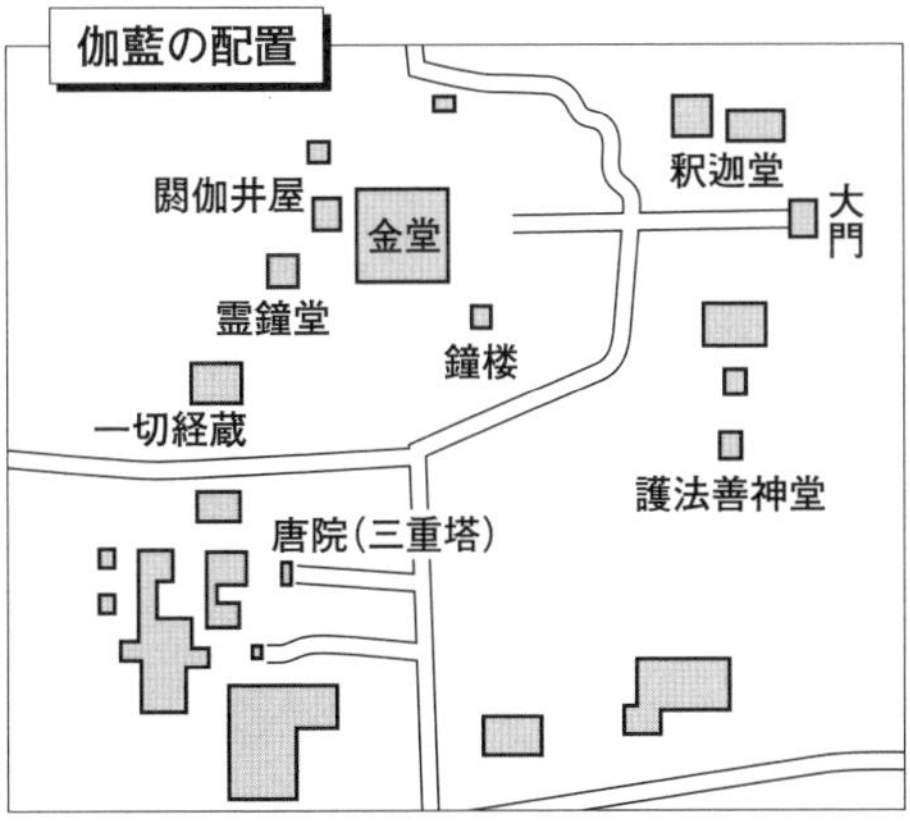

山王信仰：比叡山の麓にある日吉大社の祭神山王権現に対する信仰。

高野山真言宗の本山

金剛峯寺

DATA

◆創建
816（弘仁7）年

◆開山
空海

◆本尊
薬師如来

◆所在地
和歌山県伊都郡高野町

◆主な文化財
不動堂、大門、阿弥陀聖衆来迎図、八大童子立像、不動明王坐像など

空海がきずこうとした曼荼羅の世界

空海（774～835）はみずから開いた真言宗の拠点を、二つ用意した。平安京の正門にあたる羅城門のすぐ脇の東寺、そして平安京からはるか離れた山中の金剛峯寺だ。二つという発想は、空海が『大日経《だいにちきょう》』と『金剛頂経《こんごうちょうぎょう》』を「両《りょう》部《ぶ》の大経《だいきょう》」とみなし、それにもとづいて描かれる胎蔵界曼荼羅《たいぞうかいまんだら》と金剛界曼荼羅を「両界曼荼羅」として、宗教哲学の基盤に据えたことと共通する。

金剛峯寺のある高野山は、東西6キロ・南北3キロにおよぶ標高1000メートルほどの高原を、八つの峰がとりまく。

古来、その形は胎蔵界曼荼羅の中心部の、大日如来を核とする中《ちゅう》台八葉院《だいはちよういん》になぞらえられてきた。空海自身は金剛界曼荼羅にも見立てている。それくらい霊妙な山容なのである。

816（弘仁7）年、真言密教の道場を建立するため、高野山の土地をたまわることを上奏し7月には勅許を得た空海は、翌年から伽藍の建設に着手した。実は高野山と空海の縁は、空海がまだまったく無名の若者にすぎず、ひたすら山林修行に明け暮れていた頃からあった。現に、高野山をおのれの「入定《にゅうじょう》の処（瞑想修行の場）」と定め、草庵をむすんでいる。

空海が愛した終焉の地

そして832（天長9）年、体調が悪化した空海は東寺を引き払い、高野山に引き上げた。このと

高野山がなぞらえられた中台八葉院

中台八葉院は、胎蔵界曼荼羅の中心部。蓮華の中央に大日如来が位置し、周囲の八つの蓮の花びらに、四如来・四菩薩が坐す。金剛峯寺の根本大塔も周囲を八つの峰に囲まれていることから、中台八葉院になぞらえられている。

＝

「八葉の峰」と呼ばれる

高野山と総本山金剛峯寺

高野山内には金剛峯寺を中心に、壇上伽藍や奥之院に117の塔頭（境内の小寺院）が点在する。

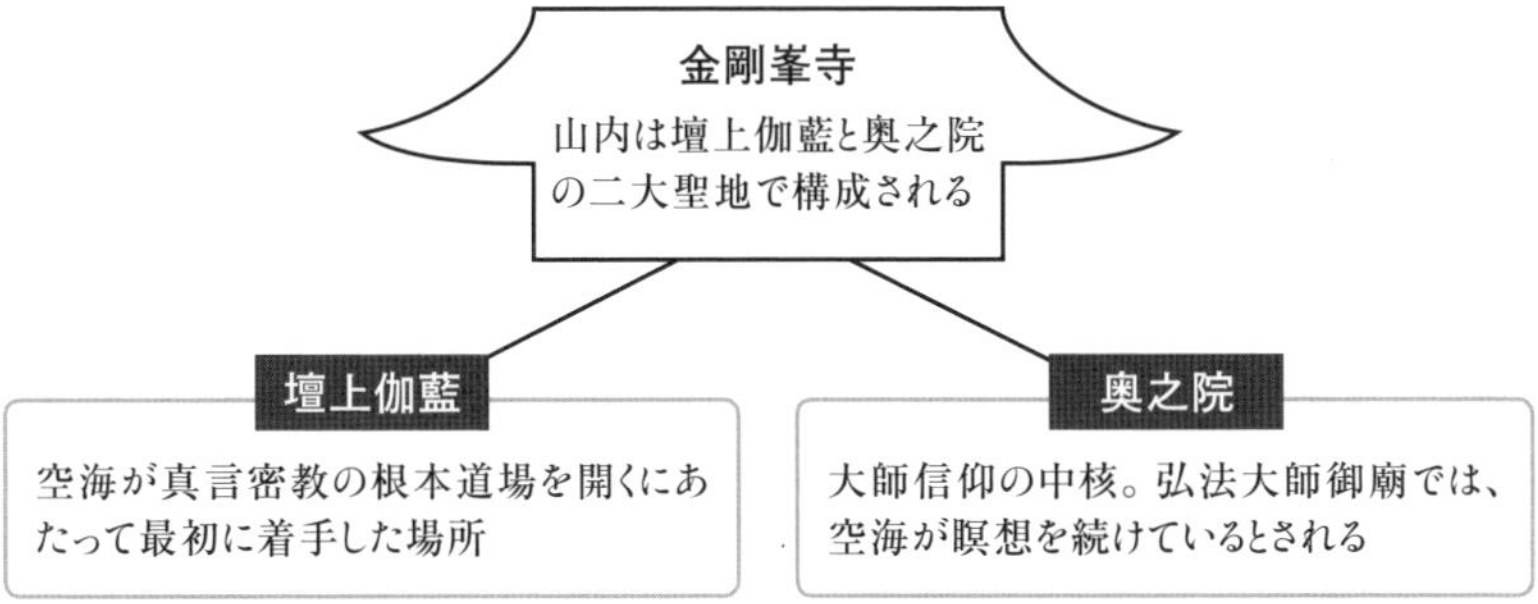

き空海は「吾れ、永く山に帰らん」と言って去った。二度と都には戻らないと覚悟を決めたのである。そもそも空海は終焉の地を高野山と定めていた。この時点では高野山は堂宇の建立はおろか、いまだ原始林のまっただなかであった。朝廷の帰依もあつく、何をするにも便利である東寺ではなく、道遠く、しかも整備されていない高野山を、なぜ選んだのか。それほど高野山を愛していたのだろう。

　前述のとおり、空海が在世中は高野山における伽藍の整備はままならなかった。空海はおのれ亡き後の高野山の経営を、甥の真然《しんぜん》（804?～891）にゆだねたが、山上がゆえの厳しい気象風土や都から遠い地理的な条件にはばまれ、一進一退を繰り返した。高野山の伽藍の整備が一段落し、組織としてたしかに機能するのは、平安中期以降のことになる。

山内にそびえる二大聖地
壇上伽藍と奥之院

明治以前は高野山全体を総本山金剛峯寺と称し、「一山境内地《いっさんけいだいち》」とされていた。山内は壇上伽藍と奥之院という二大聖地から構成される。壇上伽藍は空海が真言密教の根本道場を開くにあたり、最初に着手した場所であり、現状では大塔や金堂をはじめ、19の建築が並び立つ。

高野山は真言密教の道場であり、神に匹敵する超人的存在として空海を崇める大師信仰の中核でもある。その大師信仰は奥之院がになう。

遠い未来に弥勒が下界に降りて人々を救う日が来るまで、空海が入定（瞑想）を続けている場所とされる弘法大師御廟《ごびょう》を中心聖地として、毎年、膨大な数の崇敬者を集める。空海を慕う人々が埋葬された20万基以上の墓が並ぶ、日本最大の墓所でもある。

明治維新以前の高野山の繁栄は、想像を絶するほどだったようだ。一大山上都市だったと指摘する研究もある。史料によれば、鎌倉時代後半期の高野山には、正規の僧侶として認定された者が約3000人もいた。現在、高野町の全人口が約3300人ほどだから、驚くべき数の多さだ。

高野聖の活躍
武将の攻略も阻む僧兵

また正規の僧侶の下に、非正規の宗教集団「高野聖《こうやひじり》」がいた。かれらは高野山に定住しないで、高野山こそこの世の浄土にほかならないから、「高野山に遺骨を埋納すれば、極楽往生間違いなし！」と全国津々浦々を説いてまわっていた。その数はおよそ1万人だったという。当時の総人口が現在の十数分の一以下という事実から考えると、まさに膨大だ。

戦乱の時代には信仰を守るために多数の僧兵をかかえ、その実力は全国有数だった。それは織田信長も豊臣秀吉も高野山を攻略できなかった事実からも証明される。

今もなお格別の山で守られる信仰

高野山といえば、参拝のおりに宿泊できる塔頭《たっちゅう》（境内の小寺院）が各地域ごとに指定された宿坊制度でも知られる。この制度は室町時代の後期あたりから始まり、江戸時代には全国を網羅するまで発展し、高野山の繁栄に寄与した。

ちなみに四国にある空海ゆかりの霊場寺院を巡礼する四国遍路八十八ヵ所は、八十八ヵ所を巡礼した後、高野山の奥之院御廟に詣でて、すべての札所を参れたことを弘法大師に報告し感謝をして満願成就になる。高野山は今なおそれくらい格別の存在なのである。

高野山霊宝館の主な収蔵品

高野山内の貴重な文化財を保存する目的で開設された高野山霊宝館。館内には、国宝21件、重要文化財148件など、約2万8000点弱（未指定品は5万点以上）の宝物が収蔵されている。

【国宝】

（絵画）仏涅槃図、阿弥陀聖衆来迎図（彫刻）五大力菩薩像、諸尊仏龕、八大童子立像（書跡）聾瞽指帰、金銀字一切経（工芸）沢千鳥螺鈿蒔絵小唐櫃など

【重文】

（絵画）武田信玄像（彫刻）不動明王坐像、大日如来坐像など

伽藍の配置（壇上伽藍）

伽藍の配置（奥之院）

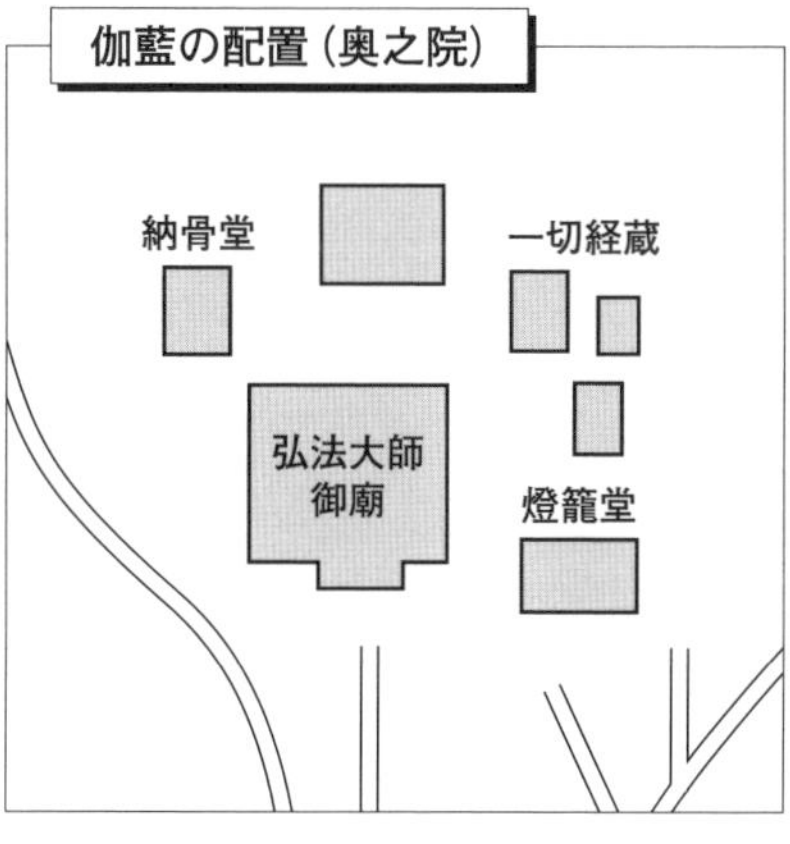

真言宗の本山

東寺

およそ1200年をへて唯一残る平安京の遺構

東寺は現時点で唯一残る平安京の遺構であり、また空海の創始以来、真言密教界にとって最大かつ最秘の儀礼「後七日御修法《ごしちにちのみしほ》」が毎年いとなまれる聖地でもある。

平安遷都の直後の段階では、平安京には仏教寺院がほとんどなかった。たとえあっても神護寺《じんごじ》(※)や清水寺(※)のように、氏族の私的な寺にすぎなかった。平城京が既存の仏教勢力に牛耳られるのを嫌って、桓武天皇は遷都したと指摘されるくらいだから、当然といえば当然の事態である。しかしこれでは王城を守護できない、仏教の霊妙な力が必要だ、そう考える人も多かったにちがいない。桓武天皇自身も心配だったらしく、一説には遷都後まもない796（延暦15）年、平安京の正門にあたる羅城門の東西に寺院を造立させたという。古来、東寺ではこの延暦15年を創建の年としてきた。

東寺の存在が本格的に注目されることになったのは、桓武天皇が崩御し、平城天皇が譲位して嵯峨天皇の時代になってからだ。823（弘仁14）年、嵯峨天皇は藤原《ふじわらの》良房《よしふさ》を空海のもとにつかわし、王城鎮護の拠点として東寺を給預《きゅうよ》した。同時に羅城門を挟んで反対側に建つ西寺を守敏《しゅびん》と称する僧侶に給預したというが、西寺は繁栄することなく、すぐに衰退してしまったようである。

東寺には教王護国寺《きょうおうごこくじ》という名称もある。たしかに空海は遺言集と伝えられる『御遺告《ごゆいごう》』のなかで、留学中に研鑽《けんさん》を積んだ唐の青龍寺《せいりゅうじ》

DATA

◆創建
796（延暦15）年

◆開山
空海

◆本尊
薬師如来

◆所在地
京都府京都市南区

◆主な文化財
金堂、五重塔、両界曼荼羅、五大尊王像、四天王立像など

神護寺：和気清麻呂（奈良時代末期から平安時代初期の貴族）の氏寺。
清水寺：坂上田村麻呂の氏寺。

の例にならって、東寺をあらためて教王護国寺と称すると述べている。しかし官立寺院としての正式な寺名はあくまで東寺であり、教王護国寺を正式な名称、東寺を通称とするのは、明治以降である。ちなみに教王護国寺は略称で、つまびらかには金光明四天王教王護《こんこうみょうしてんのうきょうおうご》国寺《こくじ》秘密伝法院《ひみつでんぽういん》という。

日本初の密教寺院　多大な歳月を要した講堂

東寺の特徴の一つはこの寺が真言密教のみを奉じて、ほかの宗派が雑住することを許さなかった点にある。これは日本の仏教史上、初めての措置だった。それまでの寺院は、さまざまな宗派が雑住するのがふつうだった。

東寺の経営をゆだねられた空海は、唐から請来した仏像・仏画・経巻・法具などをすべて、ここに移したらしい。そして真言密教の理論にもとづき、堂塔伽藍を整備していく。

空海が構想した、真言密教の世界を最も端的かつ荘厳に表現したといわれる講堂は、822（天長2）年に建立の勅許が下されている。残念ながら、完成した状態の講堂を空海はその目で見ることはできなかった。講堂の整備は10年後に空海が入定した時点でも未了で、入定の4年後にあたる839（承和6）年になって、着工から竣工まで足掛け17年という多大の歳月を要してようやく完成したからだ。

圧倒的な美を誇る立体曼荼羅

講堂には、21体の仏像から構成される立体曼荼羅《まんだら》がきずかれている。これほどの内容と規模をもつ造形は世界中を見渡しても、他に例がない。15体は、空海がみずから指導して制作させたと伝えられる。空海の宗教哲学を理解する絶好の対象であるとともに、美術史上の価値の高さにおいて、他に類例を見出しがたい。

もともとは羅城門に安置されていたという兜跋毘沙門天《とばつびしゃもんてん》像も、唐時代の貴重きわまりない作例である。鎮守八幡宮に安置される八幡三神像はおそらく日本初の八幡神《はちまんしん》像《ぞう》であり、神と仏の関係を考える

■立体曼荼羅の配置図

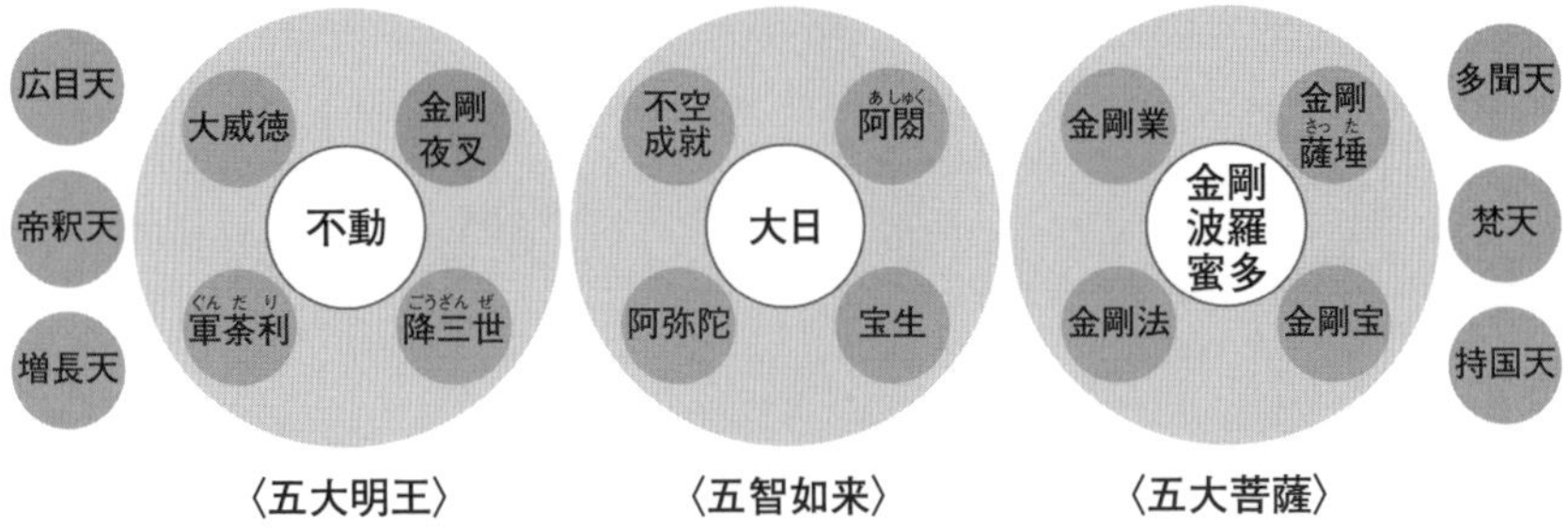

うえでまことに貴重だ。「両界曼荼羅《りょうかいまんだら》」と通称される著色（彩色）西院本曼荼羅をはじめ、インドから中国に至る真言宗の祖師たちを描いた「真言七祖像《しんごんしちそぞう》」、後七日御修法の際にかかげる「五大尊像」などは、絵画史に欠かせない傑作揃いだ。

争乱の時代を経て奇跡的に遺る

この項の冒頭に述べたとおり、東寺は平安京の唯一の遺構である。平安京がたび重なる争乱の巷となり、遷都当初の建築や造形物が、東寺を除けばことごとく失われてしまったことを考えると、それは奇跡というしかない。一説には、弘法大師空海に対する多くの人々の尊崇の念が、東寺を大規模な破壊から守ったのではないかという。空海入定の日にちなみ、今もなお毎月21日に境内で行われている弘法市《こうぼういち》（弘法さん）の繁盛ぶりを見れば、なるほどと思わせるものがある。

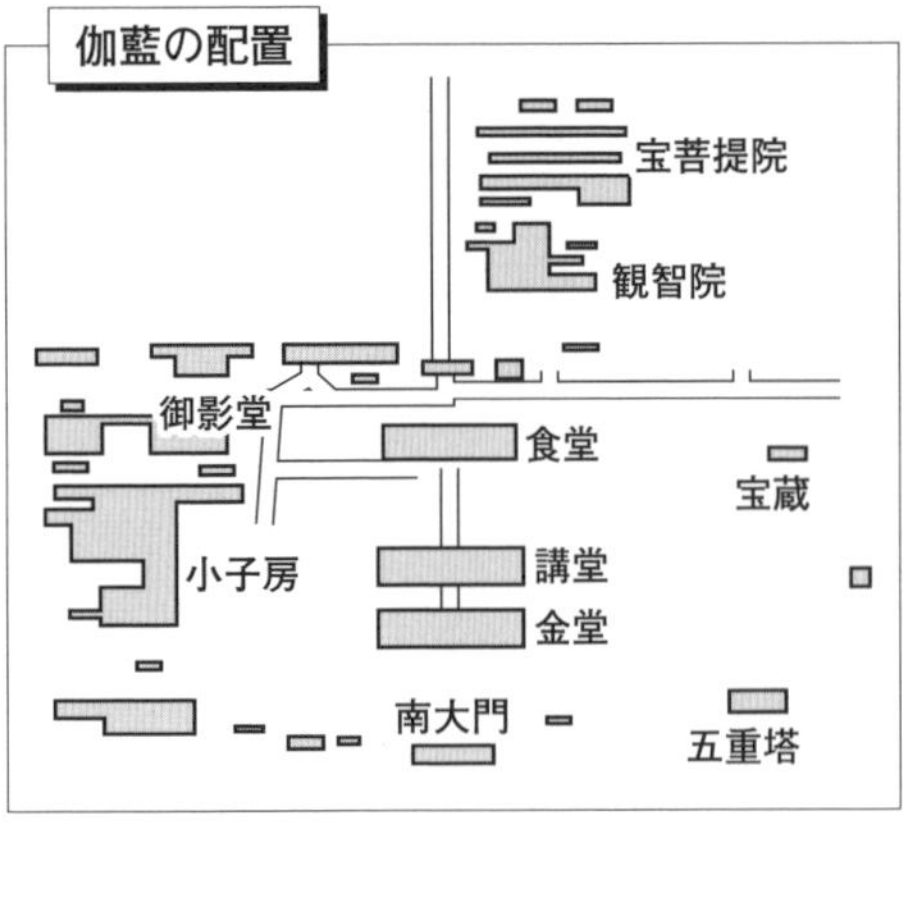

「真言宗十八本山」

　現在、真言宗には約50の派がある。そのうち、主要とされる16派を構成する18の本山が、各山の連絡親睦・共通事業の主宰を目的に「真言宗各派総大本山会(各山会)」を結成した。これらの寺院を真言宗十八本山と称し、格別の権威をもつ。

　たとえば東寺において、毎年1月8日から14日までの1週間にわたり、天皇をはじめ、生きとし生けるものすべての幸せのために奉修される秘儀中の秘儀「後七日御修法」に出仕できるのは、これら18の寺院に所属する僧侶に限られている。

　真言宗は、大きく分けて2派ある。平安後期、高野山において真言宗の改革を試みた覚鑁《かくばん》（1095〜1143）の系譜につらなる新義真言宗（新義派）と、覚鑁の改革に反対して空海以来の伝統をたもつ古義真言宗(古義派)である。

　さらに新義真言宗は、京都の智《ち》積院《しゃくいん》を総本山とする派と奈良の長谷寺を総本山とする派の2派がある。高野山を追放された覚鑁が新たな拠点とした和歌山の総本山も新義真言宗の系譜に属する。

　また鎌倉時代の中後期、真言宗の僧侶の叡尊《えいぞん》（1201〜1290）と忍性《にんしょう》（1217〜1303）が戒律の復興をめざし、奈良の西大寺を拠点とする真言律宗を開いている。

真言宗十八本山の一覧

十八本山には一〜十八まで番号がふられているが、これは札所の順による。

番号	寺院名	宗派
一番	善通寺(古義派)	真言宗善通寺派
二番	須磨寺(古義派)	真言宗須磨寺派
三番	清澄寺(古義派)	真言三宝宗
四番	中山寺(古義派)	真言宗中山寺派
五番	大覚寺(古義派)	真言宗大覚寺派
六番	仁和寺(古義派)	真言宗御室派
七番	智積院(新義派)	真言宗智山派
八番	泉涌寺(古義派)	真言宗泉涌寺派
九番	東寺(古義派)	真言宗

番号	寺院名	宗派
十番	勧修寺(古義派)	真言宗山階派
十一番	随心院(古義派)	真言宗善通寺派
十二番	醍醐寺(古義派)	真言宗醍醐派
十三番	寳山寺(古義派)	真言律宗
十四番	朝護孫子寺(古義派)	信貴山真言宗
十五番	西大寺(古義派)	真言律宗
十六番	長谷寺(新義派)	真言宗豊山派
十七番	根来寺(新義派)	新義真言宗
十八番	金剛峯寺(古義派)	高野山真言宗

融通念仏宗の本山

大念佛寺

良忍が夢告に従い建てた道場が前身

大念佛寺は大阪府大阪市平野《ひらの》区にある。山号を大源山諸仏護念院《だいげんざんしょぶつごねんいん》と称する。寺伝によれば、天台宗の僧侶であり、融通念仏宗の祖となった良忍《りょうにん》（1072〜1132）が、鳥羽上皇の勅願により、1127（大治2）年に開創した。『大念佛寺記』によれば、摂津国《せっつのくに》住吉郡平野庄（現在の大阪市平野区）の領主であり、平野殿《ひらのどの》とも呼ばれた坂上広野《さかのうえのひろの》の邸内に、良忍が四天王寺で見た霊夢に導かれ、融通念仏の道場の菩提所として建立した修楽寺の別院を前身とする。

宣教の天才、法明により誕生した「万部おねり」

良忍の寂滅後も融通念仏の教えは京都の嵯峨清凉寺《せいりょうじ》や花園法金剛《ほうこんごう》院《いん》、あるいは壬生地蔵院《みぶじぞういん》などで盛んに修せられていた。しかし大念佛寺の流派は、第6世の良鎮《りょうちん》が平安末期の1182（寿永元）年にこの世を去ると、よい指導者を得られず、急速に衰えたらしい。寺勢回復は、鎌倉末期の1321（元亨元）年、139年ぶりに法明《ほうみょう》（1279〜1349）が第7世に就任して大念仏宗（融通念仏宗）を再興してから後になる。

法明は、阿弥陀如来が二十五菩薩を率いて、臨終の人を極楽浄土へと導いていく姿を、僧侶たちが仮装して演じる宗教劇に想を得て、その豪華版ともいえる、「聖《しょう》聚来迎会《じゅらいごうえ》」という臨終の人を極楽浄土へ導く演劇をみずから実演して大評判をえるなど、宣教の才能に恵まれ、寺勢の興隆に大きく貢

DATA

◆創建
1127（大治2）年

◆開山
良忍

◆本尊
十一尊天得如来

◆所在地
大阪府大阪市平野区

◆主な文化財
毛詩鄭箋残巻、融通念仏縁起明徳版本、浄土論など

聖聚来迎会の二十五菩薩一覧

番	名称（菩薩）	番	名称（菩薩）	番	名称（菩薩）	番	名称（菩薩）
一	観世音《かんぜんおん》	八	華厳王《けごんおう》	十五	光明王《こうみょうおう》	二十二	大自在王《だいじざいおう》
二	勢至《せいし》	九	虚空蔵《こくうぞう》	十六	陀羅尼《だらに》	二十三	白象王《はくぞうおう》
三	薬王《やくおう》	十	徳蔵《とくぞう》	十七	衆宝王《じゅうほうおう》	二十四	大威徳王《だいいとくおう》
四	薬上《やくじょう》	十一	寶蔵《ほうぞう》	十八	日照王《にっしょうおう》	二十五	無辺身《むへんしん》
五	普賢《ふげん》	十二	法自在《ほうじざい》	十九	月光王《がっこうおう》		
六	金蔵《こんぞう》	十三	金剛蔵《こんごうぞう》	二十	定自在王《じょうじざいおう》		
七	獅子吼《ししく》	十四	山海慧《さんかいえ》	二十一	三昧王《ざんまいおう》		

献した。この法会は後に『阿弥陀経』を一万部読み上げて極楽往生と檀信徒の先祖供養を願う「阿弥《あみ》陀経万部会《だきょうまんぶえ》」と融合され、「万部おねり」として継承されている。

豊臣氏が滅亡し戦国時代に終止符が打たれた1615（元和《げんな》元）年には、平野庄代官の末吉孫左衛《すえよしまござえ》門《もん》より寺地を寄進され、これまで寺地が一定していなかった大念佛寺が、現在の地に堂社を構えることとなった。法明以来、大念佛寺系の融通念仏宗の核となってきたのは六ヵ所の講集団（同じ信仰をもつグループ）で、「本寺」の本尊（「十一尊天得如来《じゅういちそんてんえにょらい》」と呼ばれる阿弥陀如来と十菩薩の絵像）が、籤引《くじび》きによって選ばれた講集団の間を移動する「挽寺《ひきでら》・挽道場《ひきどうじょう》」と呼ばれる形態をとっていた。

1703（元禄16）年には大念仏宗の名称を融通念仏宗にあらため、大念佛寺は融通念仏宗の本山として現在に至っている。境内地は約7300坪あり、30あまりの堂宇がある。

伽藍の配置

浄土宗の本山

知恩院

法然、源智の二世代により きずかれた念仏の聖地

知恩院《ちおんいん》は、浄土宗の宗祖の法然（法然房源空《ほうねんぼうげんくう》・１１３３〜１２１２）が、浄土宗を開いた43歳のときから流罪《るざい》となった晩年の数年間以外は、80歳で入寂するまでずっと住みつづけ、活動の拠点とした東山《ひがしやま》吉水《よしみず》の草庵（現在の知恩院勢至《せいし》堂《どう》）を起源とする。しかし法然の入寂後、延暦寺の僧兵に徹底的に破壊され、荒れ果てた（嘉禄《かろく》の法難）。

再興を実現したのは、師の入寂後は教団の維持に全身全霊をささげた勢観房源智《せいかんぼうげんち》（１１８３〜１２３８）である。天皇に窮状を訴えたところ受けいれられ、１２３４（文暦元）年、仏殿に「大谷寺《おおたにでら》」、廟額に「知恩教院」、三門に「華《か》頂山《ちょうざん》」の勅額を賜り、大谷の坊舎を「知恩院」として再興。このいきさつから法然を知恩院初代、源智を知恩院第２世としている。

その後、源智が紫野《むらさきの》に住房をかまえたことに由来して紫野門徒と呼ばれた源智の門流は、浄土宗一祖の弁長《べんちょう》（１１６２〜１２３８）の門流の鎮西義《ちんぜいぎ》（鎮西派）に合流した。法然（浄土宗の）教団はいくつにも分裂を重ねた結果、親鸞《しんらん》を祖として別の教団を組織した浄土真宗を除けば、鎮西（九州）を拠点としたゆえにそう呼ばれた鎮西義、および京都の浄土宗主流となった証空《しょうくう》（１１７７〜１２４７）の門流の西山義《せいざんぎ》（西山派）しか残らず、しかも勢力において鎮西義が西山義を上回っていた。その鎮西義の最も有力な活動拠点となった知恩院は、ますます発展していく。

DATA

◆創建
1175（承安5）年

◆開山
法然

◆本尊
阿弥陀如来

◆所在地
京都府京都市東山区

◆主な文化財
三門、御影堂、阿弥陀二十五菩薩来迎図、法然上人行状絵図 など

１５２３（大永３）年には、鎮西義の本寺争いに勝利し、鎮西義における第一の座次を占め本山となった。１５７５（天正３）年には正親町《おおぎまち》天皇から浄土宗本寺として承認された。

法然教団の分裂と知恩院の発展

法然教団はいくつも分裂し、教団内で鎮西義（鎮西派）が勢力を伸ばす。結果、その活動拠点であった知恩院が発展。

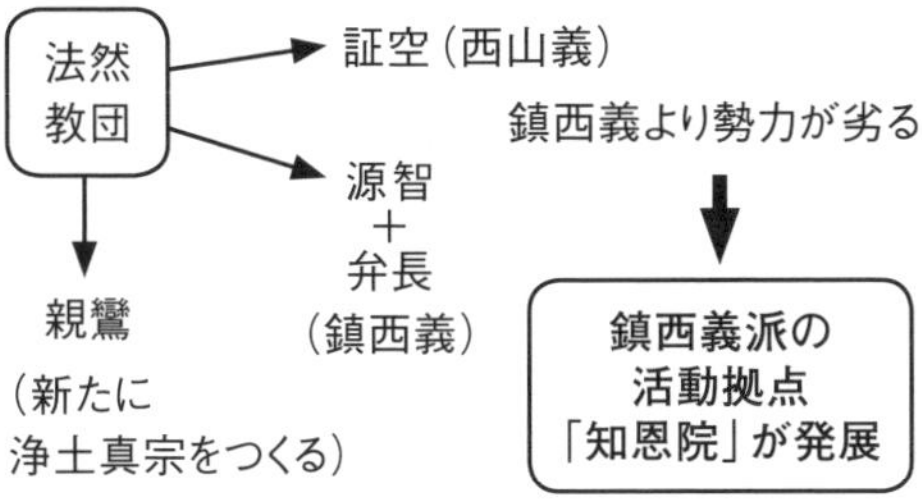

上・中・下段に分かれた壮大な境内を徳川家が造営

知恩院の境内は、三門や塔頭寺院のある下段、本堂（御影堂）など中心伽藍のある中段、勢至堂、御廟などのある上段の、三つに分かれている。このうち、開創当初の寺域は上段に限られる。

下段や中段に現存する三門や本堂（御影堂）など、壮大な伽藍が建設されるのは江戸時代に入ってからになる。浄土宗徒であった徳川家康は、１６０４（慶長９）年から知恩院の寺地を拡大し、諸堂を造営した。１６３３（寛永10）年の火災で、三門と経蔵のほかはほとんど全焼したが、3代将軍徳川家光のもとで再建がはかられ、１６３９（寛永16）年までにほぼ完成を見た。このように徳川家が知恩院の造営に力を入れた理由は、二条城と並び京都における徳川家の拠点とすること、京都御所を見下ろす立地から、徳川家の威勢を誇示し朝廷を牽制することなど、政治的な意図もあったらしい。

伽藍の配置

浄土宗の
本山

増上寺

改宗をへて生まれた徳川家の菩提寺

浄土宗鎮西《ちんぜい》義《ぎ》大本山であり、徳川家の菩提寺としても知られる増上寺は、開創の当初は真言宗の寺だった。空海の弟子の宗叡《しゅえい》（８０９〜８８４）が武蔵国《むさしのくに》貝塚《かいづか》（現在の千代田区麴町から平河町あたり）に建立した光明寺《こうみょうじ》が前身と伝えられる。その後、室町時代の１３９３（明徳4）年、浄土宗鎮西義第八祖の西誉聖聡《ゆうよしょうそう》（１３６６〜１４４０）のときに、真言宗から浄土宗に改宗し、寺号も増上寺と改めた。このように宗派が変わることは決して珍しくない。とりわけ天台宗や真言宗のような、いわゆる旧仏教系の寺が衰え、後発で元気な鎌倉新仏教系の宗派に改宗されることはよくあった。

聖聡に関して重要なのは、母が新田義貞《にったよしさだ》の娘と伝えられる点である。徳川氏やその前身の松平宗家は新田氏の末裔を自称したから、この出自の意味は大きい。事実、聖聡の弟子筋には、徳川家康の出身氏族だった松平氏宗家やそれに関わりの深い人物が複数いた。

ただし、増上寺が徳川家の菩提寺となるまでのいきさつは、よくわかっていない。通説では１５９０（天正18）年、徳川家康が江戸入府のとき、たまたま増上寺の前を通りかかったところ、源誉存《げんよぞん》応《のう》(※)（１５４４〜１６２０）と出会ったことが菩提寺となるきっかけだったという。やがて江戸城の拡張にともない、１５９８（慶長3）年に家康の命令によって現在の地芝へ移された。この立地については、風水の理論にしたがい、寛永

DATA

◆創建
1393（明徳4）年

◆開山
酉誉聖聡

◆本尊
阿弥陀如来

◆所在地
東京都港区

◆主な文化財
三解脱門、紙本着色法然像、花園天皇宸翰宸記目録上など

源誉存応：江戸時代初期の僧侶。武蔵国出身で、時宗の僧侶として出家するが、まもなく浄土宗の存貞を師として浄土宗に改宗し、源誉存応と改名。徳川家康の帰依をえて、増上寺の中興の祖となる。

寺を江戸の鬼門である上野に配し、裏鬼門の芝の抑えに増上寺を移したという説もある。

6人の将軍が眠る墓所や秘仏の「黒本尊」

増上寺は徳川将軍家の菩提寺として、歴代将軍のうち、秀忠《ひでただ》・家宣《いえのぶ》・家継《いえつぐ》・家重《いえしげ》・家慶《いえよし》・家茂《いえもち》の6人が葬られている。もう一つの菩提寺である寛永寺は、東叡山（関東の比叡山）という山号から明らかなとおり天台宗に属し、家綱《いえつな》・綱吉《つなよし》・吉宗《よしむね》・家治《いえはる》・家斉《いえなり》・家定《いえさだ》の同じく6人が葬られている。

かつては境内に壮麗な伽藍が建ち並んでいたが、太平洋戦争の戦災でほぼ潰滅したため、江戸時代の建築は現状では三解脱門《さんげだつもん》くらいしか残されていない。1974年に再建された大殿には室町期の阿弥陀如来像を中央に、脇仏として法然上人像と善導大師像が祀られている。安国殿には室町時代作の阿弥陀如来立像が祀られている。この尊像は徳川家康が崇拝していたことで知られ、もともとは金色の立像だったものが長年の香煙により黒ずんでしまったために「黒《くろ》本尊《ほんぞん》」と呼ばれる。秘仏ゆえに、1月15日、5月15日、9月15日にのみ開帳され、「黒本尊」と墨書された朱印が授与される。

増上寺の三解脱門（三門）

三解脱門は、人間の三つの煩悩を払ってくれるとされる門。参拝者はこの門をくぐり、本尊のある大殿へ向かう。

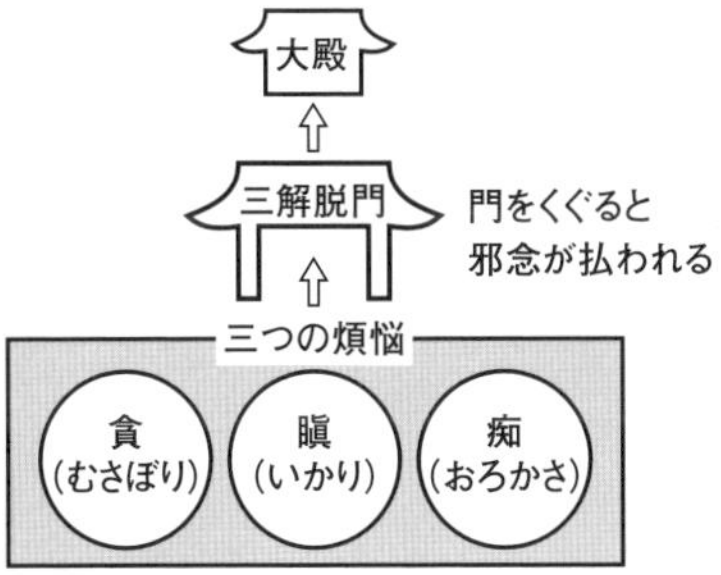

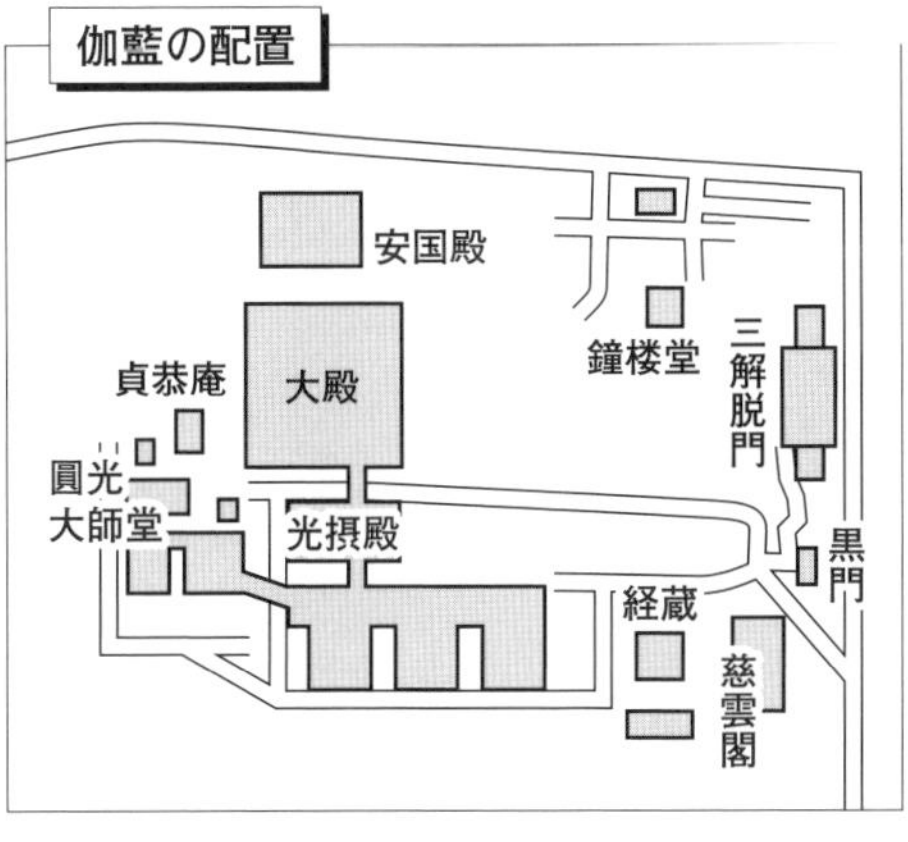

浄土真宗
本願寺派の本山／
真宗大谷派の本山

本願寺（西本願寺）
本願寺（東本願寺・真宗本廟）

DATA

◆創建
西）1591（天正19）年
東）1602（慶長7）年

◆開山
西）親鸞　東）教如

◆本尊
西・東）阿弥陀如来

◆所在地
西・東）京都府京都市下京区

◆主な文化財
西）御影堂、飛雲閣など
東）教行信証（坂東本）など

※西）…西本願寺、
東）…東本願寺

親鸞の墓所を起源とする浄土真宗の根本道場

本願寺は宗祖の親鸞の遺骨を、現在の京都市東山の麓にある大谷から、現在の京都市円山公園付近の北に移し、廟堂《びょうどう》（墓所）を建て宗祖の影像（御真影《ごしんえい》）を安置し、真宗本廟と称したことに始まる。

鎌倉時代末期の1321（元亨元）年、親鸞の曾孫である第3世の覚如《かくにょ》（1270～1351）のとき、「本願寺」という寺号が採用され、墓所から本格的な寺院に変容した。もともとの廟堂に加え信仰対象（本尊）の阿弥陀如来像を安置する本堂が建立され、両堂が並び立つ形態となったのである。ただしこの時点では天台宗に属す青蓮院《しょうれんいん》の末寺の格付けだった。

このときの本願寺は1465（寛正6）年に、真宗教団（浄土真宗の教団）の興隆に危機感をいだいた比叡山の僧兵たちによって破壊されてしまう。その後、本願寺派の真宗教団の復興に絶大な貢献を果たした第8世の蓮如《れんにょ》（1415～1499）が、京都市内から東へ山一つを隔てた山科の地に山《やま》科《しな》本願寺を建立するが、この寺も1532（天文元）年、対立していた法華宗（日蓮宗）や六角氏などに徹底的に破壊された。

信長との石山合戦をへて東西に分裂した宗教勢力

織田信長との戦いで有名な石山《いしやま》本願寺は1497（明応6）年に、現在の大阪市中央区に建立され、山科本願寺の破壊にともない、本山となった。この石山本願寺も1580（天正8）年に焼失。この頃本願寺の内部では穏健派の顕如《けんにょ》（1543～1592）と強硬派の長男・教如《きょうにょ》（1558～1614）が対立し、信長との和睦に反対する教如派が放火した可能性もある。

　この対立はその後も続き、本願寺が二分することとなる。巨大な宗教勢力が二分される事態は、権力者にとっても好都合だったようだ。結局、教如を12代宗主とする本願寺教団（現在の真宗大谷派）と、三男の准如《じゅんにょ》を12世宗主とする本願寺教団（現在の浄土真宗本願寺派）が、京都市内中心部の東西に、それぞれ壮麗で広大な伽藍をかまえ現在に至っている。

　西本願寺には、国宝指定の建築に限っても、親鸞の影像を安置する御影堂《ごえいどう》、本尊を安置する阿弥陀堂、書院（対面所および白書院《しろしょいん》）、北能舞台などがある。東本願寺は明治時代の再建がほとんどだが、それでも重要文化財に指定された御影堂、阿弥陀堂、御影堂門、阿弥陀堂門などがある。

■本願寺の分裂

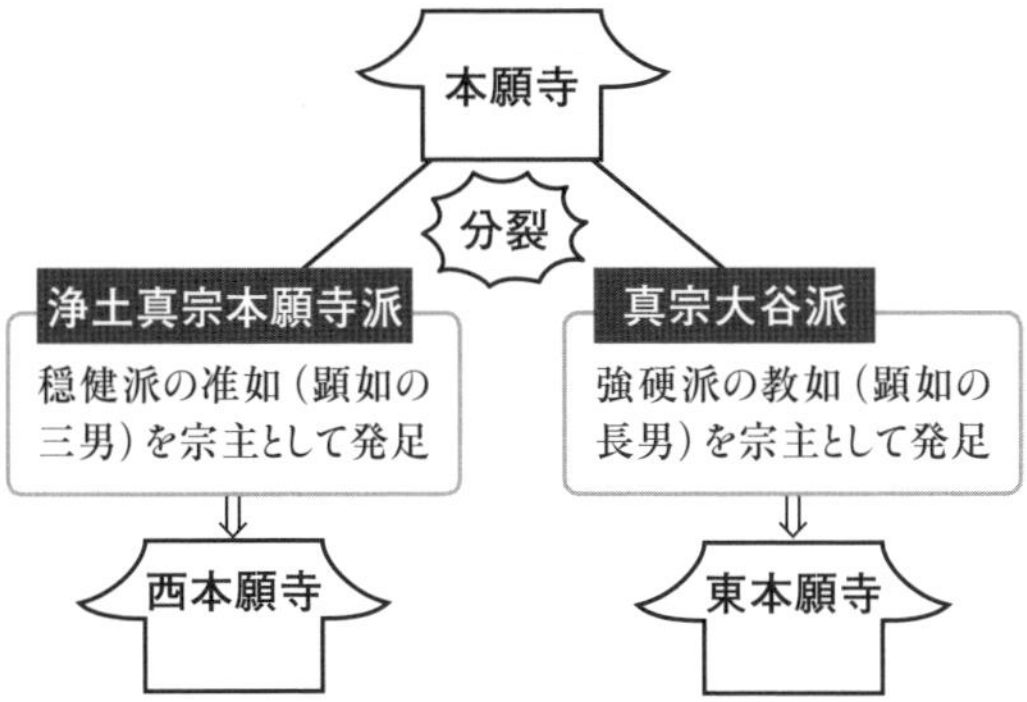

時宗の本山

遊行寺（清浄光寺）

遊行の末にたどり着く藤沢の念仏道場

「遊行寺《ゆぎょうじ》」という通称は、この寺を開いた遊行上人第4代の呑海《どんかい》（1265〜1327）以来、歴代の遊行上人が、遊行を終えたのちに住所としてきた歴史に由来する。正式には清浄光寺《しょうじょうこうじ》と号する。

宗祖の一遍（1239〜1289）と藤沢の縁は、幕府のあった鎌倉で布教を望んだものの妨害にあってあきらめ、ほど近い藤沢で踊りながら念仏を唱える「踊り念仏」を修したゆえという。

呑海は、遊行上人第2代の真教《しんきょう》（1237〜1319）の弟子であり、やはり真教の弟子だった第3代の智得《ちとく》（1261〜1320）を継承した。この時点の時宗の拠点は、真教が遊行を終え止住（定住）するために念仏道場として、現在の神奈川県相模原市南区当麻《たいま》に建立した当麻道場（無量光寺《むりょうこうじ》）だった。この当麻道場で智得が示寂したとき呑海は遊行の旅に出ていた。その間隙を縫うように、智得の別の弟子が鎌倉幕府の執権だった北条高時《たかとき》の支持を得て、当麻道場の住持（住職）に就任してしまい、呑海は行き場を失った。このとき呑海の兄で、現在の藤沢市から横浜市にかけての地域を領地とした俣野景平《またのかげひら》が援助して、1325（正中2）年、藤沢の地に建立したのが清浄光寺と伝えられる。

まもなく鎌倉幕府は滅亡し、幕府と親しい関係にあった当麻道場は衰退した。一方、呑海の門流は遊行派と称され、12派に分かれた時宗の最大勢力に発展する。そして、遊行寺こと清浄光寺が、時宗

DATA

◆創建
1325（正中2）年

◆開山
呑海

◆本尊
阿弥陀如来

◆所在地
神奈川県藤沢市

◆主な文化財
絹本著色一遍上人絵伝、絹本著色後醍醐天皇御像など

遊行寺の災難と復興

年	出来事
1325（正中2）年	呑海が遊行寺を開く
1513（永正10）年	兵火により全焼。本尊を駿府（現在の静岡県）長善寺に移す
1607（慶長12）年	藤沢の地に再興される
1631（寛永8）年	江戸幕府から時宗総本山に認定される
1661（寛文元）年	本堂客殿庫裏を焼失
1664（寛文4）年	本堂を上棟
1794（寛政6）年	焼失。5年後に再興
1831（天保2）年	藤沢宿より出火、書院や居間などを焼失。1年後に上棟
1880（明治13）年	藤沢宿の大火に巻き込まれ、中雀門と倉庫3棟以外焼失。3年後に再興
1911（明治44）年	書院や庫裏、国宝「一遍上人絵詞伝」を焼失
1923（大正12）年	関東大震災で本堂などが倒壊
1937（昭和12）年	本堂復興

の中核に位置することになった。

焼失と復興を繰り返し時宗の総本山へ

遊行寺は創建以来、たび重なる戦火や火災に見舞われ、そのたびに復興してきたが、1513（永正10）年の兵火で全山を失ったことは致命的で、本尊まで他所に移さざるをえなかった。藤沢の地に再興したのは、江戸初期の1607（慶長12）年である。そして1631（寛永8）年、幕府から時宗総本山と認められた。

現時点で遊行寺が所有する物品のうち特筆されるのは、宗祖の一遍の生涯を描く「一遍《いっぺん》聖《ひじり》絵《え》」で、日本の絵画史上、最高の作例の一つであり、きわめて貴重といえる。また後醍醐天皇像（重要文化財）も、この人物の特異な性格をあますところなく描き出していて、他に例を見ない。行事としては、一遍由来の「踊り念仏」が秋季開山忌など定めた期日に行われ、一見の価値がある。

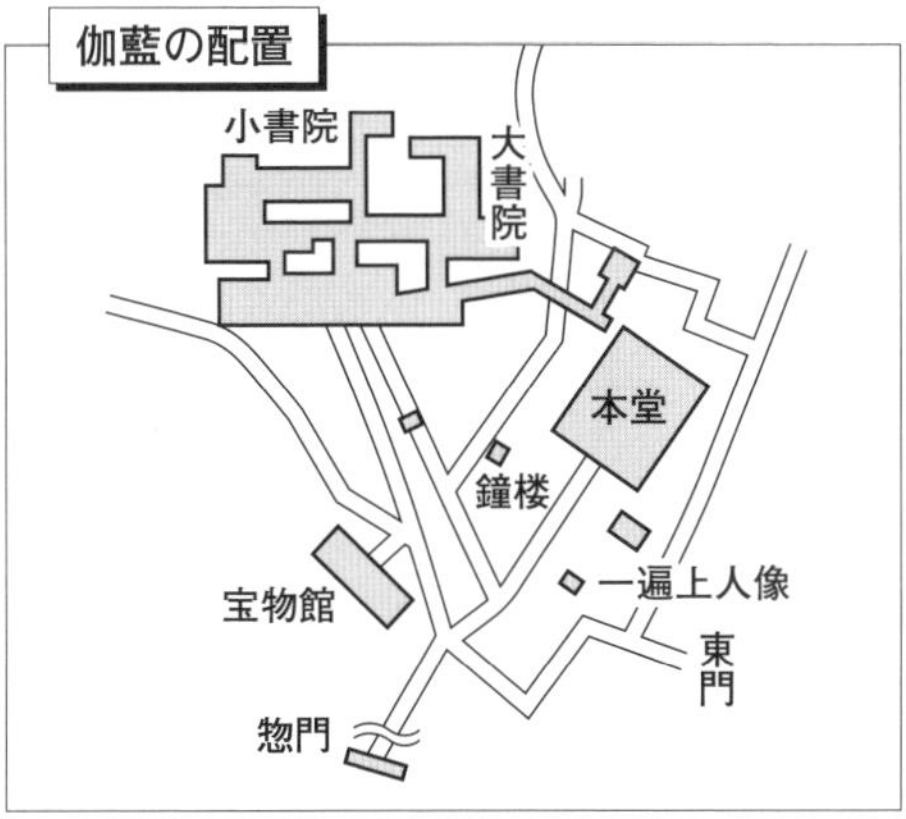

臨済宗
妙心寺派の
本山

妙心寺

花園上皇が御所を禅寺とし禅僧の関山が招かれる

日本臨済宗は、鎌倉時代末期から南北朝時代をへて室町時代初期の頃、「応燈関《おうとうかん》」と呼ばれる傑出した3人の禅僧を生み出した。大《だい》応国師南浦紹明《おうこくしなんぽじょうみん》（1235～1308）・大燈国師宗峰妙超《だいとうこくししゅうほうみょうちょう》（1282～1337）・無相大師関山慧玄《むそうだいしかんざんえげん》（1277～1360）である。現在に続く臨済宗の主流がこの3人から始まり、戦国時代には衰えたものの、江戸時代に登場した白隠慧鶴《はくいんえかく》（1685～1768）によって中興され、現在に至っている。

妙心寺は、開山を関山慧玄、開基を花園上皇とする。この地には花園上皇がいとなんだ花園御所があった。上皇が剃髪して僧侶となった際に禅寺にあらためられ、大燈国師の推挙によって関山慧玄が開山に迎えられた。1342（暦応5年・康永元／興国3）年のことである。

このいきさつから、大燈国師を開山とする大徳寺とともに、皇室との縁が深い。

室町幕府の逆鱗に触れ廃絶の危機に直面

第6世住持の拙堂宗朴《せつどうそうぼく》（生没年不詳）のとき、妙心寺は危機に遭遇する。室町幕府に反旗をひるがえした大内義弘《おおうちよしひろ》（※）と関係が深かったことが第3代将軍足利義満の逆鱗に触れて、1399（応永6）年、妙心寺は寺領を没収され、1432（永享4）年に復活するまで廃絶の状態に陥った。

そもそも京都の禅寺には、二種類あった。一つは室町幕府の庇護

DATA

◆創建
1337（建武4／延元2）年

◆開山
関山慧玄

◆本尊
釈迦如来

◆所在地
京都府京都市右京区

◆主な文化財
梵鐘、大燈国師墨蹟、雲龍図、仏殿、法堂、大方丈など

大内義弘：南北朝～室町時代前期の武将。足利義満と対立し「応永の乱」を起こすが敗死する。

と統制を受けいれる五山十刹《ござんじっさつ》系で、「禅林」あるいは「叢林《そうりん》」と呼ばれた。もう一つは在野の禅寺で、「林下《りんか》」と呼ばれた。妙心寺と大徳寺は「林下」を代表する寺院であり、修行を重んじる厳しい禅風を特色としていた。この禅風も室町将軍には気に入らなかったらしい。

「紫衣事件」の舞台として

皇室との深い縁は江戸幕府からも警戒され、幕府の許可を得ずに後水尾《ごみずのお》天皇が僧侶として最高の地位を象徴する紫衣《しえ》を十数人にあたえたことを、幕府が厳しく断罪した「紫衣事件」の舞台ともなった。このとき、妙心寺74世住持の単伝《たんでん》士印《しいん》（1543〜1638）と同じく141世住持の東源慧等《とうげんえとう》（生没年不詳）が、大徳寺154世の沢《たく》庵宗彭《あんそうほう》（1573〜1645）とともに東北地方へ流刑となった。

現時点で全国に約6000ある臨済宗寺院のうち、約3500を妙心寺派が占め、その権威は他を圧倒する。平安京範囲内で北西の12町を占め、西の御所とも呼ばれている。もちろん臨済宗における最大規模の寺院だ。

創建当時の伽藍は応仁の乱などの戦火によって失われ、現存する伽藍は勅使門・三門・仏殿・法《はっ》堂《とう》・大方丈《おおほうじょう》・庫裏《くり》・浴室・経蔵《きょうぞう》・南総門《みなみそうもん》・玄関・寝堂・小方丈《こほうじょう》・北《きた》総門《そうもん》などである。これらの建造物は、すべて国の重要文化財に指定されている。

塔頭の数も並外れて多い。史料により異同が見られるが、山内と境外を合わせ46とされる。

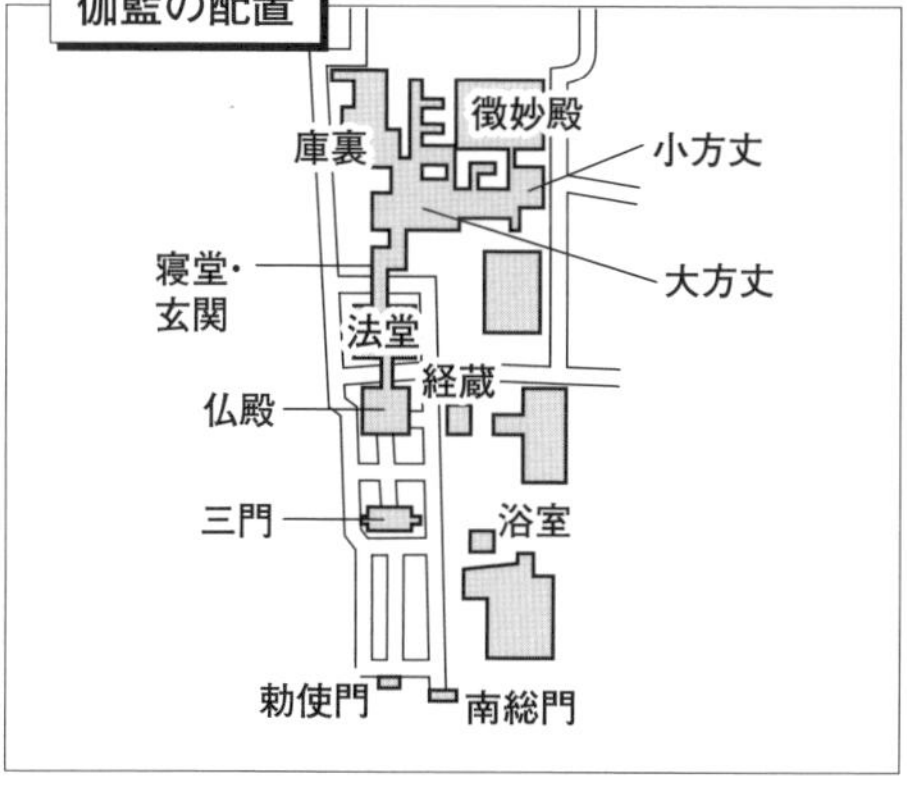

伽藍の配置

臨済宗
大徳寺派の
本山

大徳寺

五山十刹を離脱し、「林下」の道を選ぶ

大徳寺の開山、大燈国師《だいとうこくし》宗峰妙超《しゅうほうみょうちょう》は日本臨済禅の歴史において最高峰とみなされる禅僧である。大徳寺の起源は、大燈国師が故郷の播磨国《はりまのくに》（現在の兵庫県）の守護をつとめた赤松円心《あかまつえんしん》の帰依を受け、洛北（平安京北部）に位置する紫野《むらさきの》に建立した小堂と伝えられる。

その後、大燈国師に帰依した持明院統《じみょういんとう》（北朝）の花園上皇が1325（正中2）年に大徳寺を祈願所とする院宣《いんぜん》(※)を発している事実から、寺院としての形態が整うのはこの頃からと推測される。

皇位をめぐって持明院統と対立していた大覚寺統《だいかくじとう》（南朝）の後醍醐天皇も大徳寺を庇護し、1334（建武元）年には大徳寺を京都五山のさらに上位に位置づけるとする綸旨《りんじ》(※)を発している。しかし建武の新政が崩壊して足利政権が成立すると、足利将軍家から後醍醐天皇との深い関係を嫌われて五山から除かれ、1386（元中3／至徳3）年には十刹《じっさつ》の最下位に近い第九位に格下げされている。

この措置を受けて、第26世養叟宗頤《ようそうそうい》（1376～1458）は1431（永享3）年に足利政権の庇護と統制下にあって世俗化しつつあった五山十刹から離脱し、座禅修行に専心するという方針に転じた。いわゆる「林下《りんか》」の道を選択したのである。

やがて幅広い層から支持を受ける

この選択は成功し、大徳寺は貴族や大名はもとより、商人や文化

DATA

◆創建
1325（正中2）年

◆開山
大燈国師宗峰妙超

◆本尊
釈迦如来

◆所在地
京都府京都市北区

◆主な文化財
絹本墨画淡彩観音図、絹本著色大燈国師像、唐門、方丈など

院宣：上皇からの命を受け、政務機関から出される文書。
綸旨：天皇の命を奉じて出される文書。

人など幅広い層の帰依や支持を受けて興隆する。日本の禅僧の中で最も有名な一休宗純《いっきゅうそうじゅん》（1394〜1481）も、大徳寺の出身である。

また、佗び茶を創始した村田《むらた》珠《じゅ》光《こう》などの東山文化を担う者たちが一休に参禅したこともあって、茶の湯の世界とも縁が深い。武野《たけの》紹《じょう》鷗《おう》・千利休・小堀遠州《こぼりえんしゅう》など、あまたの茶人が大徳寺と縁を結んでいる。

一休宗純の中興と紫衣事件による冷遇

1453（享徳2）年の火災と応仁の乱では当初の伽藍を焼失したが、一休宗純がかねてゆかりの堺の豪商たちから協力を獲得し、みごとに復興を遂げた。

江戸時代になると、皇室と親しい関係にあったことが幕府の宗教統制政策に抵触し、「紫衣《しえ》事件」では短期間ながら住持の職にあった沢庵宗彭《たくあんそうほう》が、罪を得て流罪になった。ただし冷遇は長くは続かず、徳川3代将軍家光が沢庵に帰依するなど、幕府との関係も好転している。

近世には朱印地《しゅいんち》（領地）は2011石あまりに達し、末寺は280寺余、末寺の塔頭《たっちゅう》は130院余を数えるほど繁栄した。

境内には禅寺の基本に従い、勅《ちょく》使門《しもん》・三門・仏殿・法堂《はっとう》（いずれも重要文化財）がほぼ一直線に並び、その北南西に20以上の塔頭寺院が並ぶ。

唐門・方丈および玄関・絹本墨《けんぽんぼく》画淡彩観音図《がたんさいかんのんず》・猿鶴図《えんかくず》・絹本著色《けんぽんちゃくしょく》大燈国師像《だいとうこくしぞう》・虚堂智愚墨蹟《きょどうちぐぼくせき》・後醍醐天皇宸翰御置文《しんかんおんおきぶみ》と、国宝が多いことも特筆される。

伽藍の配置

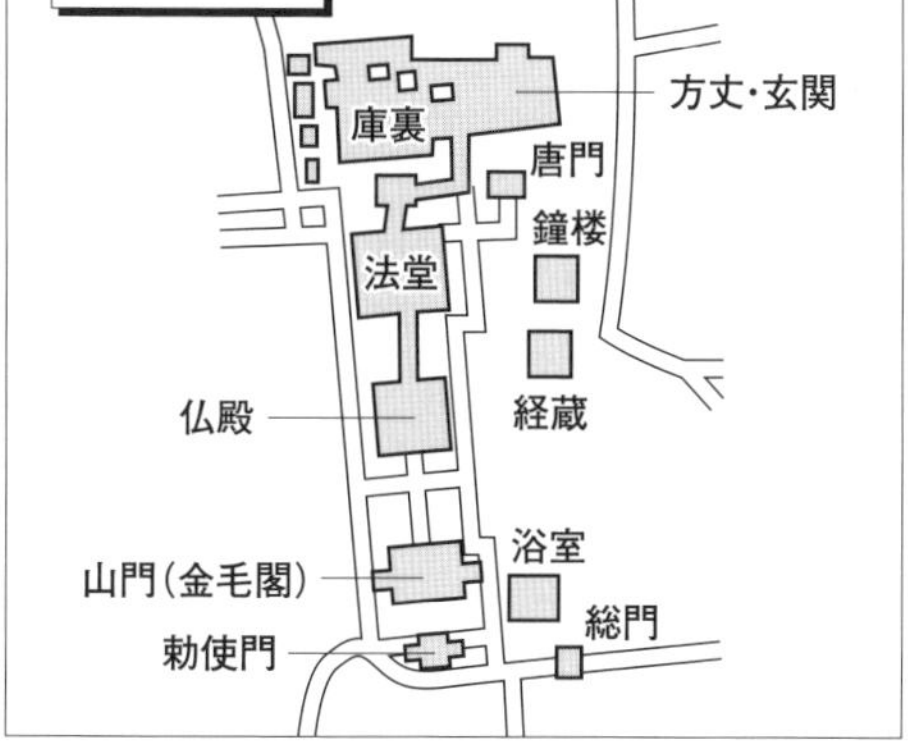

臨済宗
南禅寺派の
本山

南禅寺

絶大な権威を得た別格の寺院

南禅寺は禅寺の中でも、まったく別格とみなされてきた。鎌倉幕府を打倒した後醍醐天皇は、新政を開始した1334(建武元)年、南禅寺を五山の第一と定めた。次いで南北朝を統合し室町幕府の権威を確立した第3代将軍の足利義満は1386(至徳3/元中2)年、自分が建立した相国寺《しょうこくじ》を五山の第一とするため、南禅寺を「別格」として五山のさらに上に位置づけたのである。幕府から絶大な権威をあたえられたことが、旧勢力の延暦寺や園城寺(三井寺)の反感を招いた。たとえば楼門《ろうもん》の建設費用を誰が負担するのかをめぐり事態がこじれ、仲介に入った幕府の要人が結果的に南禅寺と旧勢力の双方から怨みを買うなど、為政者をたびたび悩ませている。

南禅寺が建つ地には、後嵯峨天皇が1264(弘長4/文永元)年に造営した離宮の禅林寺殿《ぜんりんじどの》があった。禅林寺という名称は禅寺を思わせるが、浄土宗西山禅林寺派総本山の禅林寺(永観堂《ようかんどう》)に由来し、禅とは関係がない。1291(正応4)年、亀山《かめやま》法皇が禅林寺殿を寺にあらため、東福寺の住持だった無関普門《むかんふもん》(1212~1292)を開山として、龍安山禅林禅寺と名付けた。伝承によると、禅林寺殿に夜な夜な出没する妖怪変化を無関普門が退散させたので、開山に招じたという。この当時、厳しい修行を積んだ禅僧には特別な霊力があると信じられていたから、ありえないことではない。

ただし、無関普門は招かれたと

DATA

◆創建
1291(正応4)年

◆開山
無関普門

◆本尊
釈迦如来

◆所在地
京都府京都市左京区

◆主な文化財
方丈、勅使門、三門、絹本著色大明国師像、紙本著色群虎図など

き、すでに80歳という高齢で、まもなく示寂した。したがって伽藍の建設は2世住持の規庵祖円《きあんそえん》（1261〜1313）が担当し、1299（永仁7）年頃までにはほぼ完成した。「太平興国《たいへいこうこく》南禅禅寺」という寺号にあらためたのは、正安年間（1299〜1302年）のことと伝えられる。その後、一山《いっさん》一寧《いちねい》（1247〜1317）や夢窓《むそう》疎石《そせき》（1275〜1351）、あるいは虎関師錬《こかんしれん》（1278〜1346）など、禅界を代表する高僧が住持をつとめている。

応仁の乱で伽藍焼失
江戸時代初期に再建

1393（明徳4）年と1447（文安4）年に主要な伽藍を焼失したが、ほどなく再建した。しかし、応仁の乱では市街戦の修羅場となり、伽藍をことごとく焼失。再建は江戸時代初期の1605（慶長10）年、徳川家康の側近として外交や寺社政策に辣腕をふるい、「黒衣《こくえ》の宰相(※)」と呼ばれた以心崇伝《いしんすうでん》（金地院崇伝《こんちいんすうでん》　1569〜1633）が南禅寺270世住持として入寺してからになる。

崇伝は幕府から、日本全国の臨済宗の寺院を統轄する「僧録《そうろく》」という地位をあたえられ、伽藍の復興にとどまらず、禅界に君臨する南禅寺の権威も復興を遂げた。現時点で塔頭《たっちゅう》は山内と境外をあわせ15を数える。なかでも勅使門の手前右側に位置する金地院《こんちいん》には、作庭家として名高い小堀遠州《こぼりえんしゅう》の作と伝えられる庭園（「鶴亀の庭《つるかめ》」特別名勝）がある。

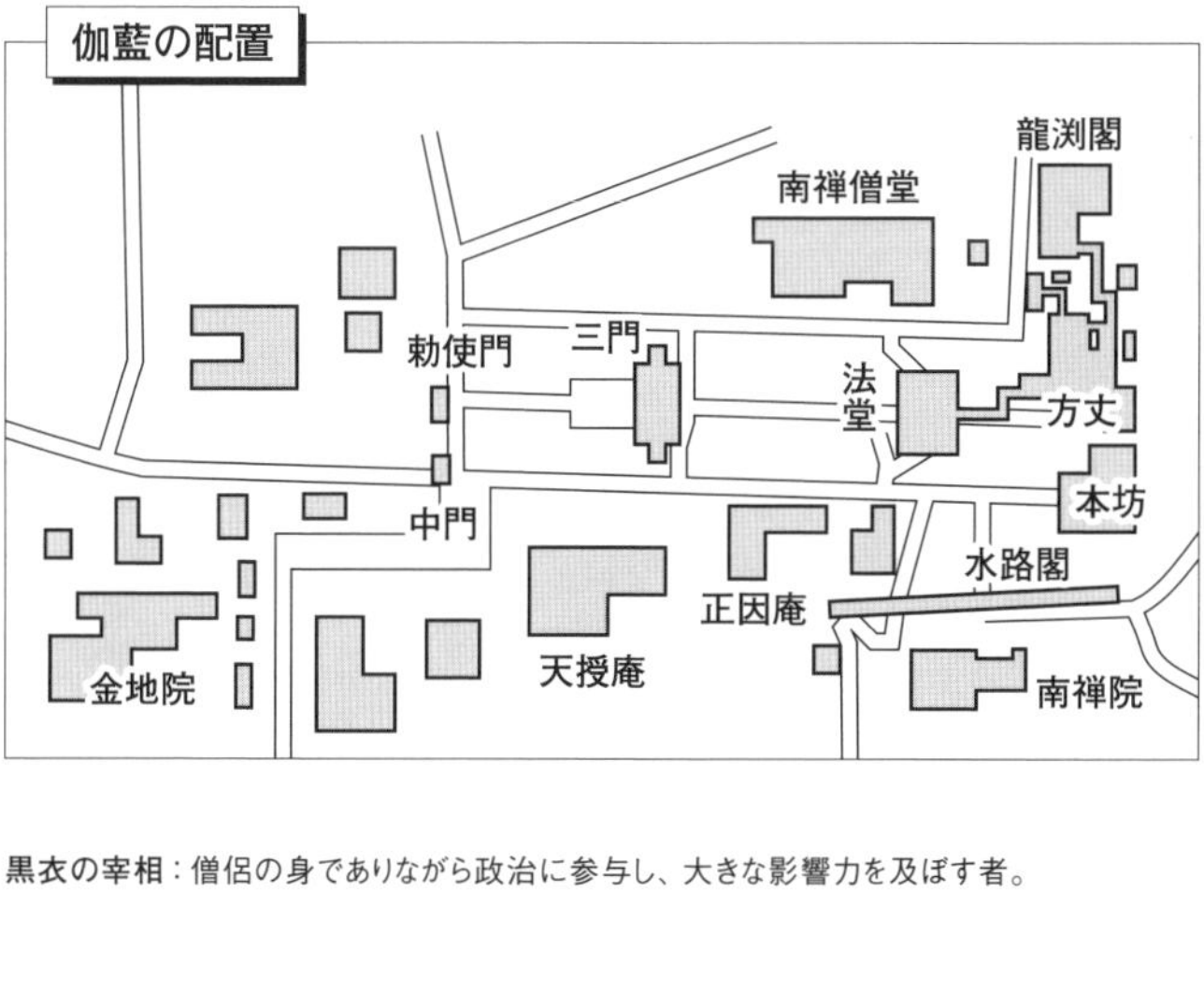

黒衣の宰相：僧侶の身でありながら政治に参与し、大きな影響力を及ぼす者。

臨済宗
天龍寺派の
本山

天龍寺

後醍醐天皇の御霊を鎮魂すべく建立される

天龍寺は後醍醐天皇の菩提を弔うために、生前、天皇が幼い頃にこの地に住んでいたこともあり、格別の愛着をもっていたとされる亀山《かめやま》上皇の離宮を寺にあらためたと伝えられる。

風光明媚なことで名高いこの地には、平安初期、嵯峨天皇の皇后で絶世の美女とうたわれた橘嘉《たちばなのか》智子《ちこ》が建立した檀林寺《だんりんじ》があった。その跡地に鎌倉時代末期に、大覚寺統の離宮が造営され、亀山上皇の崩御後はその菩提所ともなっていた。ただし建武政権が崩壊し、後醍醐天皇も死去した段階ではもはや維持できず、建物は傾くなど、かなり荒廃していたらしい。

天龍寺の創建には現代人には想像もできない不可思議な背景があった。南北朝の争乱を描いた『太平記』によれば、奈良県の山深い吉野で、怨みを呑んで亡くなった後醍醐天皇の怨霊が夜な夜な光の輪となって京都を襲い、そのために足利直義《ただよし》が重い病に臥してしまう。この事態を受けて、足利尊氏《たかうじ》と直義の兄弟からも後醍醐天皇からもあつく尊敬されていた禅僧の夢窓疎石《むそうそせき》が、天皇の怒れる御霊を鎮魂するために、建立を勧めたという。ちなみに16世紀の初め頃まで室町幕府は公費を使って、怨霊対策の儀式をいとなみ続けている。

造営過程は難航するも、落慶後は繁栄をきわめる

天龍寺の造営は、戦乱が終息していないことなどを理由にして、建設に反対する人々も多く、非常

DATA

◆創建
1339（暦応2／延元4）年

◆開山
夢窓疎石

◆本尊
釈迦如来

◆所在地
京都府京都市右京区

◆主な文化財
庭園、絹本著色夢窓国師像、池泉回遊式庭園など

に難航した。大勧進職《だいかんじんしき》（造営責任者）の夢窓疎石すらその職を辞任に追い込まれたほどである。慢性的な財政難に苦しんでいた幕府にとっては、費用の工面もおぼつかなかった。このとき窮余の策として、辞任後も裏面で活動していた夢窓疎石のまさに鶴の一声で採用されたのが造営船の元《げん》への派遣、つまり「天龍寺船《てんりゅうじぶね》（※）」だった。

　こうして後醍醐天皇七回忌の1345（康永4・貞和元／興国6）年、天龍寺は未完の部分を残しながら、やっと落慶法要に至った。寺名は足利直義が背後の大堰川《おおいがわ》から天に昇る龍の夢を見たことに由来するという。

　このように出発は艱難辛苦《かんなんしんく》の連続だったものの、1386（至徳3／元中3）年に足利義満により京都五山の第一位に格付けされ、繁栄をきわめた。全盛期の境内地は300万坪近くに達し、塔頭《たっちゅう》寺院は150ヵ寺におよんだという。しかし室町時代だけでも6回も焼失し、さらに江戸時代にも火災にあい、その間の1596（文禄5／慶長元）年には慶長伏見地震に被災して倒壊。幕末の1864（文久4／元治元）年に勃発した禁門の変（蛤御門《はまぐりごもん》の変）でも大きな被害を受けた。方丈の西側にある夢窓疎石作と伝えられる、曹《そう》源池《げんち》（禅の源水をたたえる池）を中心とする池泉回遊式庭園《ちせんかいゆうしきていえん》が、わずかに当初の面影を伝えている。

　天龍寺の伽藍は東西方向に並んでいる。この配置は、通常の禅宗寺院が南北方向に伽藍を並べるのとは大きく異なる。その理由は、境内地が背後の亀山から東に向かってゆるやかに傾斜している地形に求められる。

伽藍の配置

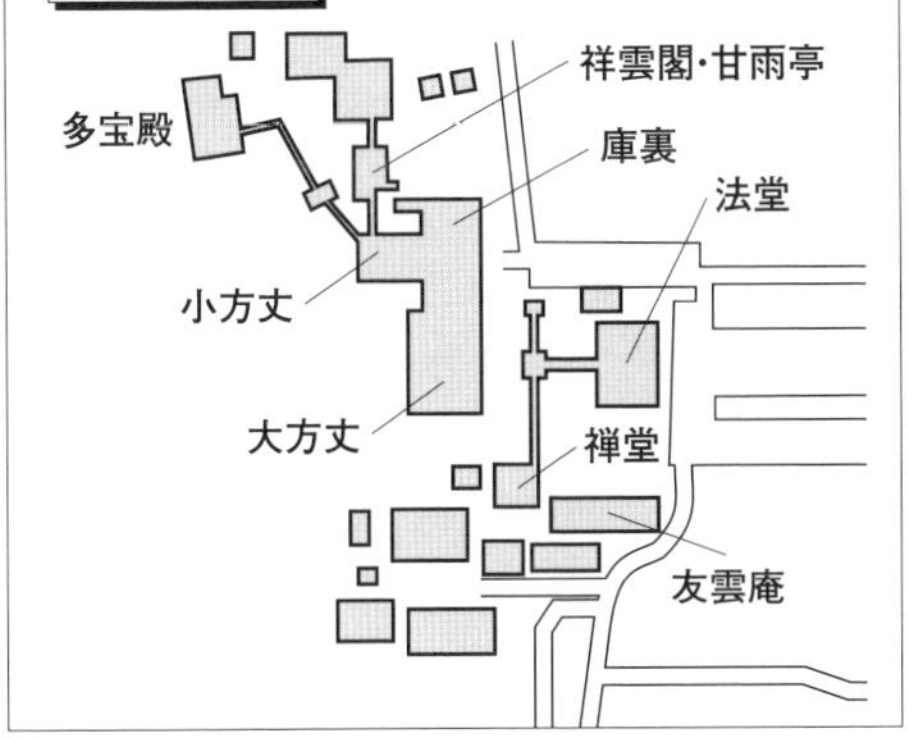

天龍寺船：天龍寺造営の費用を得るため、室町幕府が元へ派遣した貿易船。

臨済宗
相国寺派の本山

相国寺

DATA

◆創建
1392（明徳3／元中9）年

◆開山
夢窓疎石

◆本尊
釈迦如来

◆所在地
京都府京都市上京区

◆主な文化財
法堂、無学祖元墨蹟4幅、法堂、紙本墨画猿猴竹林図など

足利義満が開いた京都最大の禅寺院

　1382（永徳2／弘和2）年、左大臣に昇進した義満は、その頃凝っていた坐禅のために小さな寺を建てたいと、夢窓疎石《むそうそせき》の衣鉢《いはつ》を継ぐ南禅寺38世の義堂周信《ぎどうしゅうしん》（1325～1388）と、同じく39世の春屋妙葩《しゅんおくみょうは》（1311～1388）に漏らした。すると二人は小さな寺ではなく大伽藍を建立すべきであり、寺名は中国の官名では太政大臣《だじょうだいじん》を意味する「相国《しょうこく》」を用いるべきと説いた。義満がまだ左大臣だったにもかかわらず上位の「相国」を寺名に推薦した理由は、迎合あるいは忖度と見られている。

　こうして、京都最大級の禅宗寺院が今出川《いまでがわ》をはさみ、将軍居所の室町第《むろまちてい》（花の御所）の東隣に建立されることとなった。完成したのは10年後の1392（明徳3）年。春屋妙葩の進言によって、40年以上も前に示寂した夢窓疎石を開山とした。

　足利将軍というと臨済宗との関係が強調されがちだが、義満に限ってはそうとも言い切れない。現に晩年の10年間は自身の身体安穏を祈願して、天台密教や真言密教による祈禱に莫大な費用をかけている。同じ目的から陰陽道の儀式も熱心にいとなんでいる。極楽浄土への往生を願う浄土教にも関心があり、すこぶる雑修的だったと指摘されている。

　義満が足利歴代将軍のなかでも隔絶した権力のもち主だっただけに、相国寺の規模は桁違いに大きかった。最盛期には東は寺町通、西は大宮通、南は一条通、北は上《かみ》

御霊《ごりょう》神社との境まで山内だった。総面積は約144万坪におよび、塔頭《たっちゅう》も50あまりあったという。

金閣寺、銀閣寺は相国寺の山外塔頭

わけてもかつて山内にあった鹿《ろく》苑院《おんいん》の院主は、江戸幕府に廃止されるまで臨済宗の事実上の最高職責（僧録《そうろく》）として五山以下の諸寺を統轄し、絶大な権勢を誇っていた。ちなみに鹿苑院は義満の院号であるとともに、その名を冠した塔頭は、生前は禅の道場であり、没後は墓所でもあった。

1399（応永6）年に建てられた七重大塔は全高109・1メートルに達し、日本史上で最も高かった。この大塔は、あまりの高さゆえか落雷による焼失を繰り返し、3代目の塔が1470（文明2）年に失われて以後は再建されなかった。

落雷以外にも京都の中心部に立地した宿命か、戦乱などによる火災にあうこともたびたびで、室町時代に4回、江戸時代にも2回、焼失している。現存する伽藍の大部分は、江戸時代後期の文化年間（1804～1818）の再建になる。

今なお相国寺には山内外に多くの塔頭があるが、とくに有名な例が山外の鹿苑寺《ろくおんじ》（金閣寺）と慈照寺《じしょうじ》（銀閣寺）である。近年とみに話題の画家、伊藤若冲《いとうじゃくちゅう》は相国寺と縁が深く、その作品が境内の承天閣《じょうてんかく》美術館に展示されている。

伽藍の配置

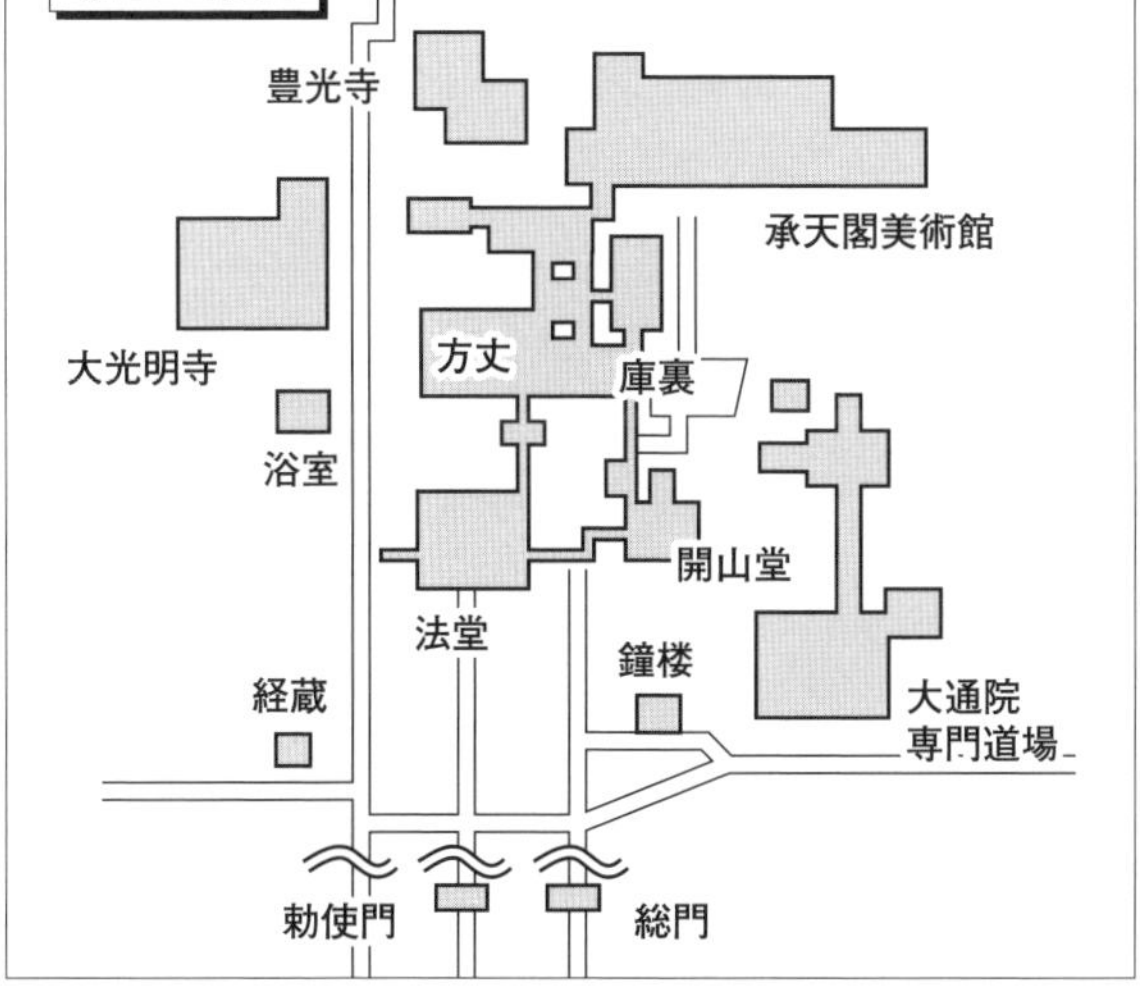

臨済宗
建仁寺派の
本山

建仁寺

臨済禅の出発点として高い評価をえる

日本臨済宗は、南宋で臨済宗を修学して帰国した栄西《ようさい》（1141～1215）を祖とする。栄西は帰国すると、まず1195（建久6）年に九州の博多に日本最初の本格的な禅寺として聖福寺《しょうふくじ》を建立。ついで1200（正治2）二年には鎌倉の寿福寺《じゅふくじ》の開山となった。さらに1202(建仁2)年、京都における臨済宗の拠点として建仁寺を建立した。創建当初の建仁寺は天台宗・真言宗・禅宗の三宗並立の寺院だった。理由は栄西が禅僧であると同時に密教僧、つまり禅密兼修（禅密双修）だったからだ。建仁寺が純粋禅の道場になるのは、1259（正嘉3／正元元）年、南宋から渡来した蘭渓《らんけい》道隆《どうりゅう》が入寺して後のことになる。

建仁寺の伽藍は唐時代の禅寺に準じて勅使門《ちょくしもん》から放生池《ほうじょうち》・三門・法堂《はっとう》（仏殿・拈華堂《ねんげどう》）・方丈《ほうじょう》が南北一直線に整然と並び、この配置が日本の禅寺の基本形となった。

室町時代に入ると、足利義満により京都五山の第三位に列せられた。第一位と第二位の天龍寺、相国寺が足利将軍家と深い縁があるのに対し、将軍家と無縁の建仁寺が高い格付けを得た理由は、日本臨済禅の出発点という歴史が大きい。

戦乱や明治初年の廃仏毀釈により多くの塔頭が失われたが、今なお14院が残る。寺宝の中でも特筆されるのが、琳派の巨匠として有名な俵屋宗達《たわらやそうたつ》の「風神雷神図」（国宝）である。

DATA

◆創建
1202（建仁2）年

◆開山
栄西

◆本尊
釈迦如来

◆所在地
京都府京都市東山区

◆主な文化財
風神雷神図、方丈、勅使門、絹本著色十六羅漢像など

臨済宗
東福寺派の本山

東福寺

各宗兼学の寺院として出発 文化財では他寺をしのぐ

鎌倉前期の京都政界を代表する政治家だった九条道家《くじょうみちいえ》は、1236（嘉禎2）年、東山法性寺《ほうしょうじ》跡の地に高さ5丈（約15メートル）の釈迦像を安置する大寺院を建立することを発願し、寺名を東大寺と興福寺から、「東」と「福」を一字ずつ選び、東福寺《とうふくじ》と称した。

5丈の釈迦像を安置する仏殿の造営は、19年をへて道家没後の1255（建長7）年にようやく竣工を見た。当初の本尊は1319（文保3／元応元）年の火災で焼失した。現存する「仏手」は、14世紀に再興された本尊像の遺物だが、長さ2メートルにも及び、「高さ5丈」は事実だったことがわかる。

1243（寛元元）年に円爾弁円《えんにべんえん》（1202〜1280）を開山に迎え、天台宗・真言宗・禅宗の各宗兼学の寺院として出発した。禅宗寺院として寺観を整えたのは、1346（貞和2／正平元）年に再建されて後である。

本尊の釈迦像は5丈、脇侍の観音・弥勒両菩薩像でもその半分の大きさを誇ることから、新大仏寺の名で広く知られた。京都に立地する寺院としては例外的に兵火とは無縁だった。臥雲橋《がうんきょう》・通天橋《つうてんきょう》・偃月橋《えんげつきょう》という東福寺三名橋をはじめ、京都最大級の禅寺としての姿を今に伝える。

明治初年の廃仏毀釈で縮小されたとはいえ、現状でも塔頭は25を数える。鎌倉・室町時代の国宝・重要文化財は夥しい数にのぼり、文化財の宝庫となっている。

DATA

◆創建
1236（嘉禎2）年

◆開山
円爾弁円

◆本尊
釈迦如来

◆所在地
京都府京都市東山区

◆主な文化財
三門、絹本著色無準師範像、地蔵菩薩坐像、僧形坐像など

五山制度とは

「五山《ござん》」の制度は、南宋の寧宗《ねいそう》皇帝（在位1194〜1224）がインドの「五精舎《ごしょうじゃ》」の故事をもとに、径山寺《きんざんじ》・霊隠寺《りんにんじ》・天童寺《てんどうじ》・浄《じん》慈寺《ずじ》・阿育王寺《あいくおうじ》の禅宗五寺を庇護したのが由来とされるが、近年の研究によれば、実際にはもっと後の時代の制定ともいう。日本では中国から伝来した臨済宗の勢力が武士たちの支持を背景に大きくなったことを受け、鎌倉幕府の第5代執権の北条時頼《ときより》が導入したという説、同じく第9代執権の北条貞《さだ》時《とき》が1229（正安元）年に浄智《じょうち》寺《じ》を「五山」とするよう命じたのが最古という説などがある。

当初は鎌倉の建長寺・円覚寺・寿福寺《じゅふくじ》ならびに京都の建仁寺の四寺が「五山」に含まれていたらしい。鎌倉幕府を打倒した後醍醐天皇の建武の新政でも「五山」が制定され、このときは南禅寺と大徳寺の両寺が五山の筆頭で、ほかに東福寺と建仁寺が含まれていた。

室町幕府を開いた足利尊氏《たかうじ》は、1341（暦応4／興国2）年に北朝から出された院宣《いんぜん》にもとづき第一位に南禅寺（京都）・建長寺（鎌倉）、第二位に天龍寺（京都）・円覚寺（鎌倉）、第三位に寿福寺（鎌倉）、第四位に建仁寺（京都）、第五位に東福寺（京都）、准五山（次席）に浄智寺（鎌倉）を選定した。室町幕府の第三代将軍足利義満が1386（元中3／至徳3）年に、五山制度の大改革を断行。南禅寺を「五山の上」としてすべての禅寺の最高位とする代わりに、みずから建立した相国寺《しょうこくじ》を「五山」に入れ、「五山」を京都五山と鎌倉五山に分割した。その後、順位の変動はあったものの、制度は格式で固定し、現在に至っている。

以上の経緯から明らかなとおり、「五山」はきわめて政治的な配慮あるいは権力者の恣意《しい》的な考えにもとづく制度で、その寺院の宗教的な価値とは必ずしも一致しない。一方、「五山」が媒介する権力者との親しい関係とその庇護がなければ、茶道・禅画・墨跡《ぼくせき》・作庭・懐石料理などの、いわゆる禅文化が今日に伝わるほどの充実した成果を得られたとは思えない。

鎌倉五山とは

鎌倉幕府は、臨済宗の有力寺院を住職の任免を通じて管理下に置くため、中国の五山制度を導入した。

鎌倉には有名な臨済宗の寺が多いこともあって、鎌倉幕府の歴代の執権がみな、臨済宗に帰依していたと思われがちである。しかし話はそう簡単ではない。

以下に、初代の北条時政から鎌倉幕府滅亡時の高時《たかとき》に至る得宗家《とくそうけ》（嫡流《ちゃくりゅう》の家系）歴代の執権が主に帰依していた宗派もしくは信仰をあげてみる。

時政→真言宗
義時《よしとき》→阿弥陀信仰＋薬師信仰
泰時《やすとき》→阿弥陀信仰
経時《つねとき》→浄土宗
時頼《ときより》→臨済宗
時宗《ときむね》→臨済宗
貞時《さだとき》→臨済宗
高時→臨済宗

ここにあげた宗派や信仰は、あくまで「主に帰依していた」宗派や信仰であって、ほかの宗派や信仰を全面的に否定してはいない。現に、最初に臨済宗に帰依した時頼にしても、浄土・華厳・真言・律・天台・禅等諸宗の兼学道場の浄光明寺《じょうこうみょうじ》を建立している。

為政者としての立場から、特定の宗派や信仰を保護して、ほかの宗派や信仰を抑圧するようなことは、絶対に避けなければならなかったからだ。といっても、最高権力者にほかならない執権が、あくまで個人的にではあれ、特定の宗派や信仰に帰依することは、やはり大きな意味をもっていたことに間違いはない。

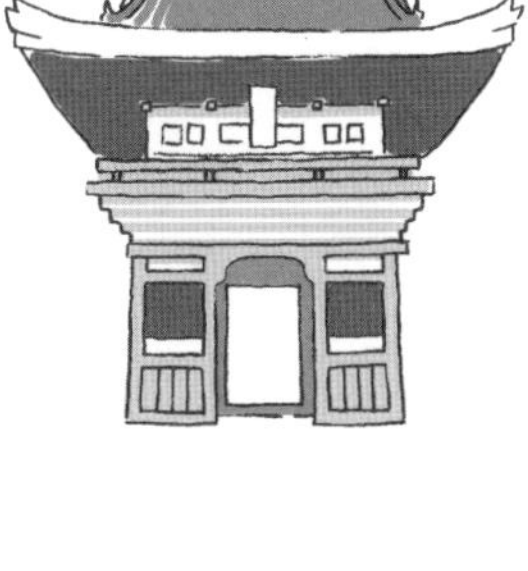

鎌倉五山
第一位

建長寺

臨済宗建長寺派の本山

1253（建長5）年、南宋から渡来した蘭渓道隆《らんけいどうりゅう》（1213〜1278）を開山、鎌倉幕府の第5代執権の北条時頼を開基、本尊に地蔵菩薩を祀って創立された。地蔵菩薩を本尊に祀ったわけは、このあたり一帯が地獄谷と呼ばれる罪人の処刑場だったこととかかわりがあるという。

開創の頃の建長寺は、日本に初めて純粋禅を伝えた蘭渓道隆が住職となったため、同じく蘭渓道隆が一時期住した京都の建仁寺とともに、文字どおり日本臨済宗の中核だった。

蘭渓道隆は宋の禅風をそのまま導入し、100人以上にもおよぶ修行僧たちを、厳しく指導した。ただし蒙古襲来の時期と重なったため、スパイの嫌疑をかけられたらしく、二度にわたり流罪になるなど、苦労も絶えなかった。やがて幸いにも嫌疑が晴れて建長寺に復帰し、この地で示寂した。

建長寺は中国本土から続々と来訪した禅僧たちの活動拠点ともなったため、寺内では中国語が飛び交い、日本の寺とはとても思えない状況だったと伝えられる。

1331（元弘元）年に作成された「建長寺指図《けんちょうじさしず》」（設計図）によれば、総門・三門・仏殿・法堂などの主要な建物がほぼ直線上に並んでいた。庫院（庫裏）と僧堂が三門から仏殿に達する回廊の左右にあり、浴室と西浄《せいちん》（トイレ）も三門前の左右に造られるなど、左右対称の大陸的な配置法だった。

モデルは中国の杭州にあった五山第一の径山万寿禅寺《きんざんまんじゅぜんじ》であり、それをそっくりそのまま鎌倉の地に構築しようとした伽藍配置だったようである。もっとも現状の配置は創建当初の姿をそのまま伝えてはいない。堂の位置が変わったり縮小されたりした形跡がある。

最盛期には、鎌倉五山の第一位に恥じず、僧侶が約1000人、末寺が400以上、塔頭も49を数えた。その後の歴史の変転を建長寺もこうむらざるをえなかったが、近年とみに大庫裏《だいくり》・得月楼《とくげつろう》・僧堂大徹堂《そうどうだいてつどう》などの再興を果たし、往時の姿をとりもどしつつある。

鎌倉五山
第二位

円覚寺

臨済宗円覚寺派の本山

1282（弘安5）年の創建。開山は南宋から招かれた無学祖元《むがくそげん》（1226〜1286）、開基は第8代執権の北条時宗、本尊は宝冠《ほうかん》釈迦如来。国家鎮護および元寇の戦没者を、敵味方の別なく供養するために建立された。また得宗《とくそう》の祈禱寺となるなど、鎌倉時代を通じて北条氏にあつく庇護された。この点は、建長寺が国家護持の官寺的な性格をもつのに対し、円覚寺は北条氏の私寺として創建されたことも関係している。

寺名は建立の際に「教禅一致」、つまり諸宗の教学と禅をともに修めるのが正しい修行法と説く『円覚経』が出土した故事に由来する。

無学祖元は来日の当初は蘭渓道隆遷化後の建長寺に入って住持（住職）となり、円覚寺が創建されるにあたり、開山となった。

禅の師として、襲来する元に敢然と立ち向かうことをうながすなど、時宗にあたえた影響は絶大だった。また彼の指導法は「老婆《ろうば》禅《ぜん》」と称されたほど懇切丁寧だったため、野卑でとかく教養に乏しい鎌倉武士たちからも慕われ、参禅する者が絶えなかった。

伽藍配置は鎌倉末期に整備され、総門・三門（山門）・仏殿・法堂《はっとう》・方丈《ほうじょう》が一直線に並ぶ典型的な禅宗様式を踏襲する。ただしたびたび火災にみまわれ、創建当初の建築は残されていない。なお国宝の舎利殿は他所からの移築である。塔頭は現状では19だが、最盛期には42の多くを数えた。

北条氏の滅亡後、衰微した時代もあったが、江戸時代になると復興を遂げた。ちなみに徳川家康は円覚寺を優遇し、第一位の建長寺を上回る寺領を寄進している。

明治維新の動乱をへて、ほかの寺が衰退したのとは逆に、円覚寺は発展する。わずか32歳で管長に就任した釈宗演《しゃくそうえん》（1860〜1919）が、近代禅の開拓者となり、「ZEN」を世界に広めたのである。影響は禅界にとどまらない。参禅した夏目漱石をはじめ、日本の精神界や文化界に多大の影響をあたえた。その結果、円覚寺は日本で最も有名な寺の一つとなっている。

鎌倉五山
第三位

寿福寺

臨済宗建長寺派

創建は源頼朝が没した翌年の1200（正治2）年で、その菩提を弔うために創建されたと伝えられる。開山は栄西《ようさい》、開基は北条政子、本尊は宝冠釈迦如来。

創建当時は七堂伽藍と14の塔頭を有する大寺院だった。ただし、禅寺として姿を整えたのは鎌倉時代の後期らしい。

境内北側のやぐら（横穴式の納骨窟）には北条政子、その隣には鎌倉幕府第3代将軍である源実朝の墓と伝わる五輪塔《ごりんとう》がある。

鎌倉五山
第四位

浄智寺

臨済宗円覚寺派

創建は鎌倉時代後期の弘安年間（1281年頃）。第5代執権の北条時頼の三男だった北条宗政《むねまさ》の菩提を弔うために建立されたと伝えられる。開山は南洲宏海《なんしゅうこうかい》（?〜1303）・大休正念《だいきゅうしょうねん》（1215〜1289）・兀庵普寧《ごったんふねい》（1197〜1276）、開基は第10代執権の北条師《もろ》時《とき》、本尊は阿弥陀如来・釈迦如来・弥勒如来の三世仏で、それぞれ過去・現在・未来を象徴する。最盛期には七堂伽藍を完備し、11の塔頭があったという。創建当時は中国からの渡来僧も数多く、開山の大休正念と兀庵普寧もその例だった。

鎌倉五山
第五位

浄妙寺

臨済宗建長寺派

創建は1188（文治4）年、開山は禅密兼修の僧侶で、鶴岡八幡宮寺の供僧《ぐそう》（※）でもあった退耕行《たいこうぎょう》勇《ゆう》（1163〜1241）、開基は足利義兼《よしかね》、本尊は釈迦如来。ただし創建の当初は極楽寺と称する真言宗の寺で、正嘉年間（1257〜1259）頃に蘭渓道隆の弟子の月峰了然《げっぽうりょうねん》（生没年不詳）が住持に就任して臨済宗にあらため、浄妙寺に改称した。

日本史上では1351（観応2／正平6）年に浄妙寺境内の延福《えんぷく》寺《じ》に、兄の足利尊氏との抗争に敗北した足利直義《ただよし》が幽閉され、翌年の2月に急死した事件で知られる。

供僧：神社部門を管理する僧侶。

比叡山と高野山

同じ霊山とはいっても、比叡山と高野山では異なる点も少なくない。

まず、古代・中世を通じて日本の中心だった京都（平安京）との距離が大きく異なる。京都市内と比叡山の間は徒歩で日帰りも可能だが、高野山になるとそうはいかなかった。河川の舟便が利用できるなど、交通路が整備された平安末期以降でも最短で片道3〜4日くらいは必要だった。つまり比叡山は郊外だが、高野山は山のまた山の彼方にある遠隔地である。

この差は非常に大きく、場合によって、プラスにもマイナスにもなった。たとえば戦国時代、織田信長は近くの比叡山は焼き討ちできたが、遠くの高野山攻略は諦めざるをえなかった。後継者の豊臣秀吉も高野山は攻略できなかった。逆にいえば、高野山は食糧を運び込むにも大変だった。

その点、比叡山は問題がなかった。また比叡山の僧侶は、日本最大の消費地だった京都から酒税をはじめ、多額の金品を徴収できたが、高野山の僧侶にそんなことはまったく無理だった。その結果、経済力に大きな差が生じたことは否めない。

そもそも自然条件が異なる。山容でいえば、比叡山が文字どおり山なのに対し、高野山は山上の平地だ。したがって比叡山の伽藍が東塔・西塔・横川《よかわ》の三ヵ所に分散しているのに対し、高野山の伽藍はおおむね東西方向に並んでいる。このことは比叡山に『法華経』信仰・密教・浄土教など多様なタイプの仏教が共存してきたのに対し、高野山では真言密教以外のタイプの仏教が育まれなかった歴史と関わる。

気候も異なる。冬季の寒さは高野山のほうがはるかに厳しい。高野山の発展が遅れた原因の一つも、寒気の厳しさゆえだったと指摘されるほどだ。湿気も多く、病にかかりやすかったという。その反面、自然の力を実感できて、真言密教の修行の場としては抜群だった。さすが空海が選んだ聖地だけのことはある。

以上の要素から比叡山は全山を、いわばキャンパスとする総合仏教学院の役割を演じた。この点で、日本の歴史にあたえた影響は比叡山のほうがずっと大きい。一方、高野山はもともとあった霊山としての性格をさらに濃くしていき、日本第一の霊場、この世の浄土とみなされることになった。

今もなお、高野山の奥之院は日本最大の墓所として名高い。四国遍路八十八ヵ所巡礼の最終目的地が高野山とされることも、霊場としての高野山の面目躍如たるものがある。

曹洞宗の本山

永平寺

山深い道場で継承される道元の禅の教え

ほかの宗派を兼修せず、ひたすら悟りを求め修行に徹する禅を純粋禅という。日本人としてこのタイプの禅を最初にめざしたのが、道元（1200〜1253）である。道元は南宋に留学し純粋禅を修学して帰国した。初めは建仁寺に住し、次いで深草《ふかくさ》（京都市伏見区）に興聖寺《こうしょうじ》を建立して弟子を養成し、かたわら説法と著述につとめた。しかし、旧仏教を代表する比叡山延暦寺の僧徒から迫害され、新天地を求めることとなる。

道元はかねて帰依されていた波《は》多野義重《たのよししげ》に請われ、越前国志比庄《しひのしょう》に入った。義重は鎌倉幕府の有力な御家人だった。本拠地はその名が示すように、現在の神奈川県秦野市の近辺だが、越前にも地頭《じとう》領をもっていて、そこに道元を招いた。道元は帰国に際し、師の天童《てんどう》如浄《にょじょう》から「国王大臣に近づかず、深山幽谷《しんざんゆうこく》にて仏の道を行じ、仏の弟子を育てよ」とさとされていたこともあって、招きに応じた。当初、白山信仰と縁の深い天台宗の吉峰寺《よしみねでら》に住したものの、山深く往来に不便で、新たな宗教運動の拠点とするには適していないと考えたらしい。

そこで翌年の1244（寛元2）年、やや里に近い土地を選び、傘《さん》松峰大佛寺《しょうほうだいぶつじ》を建立した。これが永平寺の開創であり、1246（寛元4）年に、山号寺号を吉祥山《きちじょうざん》永《えい》平寺《へいじ》とあらためた。寺名は、中国に初めて仏教が伝えられた後漢の明帝《めいてい》のときの元号「永平」に由来する。本尊は釈迦如来・弥勒仏・

DATA

◆創建
1244（寛元2）年

◆開山
道元

◆本尊
釈迦如来、弥勒仏、阿弥陀如来

◆所在地
福井県吉田郡永平寺町

◆主な文化財
普勧坐禅儀、紙本墨書高祖嗣書、仏殿など

阿弥陀如来の三世仏である。寺域は約10万坪にも及ぶ。

宗門対立による衰退から復興へ

　永平寺に住して約10年、道元は1252（建長4）年の夏頃から体調を崩した。翌年に永平寺を後継者の孤雲懐奘《こうんえじょう》（1198〜1280）にゆずり、自身は京都に帰って治療に専念する。

　3世の徹通義介《てっつうぎかい》（1219〜1309）のとき、「三代相論」という、教団の方向性をめぐって論争が起こった。道元の教えを忠実に守ろうとする派と、教団を維持するために民衆の教化が欠かせないと考え規則を変更しようとする派が、激しく対立したのである。結果的に民衆教化派の義介が永平寺を離れ、後にこの法系は總持寺《そうじじ》を拠点に曹洞宗内の最大の勢力に発展することになる。この対立で永平寺は急激に衰え、廃寺に近い状態になったようだ。寺勢が復興したのは、越前大野の宝慶寺《ほうぎょうじ》の義雲《ぎうん》（1253〜1333）が、5世に就任してからである。

　1372（応安5）年、後円融《ごえんゆう》天皇から「日本曹洞第一道場」の勅額と綸旨《りんじ》を受けたほか、後陽成《ごようぜい》天皇からも同様の綸旨を受けている。1615（元和元）年には、徳川幕府より法度《はっと》が出され、總持寺とともに曹洞宗の大本山となった。鎌倉〜室町時代の伽藍はたび重なる災禍で失われ、現存の堂宇はことごとく近世の再建になる。

伽藍の配置

●永平寺の七堂伽藍

永平寺は僧たちが僧の神髄を学ぶ修行の道場。中心となる七堂伽藍は、仏像の五体（坐禅を組む僧という説も）になぞらえて配置されている。

曹洞宗の本山

總持寺

永平寺から離脱後、民衆の帰依により拡大

永平寺三世の徹通義介《てっつうぎかい》（1219〜1309）が「三代相論」の後、永平寺を離れて金沢の大乗寺に移ったとき、弟子の瑩山紹瑾《けいざんじょうきん》（1268〜1325）も師に従って大乗寺に移った。義介は道元が開創した教団を発展させるためには民衆の支持が欠かせないと考えていたので、寺内の僧侶を指導するだけでなく、在家の人々を教化することにも力を入れた。

瑩山紹瑾もその方針を継承し、あまたの弟子を養成するとともに、一般人への布教活動にもすこぶる熱心であった。寺外における呪術的な行為（加持祈禱《かじきとう》）を、永平寺に残った派が厳禁したのに対し、求めがあれば、それが邪悪な目的でない限り柔軟に応じた。その結果、教団の勢力は大きく伸びていった。

總持寺《そうじじ》の前身は、真言律宗の諸《しょ》嶽《がく》観音堂（現在の石川県輪島市門《もん》前町《ぜんまち》）である。その名のとおり古来、観音信仰の霊場として広く知られ、禅定印（瞑想印）を結び、僧衣を着用するという異形の観世音菩薩像を本尊に祀っていた。1321（元亨《げんこう》元）年、瑩山紹瑾は58歳のとき、この諸嶽観音堂をゆずられ、禅寺に改めたうえ、寺号も總持寺と改称した。

仏法が満ち満ちた聖地、将来を見据えた移転も

「總持」はサンスクリット（梵語）の「ダーラニー（陀羅尼）」を意訳した「總摂任持《そうしょうにんじ》」を縮めた語で、聖なる呪文・善法の保持・精神の

DATA

◆創建
1321（元亨元）年

◆開山
瑩山紹瑾

◆本尊
釈迦如来

◆所在地
神奈川県横浜市鶴見区

◆主な文化財
絹本著色瑩山紹瑾像、紙本著色提婆達多像、仏殿、三松関など

集中などを意味する。瑩山紹瑾は「仏法が満ち満ちている聖地」という意味で、總持寺と改称したのであろう。翌年の1322（元亨2）年には後醍醐天皇から「曹洞賜紫《しし》出世第一の道場」の綸旨を受けて勅願所となり、すなわち官寺に列せられ、曹洞宗の大本山を公称した。1615（元和元）年、徳川幕府より法度《はっと》が出され、永平寺とともに、曹洞宗の大本山となる。全盛時には70あまりの伽藍をそなえ、日本全国に1万3000にも及ぶ法系寺院を擁して、大いに繁栄した。

ところが1898（明治31）年、火災で伽藍の大部分を焼失してしまう。これを契機に1911（明治44）年、神奈川県横浜市鶴見区鶴見2丁目の現在地に移転した。近代化のさなかにある日本の将来を見据え、曹洞宗の今後を考えたとき、首都東京そして海の玄関にあたる横浜の至近に拠点をもつことの意味ははなはだ大きかったと思われる。英断と評価すべきであろう。

寺域は約15万坪にも達する。本尊は釈迦如来像。この本尊を祀る仏殿よりも、道元と瑩山紹瑾をはじめ、歴代宗祖の頂相《ちんぞう》（肖像画）を安置し、尊牌《そんぱい》（位牌）を奉祀する大祖堂《だいそどう》が大きく、よく目立つ。その理由は、大祖堂が法堂（修行僧に対する説法の場）と開山堂を兼ねていることにある。堂内の配置は、中央に開山の瑩山紹瑾、向かって右に道元、左に總持寺二祖の峨山《がさん》となっている。石川県の旧本山は、總持寺祖院と改称され、現在に至っている。

伽藍の配置

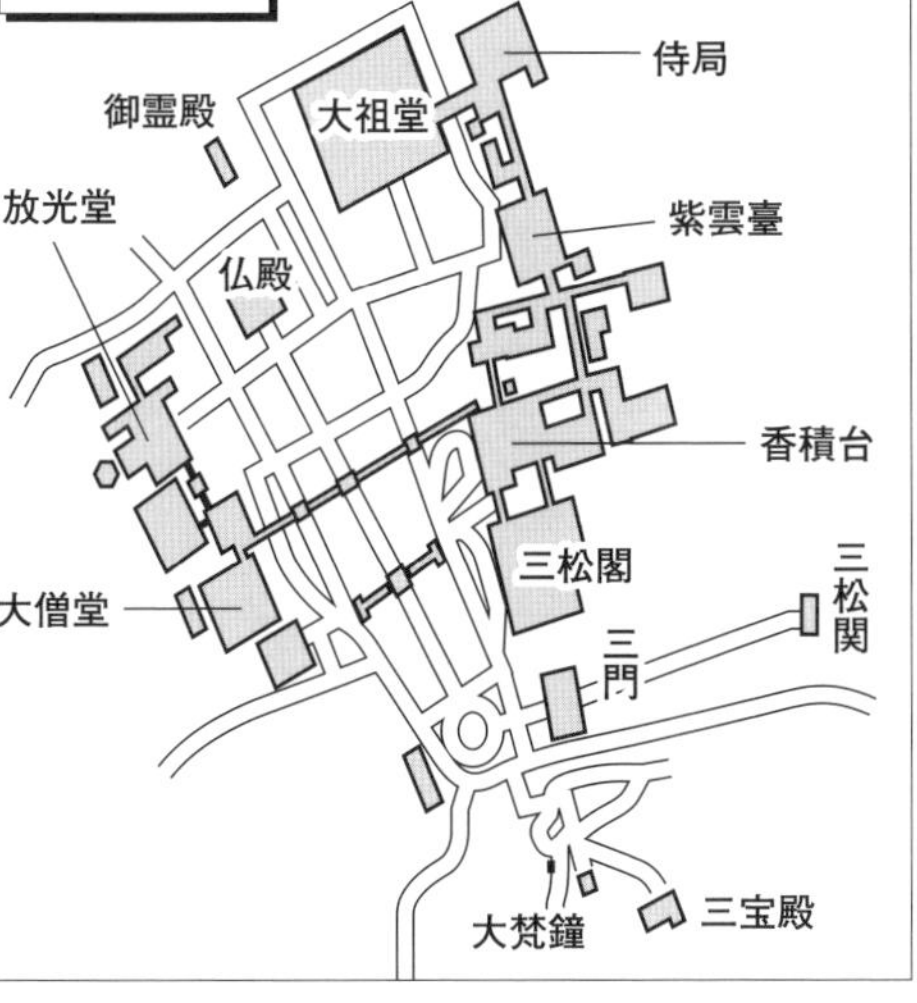

黄檗宗の本山

萬福寺

DATA

◆創建
1661（寛文元）年

◆開山
隠元隆琦

◆本尊
阿弥陀如来

◆所在地
京都府宇治市

◆主な文化財
主要建物23棟、紙本淡彩西湖図4幅、紙本著色隠元隆琦像など

中国禅の正統を自任する隠元が開いた寺院

開山の隠元隆琦《いんげんりゅうき》（1592〜1673）は明代末期の中国仏教界にあって、高僧として知られていた。隠元が日本に渡来した発端は、空席が生じた長崎の唐人寺《とうじんでら》の住持に招請されたことにあった。

当初、隠元は弟子の也嬾性圭《やらんしょうけい》を派遣したが、彼の乗った船が遭難してしまったため、みずから20人とも30人とも伝えられる弟子とともに、1654（承応3）年7月5日、長崎に到着した。このとき隠元は63歳の高齢に達していた。

最初は長崎の興福寺《こうふくじ》、崇福寺《そうふくじ》、次いで摂津国富田《せっつのくにとんだ》（現在の大阪府高槻市）の普門寺《ふもんじ》に住した後、1660（万治3）年に江戸幕府から山城国宇治《やましろのくにうじ》（京都府宇治市）に土地をあたえられ、隠元のために新たに寺が建てられることになった。1661（寛文元）年に開創され、造営工事は将軍はもとより、諸大名の援助を受け、1679（延宝7）年前後にほぼ完成を見た。

隠元の生きた時代の中国は、漢族王朝の明が異民族王朝の清に滅ぼされていく過程にあった。その反動から一種の国粋主義とも絡んで、隠元は中国禅の正統な後継者を自負して臨済正宗と称した。

中国様式で造られた稀有な伽藍が特徴

ところが同じ臨済宗でも、日本に根付いていた臨済宗はおおむね南宋〜元時代の宗風や清規《しんぎ》（規範）にもとづいていたので、隠元がもたらした明末期の臨済宗とはかなり異なっていた。宗義は臨済禅に

華厳宗と天台宗と浄土教が融合した「混淆禅《こんこうぜん》」であり、読経も「黄檗唐韻《おうばくとういん》」と呼ばれる明時代の中国語発音で行われてきた。したがって臨済宗を名乗るわけにいかず、住職だった黄檗山萬福寺《おうばくさんまんぷくじ》にゆかりの黄檗宗を名乗った。全盛期は塔頭が33を数え、末寺も1000以上あって、大いに繁栄した。

伽藍配置は、隠元以前に成立した日本臨済宗が南北であるのに対し、東西を基本軸とする。軸線上に左右対称に諸堂が配置される点は変わらない。総門・三門・天王殿《てんのうでん》・大雄寶殿《だいおうほうでん》・法堂が並び、その間は回廊で結ばれている。本堂にあたる大雄寶殿の前にある天王殿は日本では滅多に見られない様式の堂宇で、中には太鼓腹の布袋像が安置されている。布袋は唐末期に実在した僧侶といわれ、中国仏教では弥勒菩薩の化身とみなされてきた。

これらは日本の寺院建築とは異なり、中国の明末期の様式で造られ、材料も南方産のチーク材が多用されている。細部のデザインや装飾も、いわゆる日本風ではない。日本の禅宗寺院もほかの宗派に比べれば中国風だが、それに比べても萬福寺の中国的な造形センスは際立つ。中国色といえば、精進料理も特徴的で、普茶《ふちゃ》料理と呼ばれ植物油を多く用いて料理し、大皿に盛って取り分けて食べる。

■萬福寺の伽藍の特徴

大雄寶殿
チーク材を使用した建造物。左右に円窓がある。

天王殿
四天王、弥勒菩薩、韋駄天《いだてん》を祀る。×形の組み子を入れた欅勾欄《たすきこうらん》も特徴的。

総門
中央の屋根を高くし、左右を一段低くした中国門の牌楼《ぱいろう》式が用いられる。

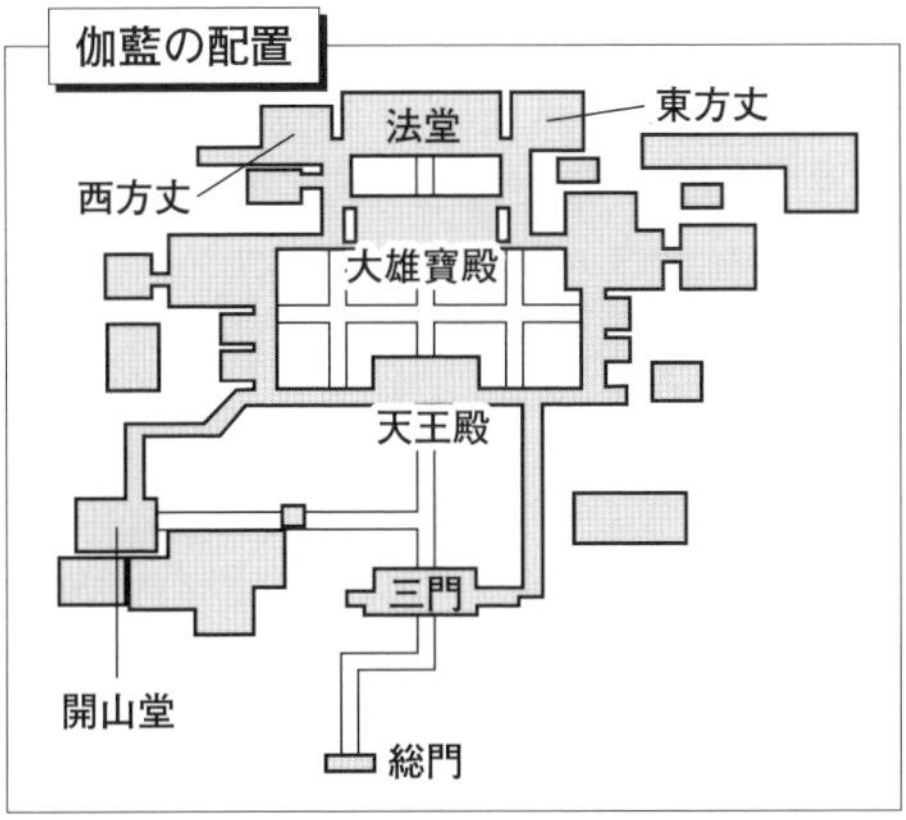

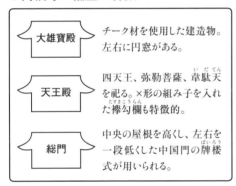

日蓮宗の本山

久遠寺

DATA

◆創建
1274(文永11)年

◆開山
日蓮

◆本尊
大曼荼羅

◆所在地
山梨県南巨摩郡身延町

◆主な文化財
絹本著色夏景山水図、絹本著色釈迦八相図、宋版礼記正義など

日蓮が晩年を過ごし、墓所に選んだ身延山

日蓮宗には宗派を代表する寺院が二つある。一つは山梨県南巨摩《みなみこま》郡《ぐん》身延町《みのぶちょう》の久遠寺《くおんじ》で、日蓮(1222~1282)の「どこで死のうと、墓は身延の沢にもうけよ」の遺言どおりに日蓮の遺骨を祀り、総本山(祖山)とされる。もう一つは東京都大田区の池上本門寺《いけがみほんもんじ》で、日蓮が入滅した場所に建ち、宗派を運営するのに必要な実務を担当する宗務院が設置されている。

日蓮と久遠寺の縁は、佐渡への流刑を終えて、1274(文永11)年に甲斐国波木井《はきい》郷(現在の南巨摩郡身延町)を領地とする地頭の南部実長《なんぶさねなが》(波木井《はきり》実長)から招かれ、身延山の南にそびえる鷹《たか》取山《とりやま》のふもとの西谷《にしだに》に草庵をかまえたことから始まる。それまで日蓮の生涯は激越な主張とそれに対する苛酷な弾圧というパターンを繰り返してきたが、この地に入ってからは一転する。激しい言動を控え、『法華経』信仰にもとづいて日本国の安穏を祈るとともに、弟子の養成など、未来を見据えた措置に重きをおくようになった。その証拠に、日蓮の論考や書翰《しょかん》(遺文《いぶん》・御書《ごしょ》・御妙判《ごみょうばん》)の三分の二ほどは身延山で書かれ、信仰対象とされる大曼荼羅《だいまんだら》(御曼荼羅《おまんだら》)もそのほとんどが身延で描かれた。

檀信徒からの援助を受け、『法華経』信仰の中核に

日蓮が熱烈な信仰をささげた『法華経』は、ブッダがインドの霊鷲山《りょうじゅせん》という聖地で説いたとされる。日蓮は身延山を霊鷲山に見立

て、信仰の中核とした。

当初の草庵は1281(弘安4)年に廃され、十間四面の大坊が建立された。このとき日蓮がみずから「身延山妙法華院久遠寺《みのぶさんみょうほっけいんくおんじ》」と命名するなど、本格的な寺院としての姿が整い始める。生活をともにしつつ養成する弟子たちの数は40～60人にも及んだ。その衣食は各地の檀信徒からの援助に支えられていたが、山深く交通不便な土地ゆえに、ときには風雪などで運搬できず、一同が餓死寸前の状態に追い込まれたこともあった。日蓮も「はらのけ」、つまり栄養不良や寒気の厳しさゆえの消化器官の不調に悩まされた。

その後の久遠寺は徐々に拡大し、室町時代の1475(文明7)年には、伽藍が手狭になった西谷から現在地に移転されている。戦国時代には門前町が形成され、江戸時代には徳川氏をはじめ諸大名の帰依を受け、大いに興隆した。

理由の一つは、同じ日蓮宗でも教義が本門寺より柔軟だったことに求められる。江戸中期の1712(正徳2)年の時点では山内に133もの坊があった。ただし現在の姿は1875(明治8)年1月の大火災から復興したものである。

身延山に入ってからの日蓮

長い迫害の末、身延山に入った日蓮。晩年はここで、9年間の隠棲生活を送った。

1274(文永11)年、佐渡流刑を解かれ、身延山に入山。

↓

『法華経』の読誦と弟子たちの教育につとめながら、多くの書翰などを残す。

↓

1282(弘安5)年、武蔵国池上(現在の東京都大田区)にて入滅。

伽藍の配置

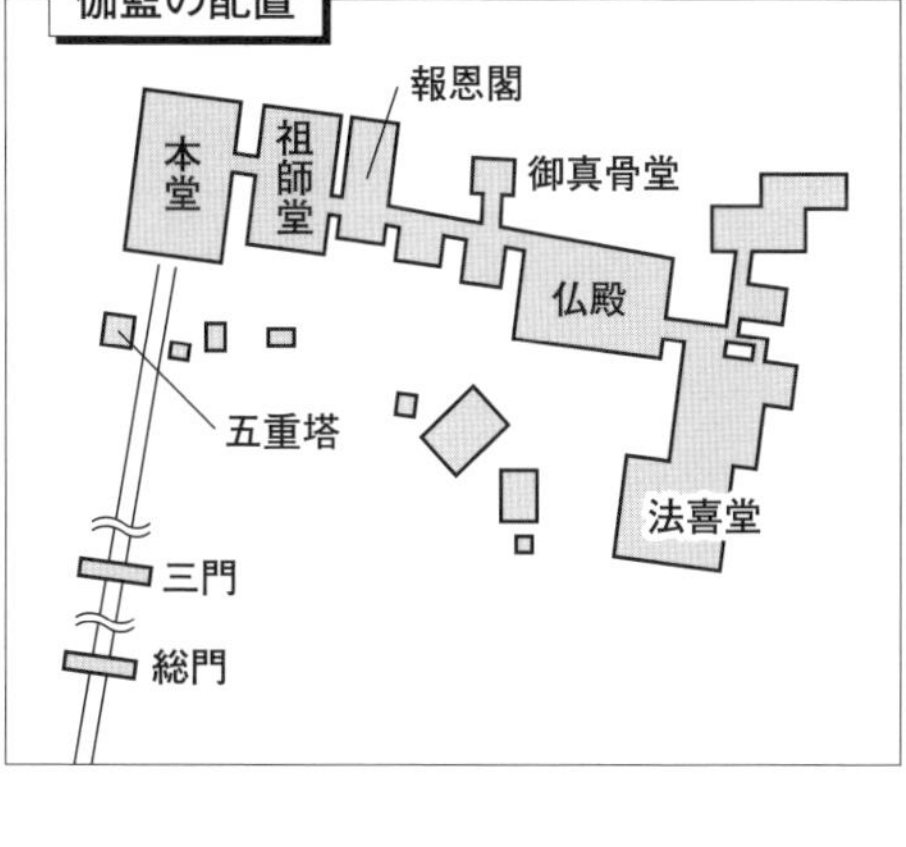

日蓮宗の本山

池上本門寺

日蓮入滅の霊地とし、『法華経』にもとづき建立

1282（弘安5）年9月8日、病身の日蓮は湯治治療のために身延山を出て、常陸国《ひたちのくに》（茨城県）へ向かった。しかし、武蔵国池上郷（東京都大田区池上）の池上宗仲《いけがみむねなか》の館（本門寺子院の大坊本行寺《だいぼうほんぎょうじ》の境内）に到着したところで病は重くなり、この地で最期を迎えることとなった。

日蓮は入滅の直前まで『立正安国論《りっしょうあんこくろん》』を講義し、後継者として六老僧(※)を指名するなど、思想と実務の両面で自身の死後に備えている。10月13日に日蓮が入滅すると、弟子たちによって葬送の式がいとなまれ、遺言どおり遺骨は身延山へ納められた。

宗仲は鳩摩羅什《くまらじゅう》訳『法華経』の字数の6万9384に合わせて、6万9384坪を寺領として寄進し、寺院が建立されるに至る。一説には、館の背後の山上に建立された堂宇を、死を間近にした日蓮が開堂供養し、長栄山《ちょうえいざん》本門寺と命名したのが本門寺の起源とも伝わる。本門寺の「本門」は、『法華経』を前後半に分け前半を「迹門《しゃくもん》」、後半を「本門」と称し、「本門」にこそ『法華経』の真意が秘められているという認識にもとづく。

本門寺は宗仲によって六老僧の一人の日朗《にちろう》（1245〜1320）にゆだねられ、日蓮入滅の霊跡として伽藍が整備されていった。七回忌にあたる1288（正応元）年には大堂《だいどう》（祖師堂《そしどう》）に奉安されている木造日蓮聖人坐像（重要文化財）が、六老僧の日持《にちじ》（1250〜？）や日浄《にちじょう》（生没年不詳）

DATA

◆創建
1282（弘安5）年

◆開山
日蓮

◆本尊
大曼荼羅

◆所在地
東京都大田区

◆主な文化財
五重塔、宝塔、木造日蓮聖人坐像、兄弟抄（日蓮筆）など

六老僧：日蓮の門下である6人の高僧のこと。日朗以外に、日昭《にっしょう》、日興《にっこう》、日向《にこう》、日《にっ》頂《ちょう》、日持がいる。

の発願により造立された。本像は玉眼に彩色をほどこし、像高は84・8センチメートル。堂々たる容姿容貌を表現し、その胎内には日蓮の遺骨を納めた銅筒（蔵骨器）が安置されている。

関東武士の庇護を受け発展
日蓮の命日には「お会式」も

本門寺は鎌倉～室町時代を通じて、主に関東武士の庇護を受けて発展していく。その背景には、日本仏教の宗祖たちの中で、関東出身で関東を布教の場としたのは日蓮しかいないという要素もあったと思われる。

江戸時代になると、教義をめぐって身延山久遠寺と対立し、幕府から圧力を加えられるなど、ふるわない時期もあったが、それも長くは続かなかった。庶民の間に『法華経』信仰や宗祖信仰が広まったこともあって、大いに繁栄した。諸大名の後援も得て伽藍の整備もすすみ、池上一帯に大伽藍が林立した。とりわけ日蓮の命日にいとなまれる「お会式《えしき》」は、江戸庶民にとって信仰と娯楽が融合した一大イベントだった。

明治以降も60にも及ぶ堂宇を擁するなど、繁栄は続いた。しかし1945（昭和20）年4月15日の京浜地区南部空襲によって、五重塔・総門・経蔵・宝塔以外の建築物はことごとく焼失した。そのため、現行の伽藍は戦後の復興になるが、東京における最大級の規模を誇る寺院であり、一帯が都会離れした閑静な環境ということもあって、本門寺は今もなお多くの人々を集めている。

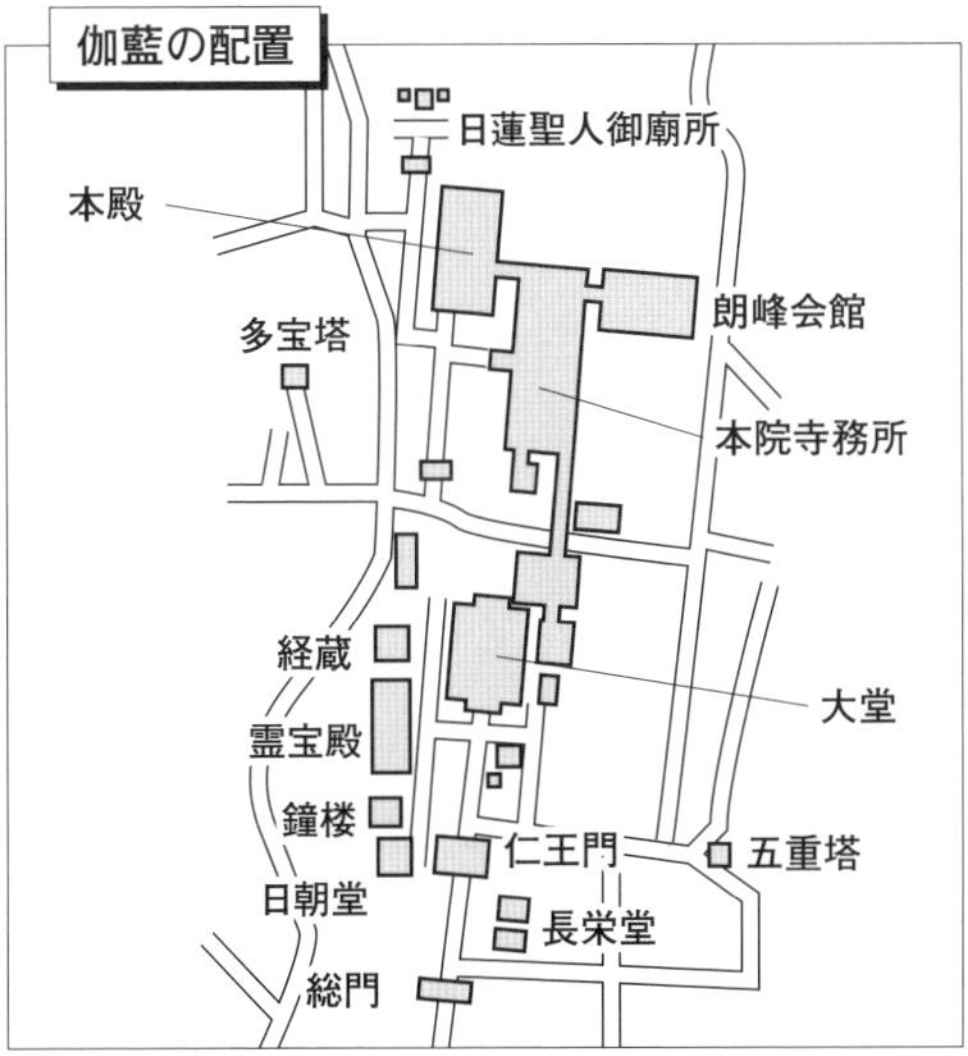

流行るお寺・つぶれるお寺

長い間、お寺と関わっていると、外には出てこない事情やひそひそ話に出会う。

昨今、仏教界にとって最大級の話題、というか問題は、お寺の将来である。ほかの業界でも騒がれているとおり、日本の人口は減り続けている。人口が減れば、モノが売れなくなる。仏教界でも葬儀や法事が減る。葬儀や法事が減れば、お寺に入るお金も減る。今でも経営状態がギリギリというお寺も少なくないから、これ以上減ったら、つぶれるしかない。現にそう遠くない将来、日本のお寺は半減するという予想もある。

しかし、そんな窮状にもかかわらず、檀家の数が増えているお寺がないではない。なぜ、特定のお寺だけ、檀家が増えているのか。私自身の体験からすると、檀家の数が増えている、つまり流行っているお寺には共通する要素があるようだ。

その第一は、何といっても、住職の人格である。人格的に立派、あるいは優れているる住職がいるお寺は檀家が減っていないどころか、むしろ増えている傾向が見られる。

立地はまず関係ない。立地条件が最悪に近いのに、流行っているお寺はたしかにある。宗派の違いもほとんど関係ない。

こうした事情の背景には、かつてに比べれば一般の方が自分の価値観によって、お寺を選べる機会が増えたことがある。地方ではそうもいかないだろうが、都会ではけっこう自由に選べるようになっている。そもそも都会に暮らす人々には、地方から出てきて、お寺と関わりをもたないケースも少なくない。こういう人々がお寺との関わりをもつきっかけは、やはりお墓だろう。

もちろん、お墓さえ確保できれば、あとはどうでも良いという人もあるだろう。でも、この際だからお寺と関わりをもとうとか、あるいは仏教についてもっと知りたいという思うことがあるかもしれない。すると、そのとき最も重要になるのがそのお寺の住職の人格という話になる。この場合、人格は誠実さと言い換えても良い。

そのほか、案外多いのがご祈禱の力に対する期待である。ご祈禱なんて、迷信だ、非科学的だ、という声もよく聞くが、心の底では頼っている人がかなりいる。ただし、ご祈禱の力がある住職は、どういうわけか人格的に偏っていることがあるので、この点は注意が欠かせない。

突飛なことをしたりして、受けを狙う住職もいる。この種のことは一時的には成功するかもしれないが、長続きしない。目立ちたがりの住職も、敬遠したほうが無難だ。

13宗派の教え・宗祖・歴史

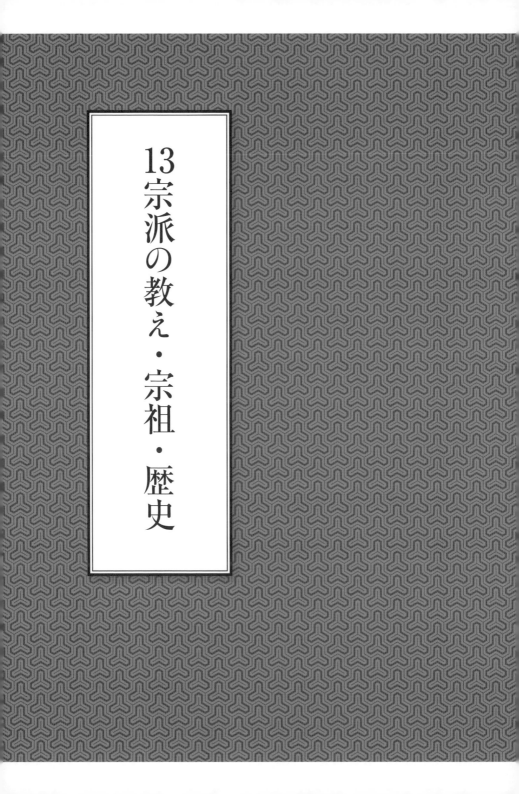

法相宗

ヨーガ修行でアーラヤ識を理解する

すべての事物は「識」が生み出した虚妄

法相宗という宗派名は、この宗派の目的が「諸法《しょほう》（ありとあらゆる存在）」の「性相《しょうそう》（本質と現象）」を明らかにすることにあるからだ。歴史をさかのぼれば、インド大乗仏教の二大学派の一方として、見解の異なる中観派《ちゅうがんは》と論争を繰り広げた瑜伽行唯識派《ゆがぎょうゆいしきは》の流れを汲む。この学派の主張によれば、実在するのは「（私たちの）識（心）」のみ、つまり「唯識」であり、私たちが認識しているありとあらゆる事物は、「識」が生み出した虚妄にすぎない。事物のありようには「妄想されたもの（遍計所執性《へんげしょしゅうしょう》）」と「他によるもの（依他起性《えたきしょう》）」と「完全に成就されたもの（円成《えんじょう》実性《じっしょう》）」の三つ（三性）が想定され、修行によって最高真理とされる「完全に成就されたもの」をめざす。

そのためには、人間の意識構造の最深部にひそむという「アーラヤ識（阿頼耶識《あらやしき》）」のはたらきを深く詳しく把握し、「識（心）」は実体としては存在せず、幻や焔のようなものにすぎないと見極める。この「アーラヤ識」こそ迷いの根源であり、同時に悟りの原資ともなる。これらの真理を「瑜伽行」、つまりヨーガ修行によって体得することをめざすので、瑜伽行唯識派と呼ばれる。

この学派はマイトレーヤ（弥勒）・アサンガ（無著《むじゃく》）・ヴァスバンドゥ（世親《せしん》）の三人によって基礎理論がきずかれ、この世のありとあらゆる存在はもとより、「識（心）」の存在さえ認めない中観派と対立して、論争を展開した。や

法相宗の教え・唯識論

原始仏教では、人間の心のはたらきは六つの要素に分かれるとされるが、法相宗の唯識論では、意識構造の最深部にある末那識とアーラヤ識を加えた八つの識によって、構成される。

表層意識

六識とも。原始仏教では人間の意識構造はこの六つの要素で成り立つとされた。→ 原始仏教でも説かれる

意識　観念

耳識《にしき》　聴覚

身識《しんしき》　触覚

眼識《げんしき》　視覚

舌識《ぜっしき》　味覚

鼻識《びしき》　嗅覚

↑ 表層意識を規定する

深層意識

心のはたらきは、表層意識（六識）の他に末那識とアーラヤ識を加えた、八識によって成り立つ。心の最深部にある末那識とアーラヤ識によって、表層意識が規定される。→ 法相宗で説かれる

末那識《まなしき》

迷いや煩悩の根源となる、自我の意識。

アーラヤ識

人間の行動や経験、知識などを納める場所。意識構造の最深部にあり、人間が世界として認識するすべては、アーラヤ識が生み出すとされる。そのため「根本識」とも。

がて瑜伽行唯識派の教えはインドに留学してこの学派を修学した三蔵法師こと玄奘《げんじょう》（602〜664）により中国に伝えられた。法相宗として成立したのは、玄奘の弟子の慈恩大師基《き》の時代だ。玄奘と基が唐の高宗皇帝から信任を得たこともあり法相宗は全盛を迎えた。

しかし高宗の皇后だった武則天《ぶそくてん》（則天武后《そくてんぶこう》）が唐を簒奪《さんだつ》して帝位につき、新たに周を建国すると、法相宗は急速に衰えはじめる。法相宗が衰えた原因は、いくつかある。理論が非常に複雑で中国人には理解しがたかったこと。本尊の盧舎那仏こそ全世界を統括する存在にほかならないという華厳宗の主張が、皇帝の独裁体制を正当化するのに利用できたのに対し、法相宗は政治性が希薄で、利用価値に乏しかったことなどである。

法相宗を日本に伝えた道昭のはたらき

日本への伝来は四伝（四つの系統）あったというが、後世に影響をあたえたのは第一伝と第四伝である。第一伝は道昭《どうしょう》（629〜700）による。653（白雉4）年、唐へ留学して玄奘のもとで修学し、帰国後に蘇我馬子が日本最古の寺として創建した飛鳥の法興寺（飛鳥寺）で布教活動を開始した。平城京が建設され、その右京に718（養老2）年、法興寺が移転して元興寺《がんごうじ》と名をあらためると、法相宗の拠点となった。この系列は元興寺伝あるいは南伝と呼ばれた。道昭が開創に関わった縁から、薬師寺も法相宗の寺とされた。

政治にも影響を与えた玄昉

第四伝は玄昉《げんぼう》（?〜746）による。735（天平7）年、18年の唐留学を終え帰国した玄昉は、聖武天皇に引き立てられ、宗教界にとどまらず、政治の領域でも影響力を行使した。結果、法相宗の主流は興福寺に移り、興福寺伝あるいは北伝と呼ばれた。やがて玄昉は権力闘争に敗れて失脚し非業の死を遂げたが、興福寺の優勢はゆるがなかった。ついには元興寺系の法相宗を吸収して一本化し、興福寺はもっぱら法相宗のみを修学する一宗専攻の寺となった。

学問仏教の性格が濃いといっても、奈良時代の僧侶は学問研究だけに終始することは許されなかった。社会への貢献手段として、鎮護国家や病気平癒、五穀豊穣を祈る呪術的な能力もあわせて求められたからだ。そのため法相宗の僧侶たちは、興福寺系は室生寺《むろうじ》で、元興寺系は吉野の比羅山寺で、密教的な修行に励んでいた。そして空海が登場するにおよび、奈良仏教が真言宗と親しい関係になった背景にはこんな事情があった。

南都六宗で最も興隆をきわめた法相宗

8～9世紀頃の奈良仏教界では、法相宗がほかの宗派をはるかに超える実力を保っていた。その証拠に平安初期に最澄が天台宗を、空海が真言宗を、それぞれ開いたとき、この二人が最も注意していたのは法相宗の動向だった。現に最澄は、その頃の法相宗を代表する学僧の徳一《とくいつ》と、万人が悟りを得られるか否かをめぐって大論争を繰り広げている。

法相宗の難問は徳一と最澄が論争になったように、法相宗の教義では、永遠に悟りを得られない者がいるとされた点である。この点が大乗仏教の本義にもとると批判され、法相宗は真の大乗仏教ではないという意味で「権大乗《ごんだいじょう》」ともいわれた。この場合「権」は「仮」を意味する。もっとも日本の法相宗は次第に教義をあらため、中世の段階ではすべての人が成仏できると主張するようになる。

なお、1882（明治15）年、法相宗は興福寺と法隆寺が大本山となったが、このうち法隆寺はそれまで真言宗に属していた。さらに法隆寺は第二次世界大戦後の1950（昭和25）年には聖徳宗を称して、法相宗から離脱している。京都の清水寺は創建当初は法相宗に属し、平安中期からは法相宗と真言宗を兼宗していた。明治前期に真言宗から法相宗にもどり、1965（昭和40）年には北法相宗を立宗して法相宗から独立している。したがって現時点では、興福寺と薬師寺が法相宗の大本山となっている。

法相宗
知っておきたい名僧列伝

玄昉《げんぼう》

――日本仏教に多大なる功績を残す

玄昉（?～746）は717（養老元）年、学問僧として唐に留学し、法相宗の教学を身につけた。その能力は抜群で、玄宗《げんそう》皇帝に才能を認められ、国家の上級官職に相当する三品《さんぼん》（※）に準じて紫の袈裟を下賜されるという破格の待遇を受けたほどである。帰国に際しては、唐に伝来した仏典をすべて網羅した書物で、今でいうなら仏典データベース最新版にあたる『開元釈教録《かいげんしゃっきょうろく》』およびそこに掲載されている仏典5000巻を持ち帰った。これまた今でいうなら、先進国のハイテクマニュアルを一括して持ち帰ったに等しい。このことは日本仏教の歴史にとって、最大級の貢献といっていい。また唐の仏教界で盛んに実践されていた密教系の修法も持ち帰っている。

帰国後に玄昉が台頭できた背景には、理由がいくつかあった。直接的には、聖武天皇の実母の宮《みや》子《こ》の病を癒したことが大きかった。宮子は天皇を産んだ直後から精神系の病にかかり、面会もかなわなかった。そんな母を癒し、晴れて面会できたということで、玄昉は天皇から絶大な信任を得た。そのほかにも、すでに指摘したとおり、密教系呪術の能力にも卓越していたこと。一緒に留学していた吉備真備《きびのまきび》（※）とともに、橘諸兄《たちばなのもろえ》（※）の政権の中心となって、政局を左右できたこと。唐の最

三品：唐の位階の第3位（日本の三位に相当）。
橘諸兄・吉備真備：奈良時代、権勢をふるっていた藤原不比等の4人の息子（藤原四兄弟）の没後、橘諸兄が政権を牛耳った。その際、諸兄に重用されたのが吉備真備で、玄昉とともに諸兄政権を助けた。

新流行の文化を体現する人物として、支配階層の人々から高く評価されたことなどがある。しかし、玄昉と吉備真備の政治参画はやがて破局を迎える。二人を君側の奸として排除することを求めて、藤原広嗣が九州で反乱を起こしたのである。（藤原広嗣の乱）反乱そのものは、二か月ほどで終息したが、既得権を維持しようとする藤原氏などが藤原広嗣の乱を奇貨として、玄昉と吉備真備に対する攻撃を開始した。

それでも聖武天皇の信頼は簡単にゆるがず、その庇護を受けて、玄昉は地位をもちこたえたが、5年後、ついに失脚した。大宰府の観世音寺に左遷され、おそらく暗殺という悲惨な最期を遂げている。

一説には、国分寺・国分尼寺の創建、大仏の造立などの発案者は玄昉だったという。ともすると悪僧伝説に惑わされがちだが、玄昉が日本仏教に果たした多大な功績は、正しく評価されるべきであろう。その点で言えば、興福寺が玄昉を法相祖師の一人として列しているのは、みごとな見識である。

ちなみに奈良市内にある頭塔《ずとう》というピラミッド状の構築物は、殺された玄昉の頭部を葬ったゆえに、頭塔と名付けられたという伝承が残る。

奈良
仏教系

華厳宗

多層的で壮大な世界観

『華厳経』をもとに成立し唐時代の中国で大成

華厳宗は『華厳経』の思想にもとづいて成立した宗派である。『華厳経』は規模の大きな経典であり、部分的には1世紀頃から成立しはじめ、全体が集大成されたのは4世紀頃とされる。現在の中国の西端に位置し、シルクロードの拠点として栄えたホータンという都市において編纂されたという説が有力だ。漢訳本は三つあり、一つは東晋時代の418〜420年に、もう一つは唐時代の695〜699年に訳出された。

この経典の教主（本尊）は毘盧《びる》遮那如来《しゃなにょらい》（ヴァイローチャナ）もしくはその略称の盧舎那仏《るしゃなぶつ》と呼ばれる。その出自をさかのぼっていくと、イラン系宗教で崇められていた光明の神、アスラとの関係もあるらしい。52ページでも述べたとおり、この如来は、歴史上に実在した釈迦如来（ブッダ）とも、神話的な存在として登場した阿弥陀如来とも異なり、真理そのものを象徴化し具現化した法身《ほっしん》と呼ばれるタイプの仏に位置づけられる。法身は絶対の真理そのものなので、時間や空間に限定されない。この宇宙そのものでもある。『華厳経』は「法界《ほっかい》」と呼ばれる絶対真理の領域が実在すると説くが、法身はその法界そのものでもある。

要するに毘盧遮那如来は、ほかの如来たちとは比べようもないほど、超越的な存在なのである。世界創造はしないものの、ほかの点では一神教の神に近いとすらいえる。

華厳宗の教え　重々無尽の縁起

真理そのものを表し、宇宙そのものでもある法界は、4つに分かれるとされる。これらは相互関係にあり、調和を保ちながら存在している。華厳宗では、事事無礙法界を理想の世界とする。

4つの法界

事法界《じほっかい》
目で見ることができる、事象の世界。

理法界《りほっかい》
真理の世界。

理事無礙法界《りじむげほっかい》
事象と真理が融合しあう世界。

事事無礙法界《じじむげほっかい》
事象と事象が融合し、調和している世界。

↓

華厳宗の理想の世界

『華厳経』が説きあかす世界は、「蓮華蔵《れんげぞう》世界《せかい》」と呼ばれる。毘盧遮那如来の過去における誓願と修行によって、浄らかに荘厳された世界であり、生きとし生けるものすべてに、真理の法が説かれる場でもある。その構造はきわめて壮大かつ多層的だ。

また「重々《じゅうじゅう》無尽《むじん》の縁起」とも表現される。全宇宙のありとあらゆる事物が互いに交じりあい、生き滅し転じ変じているという意味である。さらに「一即多《いっそくた》、多即一《たそくいち》」あるいは「一即一切《いっそくいっさい》、一切即一《いっさいそくいち》」という表現に象徴されるように、一の中に多があり、多の中に一がある。一の中にすべてがあり、すべての中に一がある。『華厳経』はそう主張する。

『華厳経』の簡略版とされる『梵《ぼん》網経《もうきょう》』では、こうも説かれている。世界は千葉《せんよう》の蓮華からなり、その一葉一葉に100億の須弥山《しゅみせん》と四《し》大洲《だいしゅう》などがある。毘盧遮那如来はこれらの根源として、蓮華の中央上に坐し、みずからの身体を1000体の釈迦如来に変化させて、蓮華の一葉一葉に出現させる。さらに、その釈迦如来は100億の成道前の釈迦となって、人間が住む南贍部洲《なんせんぶしゅう》(※)にある菩提樹の下に現れ、法を説くという。

　このような教学を大成したのは、唐時代の前期に登場した法蔵《ほうぞう》(643〜712)であった。彼は、中国史上唯一の女帝となった武則《ぶそく》天《てん》(則天武后《そくてんぶこう》)からあつく信任された。理由の一つは、先に説明した思想が、世界をたった一人の皇帝が統治するという政治制度を正当化するのに、非常にうまく利用できたからだった。

奈良の大仏で著名な良弁が華厳宗の発展に貢献

　日本へは、唐に留学して華厳宗を修学した道璿《どうせん》(702〜760)によって伝えられた。道璿の弟子が良弁《ろうべん》(689〜773)である。良弁といえば、奈良の大仏である。

　唐の則天武后と同じように、華厳宗の思想に深い関心をいだいた聖武天皇が平城京に東大寺を建立し、そこに巨大な盧舎那仏像を造立するにあたり、多大の功績があった。事実、良弁は東大寺の初代別当(代表者)に就任し、大仏造立や国分寺・国分尼寺の建立に辣腕をふるった。大仏の造立に関しては、行基《ぎょうき》(668〜749)の活動も特筆されるが、それはあくまで「智識」、つまり官民あげての総動員という領域にとどまる。教理や現場の実務に相当する領域は、もっぱら良弁が仕切っていた可能性が高い。

　東大寺の大仏の場合、世界の構造は仏が坐す台座の大小蓮弁《れんべん》28枚に、線刻されている。この蓮弁だけはたび重なる兵火をまぬがれ、創建当初のおもかげをそのまま残している。

　蓮弁といっても大蓮弁の場合、弁底の幅は平均して3・5メートル、高さは2・2メートルもあり、その下には受け花があるので、全

南贍部洲:仏教の世界観で、四つの島(洲)のうち、南にある人間が住む洲のこと。閻浮提《えんぶだい》とも。

体で14メートルを優に超えるほど大きい。各蓮弁は3段からなり、上段には釈迦如来像と二十二菩薩像、中段には二十六行の平行線で示される諸天の世界、下段には大蓮弁には七つの、小蓮弁には三つの円がならぶ。その円の内部には、須弥山がその中心にそびえる仏教的な宇宙観が、詳細に描かれている。

そして、全体としては、『梵網経』が説くとおり、個々の世界に出現する一国一釈迦を千葉の釈迦が統合し、さらに千葉の釈迦を盧舎那仏が統合するという、壮大なシステムが表現されている。

このシステムは、天皇を頂点とする古代の律令制国家の理念とみごとに一致する。だからこそ、聖武天皇はこの理念を、全国に国分寺と国分尼寺を、平城京に東大寺を建立することで、現実化しようとつとめたのだった。

各時代に大きな影響をあたえ今なお続く華厳宗

いわゆる南都六宗は、時代の推移とともに衰退し、なかには消滅してしまう宗派も出てくるが、華厳宗は法相宗とならんで、後世においても大きな勢力をたもち続けた。とりわけ仏教の学術的な研究では、華厳宗が最も優れていた。たとえば鎌倉時代に、南都六宗に天台宗と真言宗を加えた八つの宗派の歴史と教学をすこぶる客観的に論述した『八宗綱要《はっしゅうこうよう》』は、華厳宗の学僧だった凝然《ぎょうねん》（1240～1321）の著作にほかならない。

その後も華厳宗の思想が秘める生命力は失われなかった。中世においては禅宗の理論的な核心となり、近現代においても西田幾多郎《にしだきたろう》をはじめ、日本を代表する思想家や哲学者に大きな影響をあたえてきたのである。

華厳宗
知っておきたい名僧列伝

明《みょう》恵《え》――万人から崇められた清僧

華厳宗の長い歴史を俯瞰するとき、今もなお深い関心を寄せられている人物の筆頭は、明恵（1173〜1232）である。京都の西郊に位置する栂尾《とがのお》の地を後鳥羽上皇からいただき、高山《こうざん》寺《じ》を建立して活動の拠点としたので、栂尾の上人とも呼ばれた。やや衰退していた華厳宗を復興したので、華厳中興の祖とたたえられている。とても魅力的な人格の持ち主で、上下貴賤《じょうげきせん》（身分の上下）を問わず、尊敬されていた。

明恵は、日本の宗教史上でも稀に見る美男だったらしい。しかし色恋沙汰とはまったく無縁で、清僧として知られている。すなわち戒律を堅く守った人物だった。僧侶として当然だが、実はこの時期の僧侶はほとんど戒律を守っていなかった。一説には当時の僧侶の8割が実質的に妻帯していたという。残りの大部分は男色《なんしょく》、つまり同性愛者だった。それどころか、最澄が書いたと信じられていた『末法燈明記《まっぽうとうみょうき》』には、今のような末世に生涯にわたり童貞を守るような僧侶は、悪魔の化身とさえ述べられている。

それくらい当時の仏教界は堕落していた。明恵はそういう時代の風潮にくみせず、本来あるべき僧侶としての生涯をまっとうしようとした。もちろん戒律の復興運動にも熱心だった。少年のときに父母を相次いで失い、16歳で出家。京都の神護《じんご》寺《じ》や奈良の東大寺に修学したが、僧侶たちの醜い争いに愛想をつかし、故郷の山中に籠もることもあった。

明恵は心の底から名利が嫌いだった。その代わり仏教の開祖、ブッダ（釈迦）に対する思慕は尋常ではなく、何回もインドに行こうと試みた。ところがいつも不測の事態が起こり、断念せざるをえなかった。たとえば1202（建仁2）年には、「春日権現験記絵《かすがごんげんげんきえ》」などによれば、春日大明神が橘氏の妙齢の女性に憑依して「愛しているから、行かないで！」と引きとめたため、諦めている。ちなみにこのときは、天井に舞い上がった女性の体から芳香が放たれ、降りてきてからその手足を皆が舐めると甘く、しかも病が治ったという。また故郷にほど近い島に恋慕して、島に恋文を書いたりと、かなり奇矯な行動も見られる。さらに自分が見た夢を詳しく記した『夢記《ゆめのき》』という書物を残していて、河合隼雄《かわいはやお》氏（日本の心理学者）をはじめ、精神医学者たちからも強い関心を寄せられている。

彼の思想的な核心は華厳思想にあったが、実践面では密教を重視した。こういう顕教と密教の両立は、当時は明恵に限らず、ごく普通に行われていた。その一方で、鎌倉新仏教の時代を開いた法然が、たとえ菩提心（悟りを求める心）がなくても、ひたすら阿弥陀如来を信じ、念仏すれば極楽へ往生できると説いたことには大反対で、『摧邪《ざいじゃ》輪《りん》』という書物をしたため、「それは仏教ではない」と厳しく批判している。

奈良
仏教系

律宗

戒律を専門的に研究

戒律は出家僧として守るべき規則

仏道修行の基本は「戒《かい》・定《じょう》・慧《え》」とされる。戒律を守り、正しい瞑想法を実践すれば、智慧＝真理はおのずから得られるという。

戒の原語はサンスクリット（梵語）の「シーラ」であり、「自律的な誓い」を意味する。さらに原義をさかのぼっていくと「気立てが良い」という意味だった。したがって戒とは「気立ての良い人間になるために、自発的に守るべき行動規範」で、強制されるものではなかった。しかし現実には問題を起こす仏弟子もいた。そこで設けられた罰則規定が律である。

やがて戒と律は統合され、戒律となった。こうなると、戒律はもはや自発的な誓いや行動原理というよりも、出家僧として必ず守らなければならない規則という性格が前面に出てくることになる。やがて正式に出家僧になるために、あらかじめ授けられる規則として戒律が存在することとなる。

インド仏教の歴史をふりかえると、時代の推移とともに戒律が厳しくなっていった事実に気付く。たとえば初期仏教の形態をわりあい忠実に守ってきたテーラワーダ仏教（上座部仏教）では、男性の出家者には250戒が、女性の出家者にはその約1・5倍近い戒律が課せられている。出家僧たちが労働にいそしむことは修行の妨げになるからと、ブッダによって禁止されたので、生活の原資をもっぱら布施に頼らざるをえなかったという事情があった。そのため、戒律を普通の人では絶対に守れな

律宗の教え　戒律

律宗は、「戒律」を重視した宗派。その戒律には段階があり、在俗信者と出家僧とでは戒律の数が異なる。

優婆塞《うばそく》（女性は優婆夷《うばい》）戒
在俗信者のための戒律

五戒
- 一、殺生をしない
- 二、盗みをしない
- 三、嘘をつかない
- 四、飲酒をしない
- 五、夫婦以外の性交をしない

八斎戒
- 一～五
- 六、装飾品をつけず歌舞を見ない
- 七、快適な寝具で寝ない
- 八、娯楽をしてはいけない

↓

沙弥《しゃみ》（女性は沙弥尼《しゃみに》）戒
見習い僧のための戒律

十戒
- 一～八
- 九、昼をすぎて食事をしない
- 十、財産を蓄えない

↓

比丘《びく》（女性は比丘尼《びくに》）戒
正式の出家僧になるための戒律

具足戒
- 一～十
- 250戒（比丘尼の場合は348戒）

いくらい厳しくすることで、仏教教団の存在意義を社会に対して訴える必要があったのである。

中国で律宗が成立し鑑真が日本に伝える

インドから中国へ仏教が伝来してしばらくすると、戒律研究が始まった。北魏から隋をへて唐時代になると、戒律を専門的に研究する学派の律宗が成立した。中心的な人物は道宣《どうせん》（５９６～６６７）で、この系統が鑑真《がんじん》（６８８～７６３）により日本へ伝えられた。

当時の日本には正式な出家僧になりたいと希望する者に、戒律を授けられる資格をもつ人物はいなかった。いいかえれば、正式な出家僧はまだ存在しなかった。したがって鑑真が来日して、正式な戒律の師となり、受戒の形式が整えられたことは、日本仏教史上、まさに画期的な出来事だった。そして鑑真の後継者たちが律宗という宗派をになっていった。

ちなみに戒律は在俗信者と出家僧では別の段階が設定されている。優婆塞戒《うばそくかい》（在俗信者のための戒律）・沙弥戒《しゃみかい》（見習い僧のための戒律）・具足戒《ぐそくかい》（正式の出家僧になるための戒律）である。このほかに大乗仏教に特有の戒律として、大乗戒（円頓戒《えんどんかい》）が設定されているが、その有効性については批判もある。また密教特有の戒律として、三昧耶戒《さんまやかい》が設定されている。

ただし日本仏教では戒律が軽視される傾向があり、古代末期から中世では戒律はほとんど守られていなかった。それを憂慮する良心的な僧侶が戒律復興の運動をたびたび起こすが続かず、破戒や無戒の状態が当たり前となった。とりわけ鎌倉新仏教の中には戒律の存在を認めない宗派すらある。さらに一部の寺院では、同性愛が高尚な文化とされ、少年愛による悟りや救済という説さえ登場する。この傾向はチベット仏教やテーラワーダ仏教ではほとんど見られず、日本仏教に独特といえる。

律宗
知っておきたい名僧列伝

叡尊《えいぞん》と忍性《にんしょう》

――戒律の復興と慈善事業に尽力

戒律を軽視し、僧侶としての本分を忘れがちな日本仏教にあって、戒律を復興して厳しく守り、あくまで出家僧として生きようと試みた人物が、少数ながらいた。典型例は華厳宗の明恵《みょうえ》や法相宗の貞慶《じょうけい》、あるいは真言律宗の叡尊《えいぞん》（１２０１～１２９０）と忍性《にんしょう》（１２１７～１３０３）である。彼らは律宗には属していなかったが、その思想も行動も律宗がめざした方向性と一致し、社会に対する影響という意味ではむしろ大きかった。

なかでも戒律の復興と具体的な救済事業をあわせて実践したという点に関しては、叡尊と忍性の師弟が抜きん出ている。叡尊は興福寺にあって戒律復興に生涯を捧げた貞慶の孫弟子にあたる。醍醐寺および高野山に真言密教を学んだのち、疲弊のきわみにあった奈良の西大寺を再興して真言律宗を開いた。そして近畿一円はもとより、関東まで足をのばして、各地に橋を架け、理不尽な差別にさらされていた人々やハンセン病の患者を収容する施設を整備し、教化するとともに金穀（金銭と穀物）を支給し、さらに飢饉の折には飢えた人々に粥などをあたえて数万人を救ったこともあった。

忍性は叡尊の事業を引き継ぎ、さらに拡大した。橋を架け、道を開き、井戸を掘り、病院や理不尽な差別にさらされていた人々が泊まれる宿をもうけるなど、その活動範囲は多岐にわたり一部の宗教者から嫉妬されるほどの活躍ぶりだった。彼の特徴は、みずから資金を調達し、かつその資金を運用して得た利益をもって、慈善事業につとめた点にある。

　彼ら自身の信仰対象は、文殊《もんじゅ》菩薩《ぼさつ》だった。文殊菩薩は「三人寄れば文殊の智恵」というように、智恵を象徴する尊格としてよく知られているが、案外知られていないことがある。この世に最も醜く最も貧しい人の姿で出現して、さまざまな活動をするというのだ。叡尊や忍性はこの文殊菩薩に会いたい一心で、この世の最も恵まれない人々の救済に全力をあげたらしい。このあたりは現代人のヒューマニズムとは異なり徹底して宗教的である。

　叡尊や忍性が密教僧でありながら、戒律の復興に熱心だったことは、チベットにおいて戒律の復興にとりくみ、チベット仏教界最大の宗派ゲルク派の祖となったツォンカパ（1357～1419）と共通する。密教は煩悩を条件付きで肯定するので、ともすると戒律を無視し堕落する傾向が否めない。しかしそれでは仏教の本義にもとる。そこで密教と戒律の両立、いいかえれば戒律を厳しく守る密教者が求められた。そのことを真摯に追求したのが、日本では叡尊であり忍性であり、チベットではツォンカパだった。ほぼ同じ時期に、同じ動向が生じた事実はとても興味深い。

密教系

天台宗

『法華経』を中核に多様な教えと融合

中国天台宗の祖 智顗による『法華経』尊崇

天台宗は『法華経』にもとづいて構築された宗派である。『法華経』はインドの西北部で、1～2世紀頃成立したと推測され、空《くう》を説く『八千頌《はっせんじゅ》般若経』や阿弥陀信仰を説く『無量寿経』とともに、初期の大乗経典であった。インド仏教では重要視されていなかったようだが、鳩摩羅什《くまらじゅう》（クマーラジーヴァ 344～413／350～409頃）によって漢訳されると一躍、中国仏教界の主役に躍り出た。

天台宗は中国が争乱のさなかにあった南北朝時代の末期に、北斉《ほくせい》の慧文《えもん》を始祖（開創）とし、第二祖の慧思《えし》をへて第三祖の智顗《ちぎ》（538～597）によって、基本的な教義がきずきあげられた。智顗は『法華経』こそ「諸経《しょきょう》の王」、つまり最も優れた教えであると主張した。智顗は必ずしも『法華経』至上主義ではなかったようだが、『法華経』を教学の中核に位置づけたことは確かだ。

その論法の一つが「五時八教《ごじはっきょう》」である。成道直後の釈迦牟尼は『華厳経』を説いたが、その内容があまりに難解だったために、だれも理解できなかった。そこでしかたなく声聞乗《しょうもんじょう》・縁覚乗《えんがくじょう》の『阿含《あごん》経《きょう》』を説き、ついで『方等経《ほうどうきょう》（大乗仏典の総称）』を説き、『般若経』を説き、最後に最高ランクの『法華経』を説いたという。むろんこの解釈は歴史的な事実とは合致しないが、東アジアに『法華経』が広まるうえで、智顗に多大な功績があったことはまさに歴史的な事実である。

最澄によって日本へ他派の宗祖を多く輩出

智顗によれば、「諸法実相《しょほうじっそう》」といって、この世のありとあらゆる事物はあるがままの真実の姿にほかならない。「万人成仏《ばんにんじょうぶつ》」といって、この世の生きとし生けるものは時期に違いはあっても、いつかは悟りを開いて仏になれる。このように、現世に対して非常に肯定的な点が特徴といえる。とりわけ「万人成仏」の思想はほかの経典にはまず見出せない。どの経典を読んでも、成仏の可否についてはさまざまな条件が設定されていて、実現は難しい。逆にいえば、この思想こそ『法華経』が尊崇された最大の理由だった。

日本では聖徳太子が『法華経』を講義したという記録が残るとおり、経典そのものはかなり早い時期に伝えられていた。天台智顗の思想を受け継ぐ中国天台宗の教学は、平安初期に登場した最澄によって初めて伝えられた。最澄（767〜822）は桓武天皇から日本天台宗の開宗を許され、比叡山延暦寺を拠点として南都（奈良）の諸宗と肩を並べる正式な宗派として発足した。

ただし発足後の天台宗は必ずしも順調とはいえない。ライバルとされた空海との断交、成仏の可否をめぐる法相宗の徳一との論争、さらには時代が『法華経』信仰よりも密教を求めたことなどから、最澄は苦心惨憺している。しかし悲願だった大乗戒壇の設置が最澄の遷化後、大方の予想に反してすぐに認められ、また最澄が権力を掌握しつつあった藤原北家と親しい関係だったこともあり、天台宗は隆盛に向かった。拠点の比叡山が平安京の至近距離に位置していたことも、有利にはたらいた。

最澄亡き後の天台宗は、『法華経』を中核に据えつつ多様な仏教信仰をとりこみ発展を続けた。浄土宗の法然、浄土真宗の親鸞、臨済宗の栄西、曹洞宗の道元、日蓮宗の日蓮というように、鎌倉新仏教の宗祖の多くが比叡山出身であるのは偶然ではない。ただし天台宗の僧徒が鎌倉新仏教を弾圧し続けたことも、歴史的事実である。

後継者の円仁《えんにん》（794〜864）

五時八教

天台宗宗祖の智顗が釈迦の教えを五つの時期（五時）と、八つの教え（八教）に分類。その結果、法華涅槃時の『法華経』が最も優れているという結論に達した。

五時

華厳時《けごんじ》 釈迦の布教開始後21日、または31日間
阿含時《あごんじ》 華厳時後12年間
方等時《ほうどうじ》 阿含時後16年、または8年間
般若時《はんにゃじ》 方等時後14年、または22年間
法華涅槃時《ほっけねはんじ》 般若時後8年間 **非頓非漸《ひとんひぜん》・非秘密非不定《ひひみつひふじょう》**：不変の真理で、どんな能力のものでも理解できる。

八教

化法の四教 釈迦の教えの内容を分類	化儀の四教 説法の仕方によって分類
別教《べっきょう》：菩薩のみを対象にして説いた教え。	**漸教《ぜんきょう》**：浅い教えから深い教えへと順を追って説いた教え。
蔵教《ぞうきょう》：経・論・律の三蔵教のこと。	**不定教《ふじょうきょう》**：聞き手の能力で理解度が異なり、別の聞き手の存在を把握している。
通教《つうぎょう》：別教、蔵教にも通じる大乗仏教の一般教理。	**秘密教《ひみつきょう》**：聞き手の能力で理解度が異なり、別の聞き手の存在を把握しない。
円教《えんぎょう》：最も優れた完成された教え。『法華経』がこれにあたる。	**頓教《とんぎょう》**：釈迦が成道直後に説いた教え。

天台宗の教え　四宗融合

最澄が中国から天台宗を伝える際、中国天台宗（円教）と同様、ほかの密教、禅、戒律の三つにも根底には『法華経』の「誰もが皆成仏できる」という教えがあるとし、四宗を融合した。

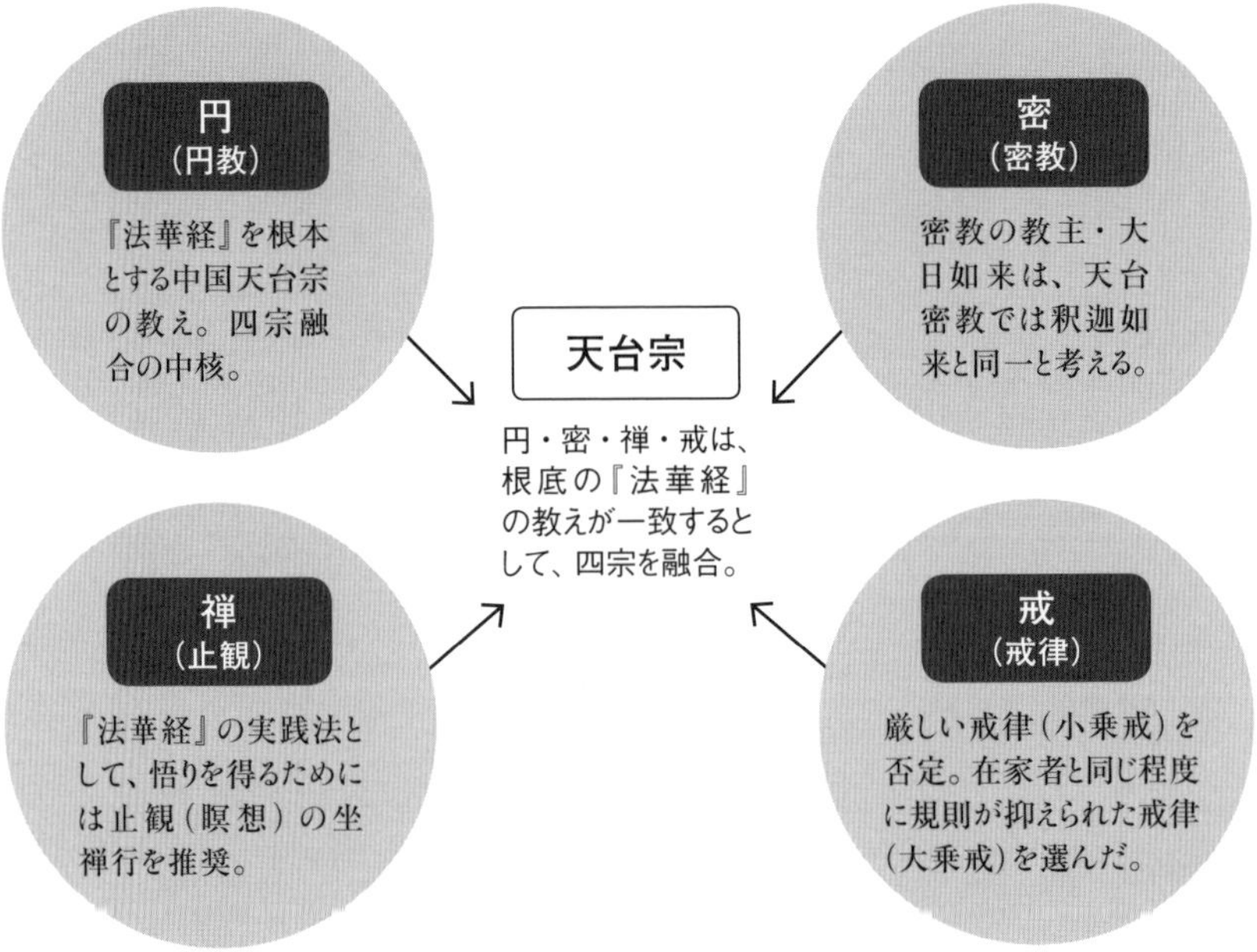
円
（円教）
『法華経』を根本とする中国天台宗の教え。四宗融合の中核。
密
（密教）
密教の教主・大日如来は、天台密教では釈迦如来と同一と考える。
天台宗
円・密・禅・戒は、根底の『法華経』の教えが一致するとして、四宗を融合。
禅
（止観）
『法華経』の実践法として、悟りを得るためには止観（瞑想）の坐禅行を推奨。
戒
（戒律）
厳しい戒律（小乗戒）を否定。在家者と同じ程度に規則が抑えられた戒律（大乗戒）を選んだ。

は唐への留学から帰国後、密教優位の状況から真言宗に圧倒されがちだった天台宗の復興につとめ、かねて課題だった『法華経』信仰と密教を両立させることに成功した。かの地で学んできた念仏修行を導入したことは、やがて源信《げんしん》（９４２〜１０１７）によって実を結び、法然や親鸞を比叡山がはぐくむこととなった。円仁の系統は比叡山上の延暦寺を拠点とし、「山門《さんもん》（派）」と呼ばれた。

同じ天台宗の後継者でも円珍《えんちん》（８１４〜８９１）の系列は、比叡山下の坂本にある園城寺（三井寺）を拠点として、唐に留学して修学してきた密教を中核とする教団をつくりあげた。その特徴は、円仁が『法華経』信仰と密教を同じ価値をもつとみなしたのに対し、密教をむしろ優位とみなす点にある。この系統は、「寺門《じもん》（派）」と呼ばれた。

このように天台宗は同じ宗派に属しながら、「山門」と「寺門」の対立と抗争の歴史となった。円珍系ももともとは比叡山上に僧房をかまえたが、993（正暦4）年に円仁派によって焼き討ちされたため、山を下り園城寺に入ったといういきさつがあった。寺院が暴力と縁を切るのは、江戸幕府によって牙を抜かれてからである。

現在では天台宗というと、山上の延暦寺のイメージばかりが目立つが、中世の段階では「寺門」の勢力は強大だった。現に鎌倉幕府は「寺門」と親しい関係にあり、源氏の氏神を祀る鶴岡八幡宮は神社ではなく、「寺門」の末寺として鶴岡八幡宮寺を称していた。室町幕府の第3代将軍、足利義満は何かというと、「山門」と「東密（真言宗の東寺を中心とする密教）」とともに「寺門」から密教僧を招き、莫大な報酬をあたえて、さまざまな修法を実践させている。

さらに天台宗の僧徒は、中世の統治権力がどれも脆弱だったことから、世俗の領域でも大きな力をふるった。たとえば京都における酒税の徴収や金融業、各種の経済的な利権を握り、また祇園祭など大きな祭祀の執行権を掌握していた。その力は南都の興福寺とともに、「南都北嶺《なんとほくれい》」とうたわれた。

しかしその繁栄も中世の終焉とともに終わる。戦国時代になると繰り返し焼き討ちされるなど、惨憺たる状況におちいった。

天台宗の復興にあたっては、江戸初期に現れた天海《てんかい》（1536?〜1643）のはたらきが大きい。徳川家康の帰依を受け、江戸幕府の支配体制の確立に、臨済宗の金地《こんち》院崇伝《いんすうでん》とともに多大の功績をあげた。天海が最も大きな力をふるったのは、3代将軍家光の時代である。もともと浄土宗に帰依していた徳川家が、天台宗にも帰依した。事実、歴代将軍の墓所は浄土宗の増上寺と、天台宗の東叡山寛永寺《とうえいざんかんえいじ》に半数ずつ設けられている。

天台宗
知っておきたい名僧列伝

良源《りょうげん》

比叡山延暦寺の中興の祖

中世の頃の日本では聖徳太子と弘法大師空海と良源の三人は「三大師」と呼ばれ、当時、最も尊崇された宗教者だった。もっとも現時点では、元《がん》三《ざん》大師こと良源（912〜985）の名は、ほかの二人に比べるとあまり知られていない。なお「元三」とは良源の命日が正月の三日だったことに由来する。ほかにも慈恵《じえ》大師、角《つの》大師、豆大師の異名がある。このうち慈恵大師は諡号《しごう》（死後に贈る名）。角大師は良源が夜叉の姿に化して疫病神を追い払ったときの姿。豆大師は33体の豆粒のような大師像を表した絵であり、良源が観音の化身とみなされたことに由来する。このようにさまざまな異名をもつということは、良源がただならぬ人物だったことを物語る。

歴史上の良源は第一八代天台座主（天台宗の最高の位）であり、延暦寺中興の祖とたたえられる。そして「寺門《じもん》（園城寺）」に圧倒されていた「山《さん》門《もん》（延暦寺）」の立て直しに成功したのである。良源が成功した理由は、密教がもとめる事理《じり》二《に》相《そう》、すなわち理論的知的な領域と、霊力を駆使する領域の、両方にわたる才能にめぐまれていたゆえだった。良源の名声が天下に広く知れわたったのは、963（応和3）年、村上天皇の御前で、南都北嶺（興福寺と延暦寺）の学僧を集めて開催された大法論会のときである。南都に舌鋒鋭く攻められて、あわや比叡山側の敗北か、という危機一髪の状況下に登場し、みごとな論理をもちいて、形勢を一気に逆転し、南都の学僧たちを沈黙させたのである。

天皇の信任はひときわあつく、身辺を霊的に守護する「内供奉十禅師《ないぐぶじゅうぜんじ》」に任命された。これはかつて最澄が桓武天皇から任命された誉れ高い役職である。そして良源は数え年で55歳のとき、天台座主の地位についた。以来、20年。良源は延暦寺の復興に全力をあげる。

この時期、山上はかなり荒廃していた。935(承平5)年の大火災にあって、根本中堂をはじめ、あまたの堂塔伽藍が失われ、再建もままならぬ状態だった。良源はかねて親しい関係にあった藤原氏の援助を得て、焼失した堂塔伽藍の再建に力を尽くす。

こうして山上に過日の繁栄がもどってきた。良源は教学の振興につとめるとともに、「二十六箇条起請」をさだめて、ともすると乱れがちだった山内の規律を一新した。規律の乱れは早い時期から問題視され、山内に女性をつれこんだり、酒を飲んだり、寺内の雑務をになう少年たちに乱暴をふるったりする者が、あとを絶たなかったのである。それらに良源は厳しい態度でのぞみ、過去からの悪習を一掃した。

同時に教育者としても、大きな業績をあげた。あまたの著作を残し、立派に育てあげた弟子も少なくない。『往生要集《おうじょうようしゅう》』をあらわして浄土思想の流布に大貢献した、恵信僧都《えしんそうず》こと源信《げんしん》も良源の弟子の一人である。

密教系

真言宗
悟りのために真言を唱える

空海が中国から密教を伝え広める

真言宗はインドで生まれた密教の流れを汲む。密教は「秘密仏教」の略称であり、インド仏教の最終段階で登場したタイプの仏教である。あるいは大乗仏教の最終形態といってもいい。密教は密教以前の仏教を顕教《けんぎょう》と表現し、密教に比べれば問題にならないほど、次元が低いとみなす。その理由を顕教が人間ブッダの教えなのに対し、密教は真理そのものであり、万物の根源でもある大日如来という仏の教えだから、と主張する。

密教は発展段階により三つもしくは四つに分類され、日本に空海によって伝えられた密教は中期段階に属した。ちなみに日本とともに密教を受容したチベットの密教は、さらにおくれてあらわれたタイプで、日本密教を中期密教とするならば、後期密教に属す。その違いの一つは、後期密教では悟りを得るための修行法として性行為まで導入されたのに対し、中期密教ではそれはなかったことがある。もっとも日本密教に性的な要素がなかったわけではなく、真言立川《たちかわ》流のように性を悟りに直結させる流派もあらわれたが、正統な教えとはみなされなかった。

空海（774～835）が唐に留学して修学した密教は、多少は中国的な変容をへたものの、おおむねインド密教を受け継いでいた。空海は師の恵果《けいか》から、生きとし生けるものすべてと国家全体のために、密教を役立てよとさとされ、帰国している。空海の行動は終生、師の言葉を実践することにつ

真言宗の教え　即身成仏

空海が説いた即身成仏とは、密教の本尊である大日如来と一体化して修行を積めば、父母から与えられた身体のままで悟りを開けるという教え。そのための理論や実践方法として、六大、三密、四曼を説いた。

六大《ろくだい》

宇宙の実体のこと。宇宙を構成する要素は、五つの物質と一つの精神活動から成り立ち、その点は仏も人間も変わらない。

地（不変）　水（清浄）　火（成熟）　風（活動）　空（包容）
↓
五大（物質）

識（認識）
↓
精神

三密《さんみつ》

即身成仏するための実践方法。大日如来と一体化するため、三つの方法で修行を行う。

身密《しんみつ》（身体）
本尊を表す印を結ぶ

口密《くみつ》（言葉）
口で真言を唱える

意密《いみつ》（心）
心に本尊を念じる

四曼《しまん》

宇宙の実体である体大の様子を、視覚的に表したもの。四つの曼荼羅によって表し、四種曼荼羅、略して四曼と呼ぶ。

大曼荼羅《だいまんだら》

大日如来などの仏の姿を具体的な画像として表現した曼荼羅。

三昧耶曼荼羅《さんまやまんだら》

諸仏の持ち物として象徴的に表現した曼荼羅。

法曼荼羅《ほうまんだら》

諸仏を象徴する梵字によって表現した曼荼羅。

羯磨曼荼羅《かつままんだら》

諸仏を彫刻などで立体的に表現した曼荼羅。

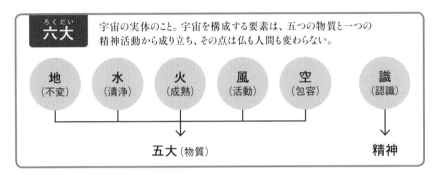

いやされた。

宗派名となっている「真言」とはサンスクリット（梵語）の「マントラ」の訳語で「真実の言葉」を意味する。私たちが日常的に使っている低次元の言葉ではなく、数多く唱えることで深い瞑想状態に入り、真理に到達できるとされる特別な言葉である。この真言を駆使するゆえに、真言宗と称する。曼荼羅《まんだら》のような神秘的な図像をもちい、複雑な儀礼を盛んに実践するのも、真言宗の特徴の一つだ。そこには、最高真理は心身をつかって直に体得するしかないという発想がひそんでいる。

空海が唐で修学した密教には、大きく二つの目的があった。個人的には「即身成仏《そくしんじょうぶつ》」、社会的には「鎮護国家」である。前者は、従来の仏教が悟りを得るには無限の回数を生まれ変わり、修行を重ねなければならないと説かれるのに対し、生まれたままの身体で、いいかえれば今の人生で悟りを得られるとした密教の秘儀。後者は、従来の仏教とは比べようもないほど圧倒的な密教の力を駆使して、天下国家を安泰かつ隆盛に導く秘法である。

即身成仏の修行場・高野山
鎮護国家実践の場・東寺

空海は、「即身成仏」の修行を実践する聖地として高野山金剛峯寺、「鎮護国家」の修法を実践する聖域として平安京に東寺を設定したと思われる。

その後、東寺は順調に発展していった。天台宗系の密教が「台《たい》密《みつ》」と呼ばれたのに対し、密教の権威である真言宗が「東密《とうみつ》」と呼ばれたのも、東寺が真言宗の代表とみなされていたからで、古代から中世の頃、密教修法に対する期待は現代人が想像するよりもはるかに大きかった。「鎮護国家」のような大きな目的よりも、病気治療や怨敵退散、願望成就など、いわゆる現世利益の達成に密教僧が大活躍したのである。

一方、高野山は繁栄とは長らく無縁だった。平安京から遠く、しかも気候条件が厳しいため、発展は容易ではなかった。平安中期から室町中期の頃、代表的な密教教団といえば、「山門」と「寺門」

真言宗の主な分派

真言宗は平安時代末期に、教義の解釈をめぐって大きく古義真言宗と新義真言宗に分裂した。現在では約50の派がある。

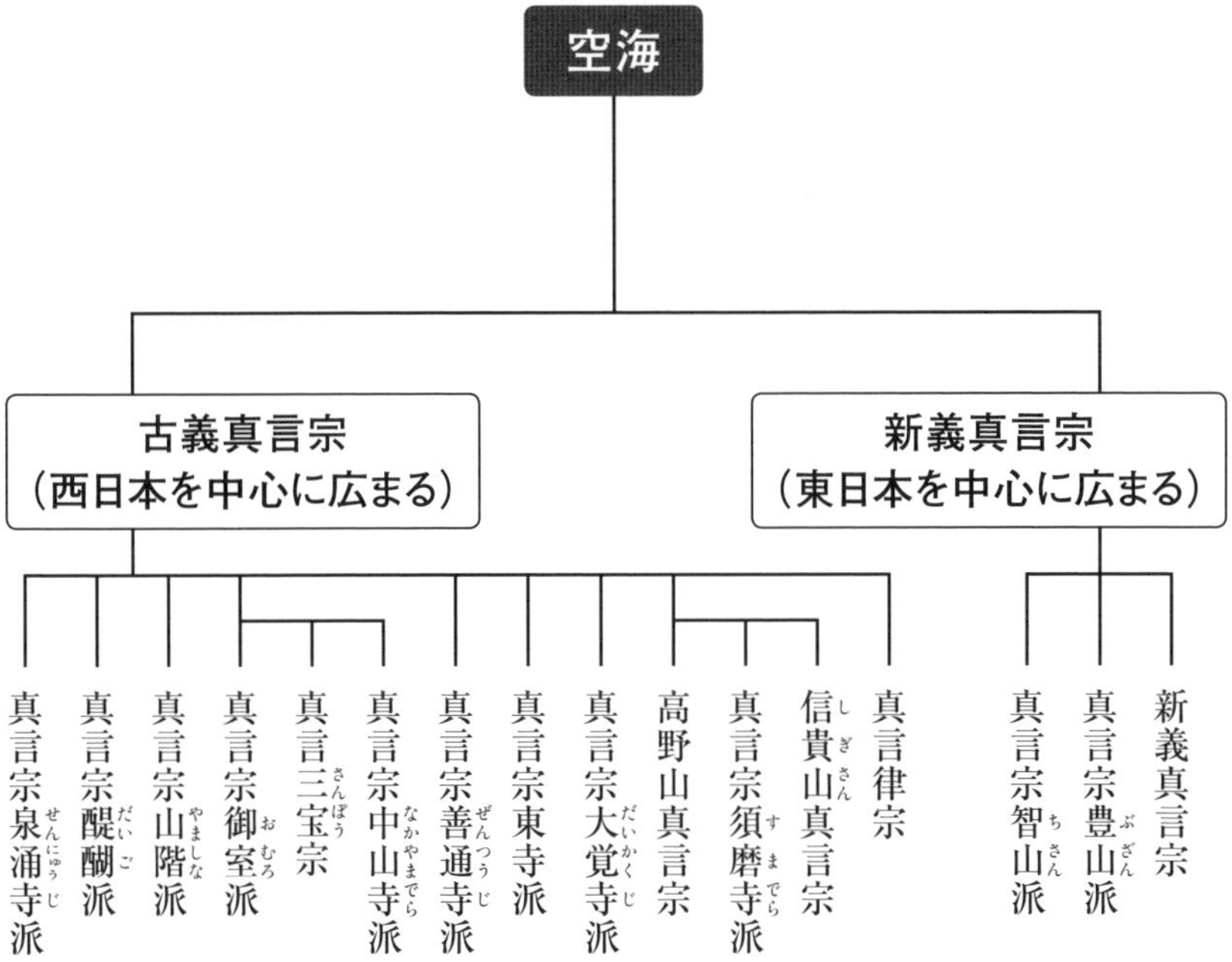

と「東密」であり、高野山に対する評価はあまり高くなかった。

廃絶に近い状態だったことが何度もあった高野山に、伽藍が整備され運営が軌道に乗ったのは平安中期の1023（治安3）年に、藤原道長が高野山を訪れて以降である。ただし道長の参拝は、高野山をこの世の浄土とみなす霊場信仰が背景にあり、空海がめざした路線とは異なるが、霊場とされた理由の一つは空海が入定しているという信仰にあったことを考えれば、自然な成り行きともいえる。

真言宗内で諸派に分かれ衰退と復興を繰り返す

真言宗の特徴の一つは、分派があまた生まれたことである。原因は、得意とする密教修法の秘伝化が極端に進み、ほかとの違いをことさら強調したためらしい。平安中期には12の流派が生まれ、室町時代には70以上の流派に分かれた。

これを背景に、平安末期の高野山で大事件が勃発した。従来の路線を守ろうとする派と、覚鑁《かくばん》（1095〜1143）を指導者に分裂した流派を統合しようとする派が対立し、ついには覚鑁系の僧侶が追放され、拠点を根来寺《ねごろじ》（現在の和歌山県岩出市）に移す事態におよぶ。従来路線を守る派を「古義真言宗」、改革をめざした派を「新義真言宗」と呼ぶ。地域的には西日本に「古義真言宗」、東日本に「新義真言宗」が多い傾向がある。

戦国時代に入ると、京都は戦乱の巷と化し、繁栄を誇った大寺院の多くは見る影もなくなった。逆に、遠く離れた高野山と根来寺は強大な経済力を背景に、日本有数の軍事力をかかえて、むしろ繁栄した。最終的には織田信長や豊臣秀吉の軍門に降ったが、高野山は破壊をまぬがれたこともあって、江戸時代もますます繁栄した。

その結果、現時点では真言宗では高野山を本山とする系統の寺が圧倒的に多く、真言宗＝高野山という印象が強い。新義真言宗も、拠点としていた根来寺は徹底的に破壊されたものの、やがて徳川家康の支援を得て、奈良の長谷寺《はせでら》と京都の智積院《ちしゃくいん》を二大本山として復興した。

しかし明治維新から真言宗は苦難の道を歩んだ。密教的要素が近代化と反対の方向にあるとされ、非常に低い評価しか得られなかった。この動向は第二次世界大戦後も続いた。真言宗が正しい理解を得られるようになったのは、近年のことだ。

最近では空海がきずいた宗教哲学が、日本はもとより、世界の諸宗教と比較しても最高次元に達していると評価されている。さらに最高真理を視覚表現で伝えようという発想から生み出された密教美術への評価は高まる一方である。空海の足跡を訪ねる四国遍路八十八ヵ所巡礼も盛んに行われ、真言宗は復興の気運にある。

真言宗
知っておきたい名僧列伝

仁海《にんがい》

―「雨僧正」として功績をあげる

仁海(951～1046)はひとことで言えば、霊力も行動力も抜群の人物であり、平安中期段階における密教界の、いわばスーパースターだった。また疲弊の極みにあった高野山の復興に、大きな役割を果たしている。このあたりは、やや早く登場した天台宗の良源《りょうげん》とよく似ている。

わずか7歳で高野山に登り、雅真《がしん》(?～999)に師事して出家した。雅真は荒れ果てていた奥之院の空海廟塔を復興した人物なので、仁海の高野山復興は師の志を受け継いだことになる。40歳のとき、醍醐延明院で伝法灌頂《でんぽうかんじょう》を授かり、正式の密教者として自立する。翌年には、京都の山科小野に曼荼羅寺《まんだらじ》（後の随心院《ずいしんいん》）を開創し、活動の拠点とした。

仁海を特徴づけるのは、雨にまつわる密教儀礼だった。雨が降らないときに雨を降らし、雨が降りすぎたときに雨を止める秘法である。専門的には請雨法《しょううほう》（降雨法）という。当時の生産手段はほとんど農業だったから、その死活に直結する雨の制御は、最大の懸案にほかならなかった。この領域に仁海は抜群の功績をあげた。

たとえば1018（寛仁2）年の畿内大旱魃《きないだいかんばつ》のときには、勅命を受けて京都市中の神泉苑《しんせんえん》で壇をきずき、請雨法を実践した。秘法を開始して6日目、壇の下に赤い蛇があらわれ、同時に沛然《はいぜん》として大雨が降りそそいだという。仁海はその生涯に9回も請雨法を実践し、すべて成功したと伝えられる。そのあまりの霊的能力に驚いた人々が「雨《あめ》僧正《そうじょう》」の名を奉った。その功績により、1029(長元2)年には東大寺を管轄する東大寺別当に、1031(長元4)年には東密をたばねる東寺長《とうじちょう》者《じゃ》に就任している。

仁海は政治的な手腕もあった。疲弊していた高野山を復興するために、高野山の霊験と念仏信仰を説いて全国を歩いていた勧進聖《かんじんひじり》(※)の総帥だった定誉《じょうよ》(958~1047)と、「高野山こそこの世の浄土」という高野山浄土論を宣伝してまわる。その苦労が実をむすび、1023(治安3)年、ついに藤原道長をはじめとする政界の要人たちを高野山参拝に導いた。以後、その支援を得ることにも成功し、高野山の復興を実現する。

仁海は教育者としての資質にも恵まれ、小野流という大流派の祖となった。著書も真偽あわせると百五十部以上になり、大きな権威をもって流布された。

これらの功績も、仁海の霊的能力が高く評価されていたからこそ、可能だった。この当時の宗教界では、いくら人格的に優れていようとも、いくら思想的な高みに達していようとも、霊的能力を駆使して、目に物を見せる力がなければ、何もできなかった。密教の用語をつかえば、いくら理相(理論)に秀でていても、事相(実践)に秀でていなければ意味がなかった。そのことを最も端的に表しているのが、仁海だった。

勧進聖：諸方をまわって仏の教えを説き歩く僧(159ページ)。

浄土教系

融通念仏宗

皆で念仏を唱える日本発の宗派

称名念仏へ一本化し一般庶民にも親しまれた

「念仏」には二つの意味がある。二つある理由は「念」という言葉に、二つの意味があるからだ。一つは仏を瞑想することで、「観想《かんそう》念仏《ねんぶつ》」とも呼ばれる。もう一つは仏の名を唱えることで、「称名念《しょうみょうねん》仏《ぶつ》」とも呼ばれる。最初期は「観想念仏」が中心になっていて「見《けん》仏《ぶつ》」、つまり瞑想によりありありと阿弥陀如来の姿を見て、信仰心をかためることが目的とされた。

しかし「観想念仏」には高度かつ長きにわたる修練が必要であった。それは修行一途の僧侶ならともかく、一般人にはとうてい無理だ。そこで登場したのが「称名念仏」である。阿弥陀如来を信仰して、死後は極楽浄土への往生を願う浄土教の領域で、「称名念仏」を広めたのは唐時代の善導《ぜんどう》（６１３〜６８１）という僧侶とされる。阿弥陀如来の名前の先に、サンスクリット（梵語）で帰依を意味する「ナモー」を漢字で音写した「南無」を付けて、ひたすら「南無阿弥陀仏」と唱える。これならば誰にでもできる、というので「称名念仏」が念仏の主流になった。

日本に念仏を伝えたのは、天台宗の円仁《えんにん》（７９４〜８６４）である。ただし円仁の伝えた念仏は、音楽に合わせて歌うように唱える引声《いんぜい》念仏や一定の期間にわたり延々と唱え続ける不断念仏だった。また「朝題目夕念仏《あさだいもくゆうねんぶつ》」といって、『法華経』信仰とセットになるかたちで実践された。

融通念仏宗は、念仏を「称名念仏」だけに一本化し、しかもそれまで貴族たちによって信奉されてきた念仏信仰を一般庶民にまで広めたという点で、日本の宗教史上に大きな画期をもたらした。成立は13宗派のうち南都の諸宗や天台宗、真言宗に次ぎ6番目に位置する古い宗派だ。また先行する宗派がどれもインドや中国で成立した後に日本に伝来した経歴なのに対し、国産第一号の宗派でもある。

その祖となった良忍《りょうにん》（1072～1132）は天台宗の出身だった。複雑な天台教学を身につけるとともに、経典を朗々と歌い上げる声明の名手でもあったと伝えられる。近年の研究によれば、良忍の浄土思想は、以下のとおり、天台教学と深い関係にある。

永遠不滅の仏の存在を説く『法華経』からは阿弥陀如来（無量寿仏《むりょうじゅぶつ》）が時間的な制約を超えて救済活動を続けるという思想を、「一即一切《いっそくいっさい》、一切即一《いっさいそくいち》」つまり「一の中に多（すべて）があり、多（すべて）の中に一がある」と説く『華厳経』からは阿弥陀如来（無量光仏《むりょうこうぶつ》）が生きとし生けるものすべてを救済するという思想を、それぞれとりこんでいるという。

そしてこの思想の延長線上に、良忍が46歳のとき、阿弥陀如来から授かったという「一人一切人《ひとりいっさいにん》 一切人一人《いっさいにんひとり》 一行一切行《いちぎょういっさいぎょう》 一切行一行《いっさいぎょういちぎょう》 是名他力往生《ぜみょうたりきおうじょう》 十界一念《じゅっかいいちねん》 融通《ゆうずう》念仏《ねんぶつ》 億百万遍《おくひゃくまんえん》 功徳円満《くどくえんまん》」が位置づけられると指摘されている。たしかに融通念仏宗に独特の「自他融通」、つまり「念仏を唱えることで、私も仏も他人も皆一体となり、その結果として私の積んだ功徳が皆の功徳となり、皆が積んだ功徳が私の功徳になる」という思想、すなわち融通の思想は、天台教学に裏打ちされた阿弥陀信仰から生まれたと考えられる。ちなみに、融通念仏宗という呼称は「一人の念仏が万人の念仏に融通できる」という教義に由来する。

良忍の思想は日本の神々との関係でも、すこぶる融和的だった。たとえば信者は神々の名を列記した「神名帳《じんみょうちょう》」に姓名を記録し、神々と同列になったという自覚のもとに念仏を唱える。また融通念仏宗の本山から末寺までそろって、阿弥陀如来と僧形八幡神《そうぎょうはちまんしん》（実は天照大神《あまてらすおおみかみ》）をあわせて祀っている。まさに神仏混淆《こんこう》の宗派である。このような融通の思想は、同じ浄土教でも、法然以降の鎌倉新仏教系の浄土思想が何か一つを選びとって、他を排除する傾向があらわになったのとは、対極にある。

布教法も異なっていた。融通念仏宗では、少なくとも当初は宗派としての組織とは縁がなく、勧進《かんじん》聖《ひじり》という僧侶が各地を歩きながら布教する方法をとった。やがて大阪では平野の大念佛寺《だいねんぶつじ》、京都では嵯峨の清凉寺《せいりょうじ》、花園の法金剛院《ほうこんごういん》、壬生《みぶ》の壬生寺などを拠点とし、融通念仏を催すようになる。そこに、娯楽といいすぎだが、見る者聴く者を高揚させる要素があったことは疑いようがない。

融通念仏宗の特徴の一つに「血《けち》脈譜《みゃくふ》」があげられる。本来は阿弥陀如来から授かった教えの継承をしめす系図で、何系統かある。信者はそこに阿弥陀如来の慈悲心が込められているとみなし、仏に対するのと同じように護持する。

1874（明治7）年、政府に宗門特立が認められたのには、このような長い伝統と根強い信仰をもつ点が考慮されたのだろう。

融通念仏宗の教え

融通念仏宗の良忍の教えは、一人が唱えた念仏が、すべての人の念仏と融け合い、大きな功徳になる。その功徳が自分に戻ってくるため、極楽浄土へ行けると説いた。

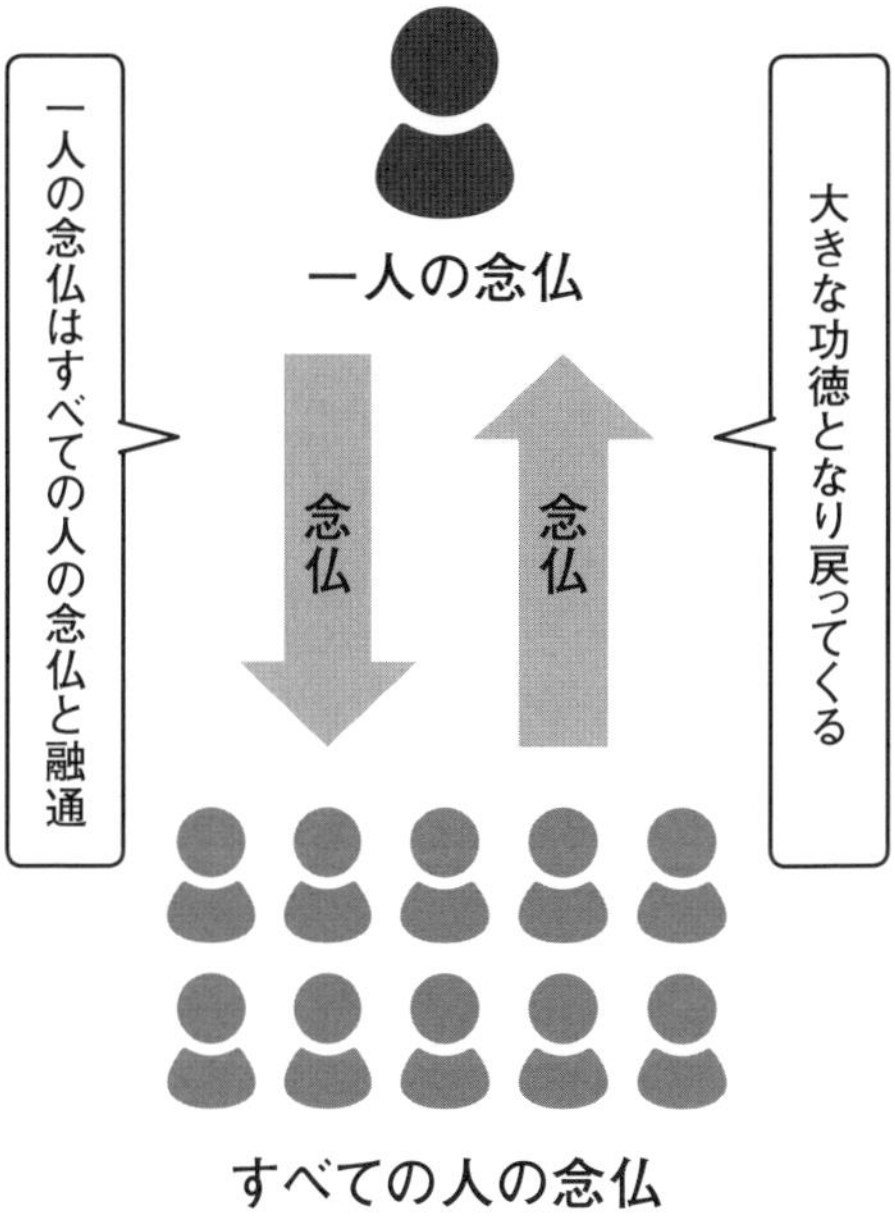

融通念仏宗
知っておきたい名僧列伝

道御《どうぎょ》(※)

——多様な手法で融通念仏を広める

後に十万《じゅうまん》上人の名を奉られた道御（1223〜1311）は、律宗の僧侶でありながら、融通念仏宗の法統が途絶えていた時期に、融通念仏を大々的に広めた人物である。たとえば清凉寺や法金剛院で開催した融通大念仏会には、10万もの人々が参集したという。当時の日本の人口が現在の17分の1くらいだった事実を考えると、驚異的な数だ。融通念仏宗の宗派としての活動が不振をきわめていた時期に、道御のような主流とはいえない人物の活動によって、融通念仏の伝統が守られていたからこそ、やがて宗派として復興できたとも考えられる。それを思えば、融通念仏宗の歴史にとって、実に重要な役割を果たした人物だったといっていい。

道御の経歴は、捨てられた子どもとして始まる。縁あって東大寺で出家し、唐招提寺《とうしょうだいじ》や法隆寺で律宗や真言宗を修学した。晩年は唐招提寺の第24世にも就任している。これだけでも立志伝にあたいする人物像だが、その間に律宗の僧侶でありながら、勧進聖《かんじんひじり》として融通念仏を広めているところに大きな意味がある。

道御が勧進聖となったきっかけは、鞍馬寺に参詣する道すがら出会った老僧(実は神か仏の化身)から、母と再会したければ融通念仏を説け、と勧

道御：「どうご」ともいう。

められたことにあった。阿弥陀信仰というと、とかく浄土宗や浄土真宗ばかりが注目されがちだが、実際には確立された教団組織とは縁遠い融通念仏宗のような信仰のかたちが、広い裾野をもっていた。

この傾向は江戸時代になっても続く。長野の善光寺がその良い例だ。別当の等順《とうじゅん》（1742～1804）が1783（天明3）年の浅間山大噴火の際、被災者に前項でふれた「血脈譜」をさらに簡略化し、免罪符のようなはたらきをもつものとして授けたところ大評判となり、「血脈譜」を手に入れようと人々が全国から善光寺に押しかけた。等順一代が授けた「血脈譜」は180万枚に及んだという。古典落語の「お血脈」はこの逸話にもとづいている。

話を道御にもどすと、彼は宣伝の才能に恵まれていたらしい。鎌倉後期の1279(弘安2)年、清凉寺において興行された大念仏会では、ただ念仏を唱えるのではなく、「念仏狂言」が披露されている。その題材は、道御が融通念仏の功徳によって母と再会できたいきさつである。もともと大念仏会の称名では「阿弥陀仏」が「ハハーアーミダブ」と発声されるが、この発声が「ははみたや」と聞こえ、さらに「母見たや」と解釈された結果、大念仏会そのものが「ははみた念仏」と呼ばれることになったという。このほかにも、法金剛院、壬生寺、千本閻魔堂などで大念仏会が興行され、道御は合計10万の人々に極楽浄土へのパスポートにあたる札を配ったので、十万上人の名を奉られたと伝えられる。

浄土教系

浄土宗

浄土信仰の先駆的宗派

『浄土三部経』にもとづき専修念仏の重要性を説く

日本の浄土信仰は、法然の登場によって一変した。また法然（1133〜1212）を宗祖とする浄土宗の誕生をもって、鎌倉新仏教の誕生とみなされる。それくらい日本仏教史において、法然の果たした役割は大きい。

ひとくちに日本の浄土信仰、あるいは浄土教といっても、その内実は多様性に富んでいる。それをあえて二つに分ければ、法然以前と法然以後に分けられる。法然以前も法然以後も、西方極楽浄土にいるとされる阿弥陀如来をひたすら崇め、つねひごろ念仏することによって、死後は極楽浄土への往生を願う点は共通する。

ただし法然以前は、すでに紹介した融通念仏宗に典型を見るとおり『無量寿経《むりょうじゅきょう》』や『阿弥陀経』のような阿弥陀如来を主人公とする経典だけでは成り立たなかった。むしろ『法華経』や『華厳経』のような本来は浄土信仰とは縁のない経典によって、信仰を正当化し権威づける必要があった。

しかし法然は『無量寿経』と『観無量寿経』と『阿弥陀経』を『浄土三部経』として一括し、もっぱらこの三つの経典にもとづいて教えを説いた。そして『浄土三部経』を独自に読み解き、「専修念仏《せんじゅねんぶつ》」といって、称名念仏のほかの行為はまったく必要ないとも説いた。

法然の思想は中国浄土教の第三祖である善導《ぜんどう》（613〜681）の流れを汲む。中国仏教界の主流は、極楽浄土も阿弥陀如来も私たちの心の中にあるという考え方だ

浄土宗の教え　専修念仏

法然の自著『選択本願念仏集』によると、まず釈迦の教えを、浄土門と聖道門に分け、浄土門を選択。次に浄土門の修行法として正行と雑行に分け、正行を選択。最後に五つある正行のうち称名を選び、専修念仏を最も正しい修行としたという。

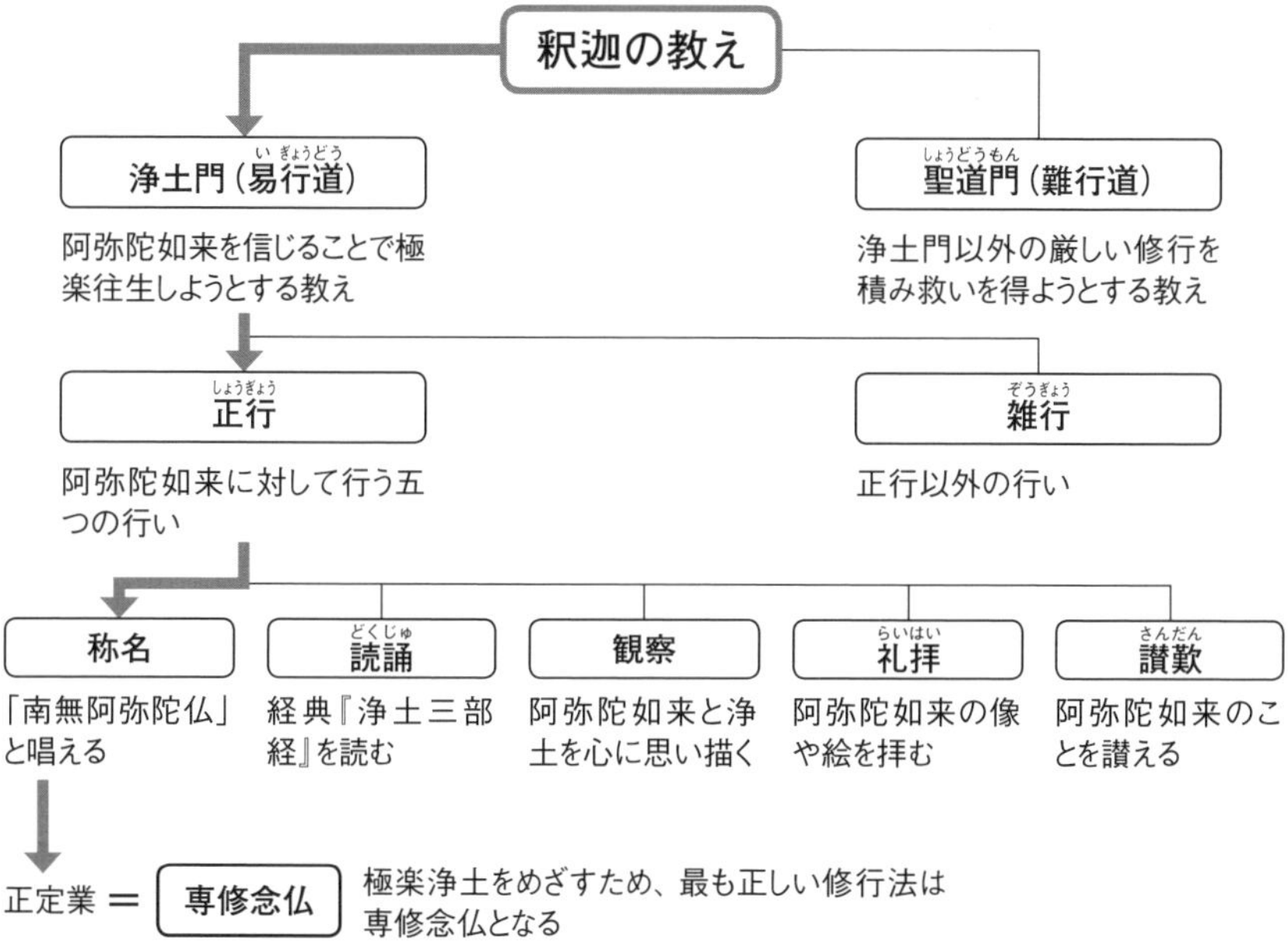

釈迦の教え
浄土門（易行道《いぎょうどう》）
阿弥陀如来を信じることで極楽往生しようとする教え
聖道門《しょうどうもん》（難行道）
浄土門以外の厳しい修行を積み救いを得ようとする教え
正行《しょうぎょう》
阿弥陀如来に対して行う五つの行い
雑行《ぞうぎょう》
正行以外の行い
称名
「南無阿弥陀仏」と唱える
読誦《どくじゅ》
経典『浄土三部経』を読む
観察
阿弥陀如来と浄土を心に思い描く
礼拝《らいはい》
阿弥陀如来の像や絵を拝む
讃歎《さんだん》
阿弥陀如来のことを讃える
正定業 ＝ 専修念仏
極楽浄土をめざすため、最も正しい修行法は専修念仏となる

った。専門用語でいうなら、「唯《ゆい》心浄土《しんじょうど》、己心《こしん》の弥陀《みだ》」である。

それに対し、善導は極楽浄土は実在すると主張した。これを「指《し》方立相《ほうりゅうそう》」と呼ぶ。私たちが今いる娑婆《しゃば》世界から西に向かって10万億の仏国土の彼方に、極楽浄土はたしかにあるという。もっとも極楽浄土は三界六道《さんがいろくどう》、すなわち欲界《よくかい》・色界《しきかい》・無色界《むしきかい》および地獄・餓鬼《がき》・畜生《ちくしょう》・修羅《しゅら》・人・天からなる六道を離れているそうなので、娑婆世界などがある世界とは次元が異なっている可能性はある。ともあれ極楽浄土はあり、そこに阿弥陀如来もおられるのだから、「南無阿弥陀仏」と唱える称名念仏によって、極楽浄土へ往生できると説く善導の思想はわかりやすく、しかも実践しやすいので、一時期は中国の浄土教を風靡した。しかし善導流の隆盛は一時的で、善導の没後まもなくして廃れてしまう。その理由について、善導の解釈は仏教の基本的な理論からするとかなり特殊だからという指摘がある。

　結果的に善導の思想は日本の浄土教によって継承され、むしろ主流になっていった。法然は43歳のとき、夢の中で尊崇する善導に出会い、称名念仏こそ阿弥陀如来の本願にかなうものという確信を得たと伝えられる。

　ちなみに、法然は自身の主張が正しいことを論証するのに、「二項対立」と呼ばれる論法を駆使した。たとえば仏教を自力と他力に分け、末世にあって極楽浄土への往生を願うのであれば、他力は○、自力は×、というぐあいに、○か×かにはっきり分け、△は認めない。この論法は非常に強力で、同じ土俵に乗っている限り、論破するのはとても難しい。

　こうして導き出された法然の結論が他力と専修念仏である。死後、極楽浄土へ往生するには、生きとし生けるものすべてを救いしるという阿弥陀如来の誓願を信じて、ひたすら念仏を唱えることに尽きる。自分の力に頼って、さまざまな行為を実践しても、極楽への往生に関してはなんの意味もない。法然はそう説いたのである。

　法然の度量はまことに大きく、包容力に富む人格ゆえに、上は京都政権における最高権力者の九条《くじょう》兼実《かねざね》から、下は名も無き庶民にまで慕われた。

弾圧を受けながらも爆発的に広まっていく

　もちろん批判や反発も大きかった。庇護者だった九条兼実に求められて執筆した『選択本願念仏《せんじゃくほんがんねんぶつ》集《しゅう》』が出版されると、華厳宗の明《みょう》恵《え》から、仏教の最終目的である悟りを求める心（菩提心《ぼだいしん》）を無視していると厳しく批判された。法然流の念仏が爆発的に広まっていく状況に、比叡山をはじめとする旧勢力は強い危機感をいだいた。さらに弟子の遵西《じゅんさい》（安楽房《あんらくぼう》）と住蓮《じゅうれん》が、後鳥羽院（上皇）の留守中に、宮中で女房たちに念仏を修したことが院の逆鱗に触れたらしい。念

西方極楽浄土の世界観

浄土教の教えでは、極楽浄土への往生を目的としているために阿弥陀如来をあがめ、ひたすらに念仏を唱えることを救いの道とする。また、「浄土」は極楽浄土以外にも、諸仏ごとに存在している。

極楽浄土

娑婆世界から西へ10万億の仏国土（仏の住む国）を超えたとろにあり、阿弥陀如来がいて、そこに住む人々は幸せに満ちているという。

阿弥陀如来を信じて、「南無阿弥陀仏」と唱えれば極楽浄土へ往生できる。

娑婆世界

私たちの暮らす世界のこと。煩悩や汚れにあふれているとされる。

ほかの仏の仏国土

仏	仏国土	
薬師如来	東方浄瑠璃世界	東方にあるとされる。瑠璃の大地をもつ、清浄な世界。
盧舎那仏	蓮華蔵世界	『華厳経』に描かれた浄土。
大日如来	密厳浄土	「三密で荘厳された浄土」の意味。
釈迦如来	無勝荘厳国	西方四十二恒河沙の国土の彼方にあるとされる。

仏宗停止を命じられ、二人の弟子は打ち首、法然やほかの有力な弟子たちは流罪となった（建永の法難）。

しかしこれらの措置も浄土宗にとっては決定的な打撃にはならなかった。法然が開拓した路線が時代の求めていたところと一致し、あまたの帰依者を生んでいったからである。こうして法然の提唱した「専修念仏」は、爆発的な勢いで広まっていった。

法然は著作が少ないこともあって、浄土宗は初期には教義が確立されていたとはいいがたい。そこで、弟子たちの間にいろいろな解釈がはぐくまれた。

法然の弟子といえば、親鸞《しんらん》が飛び抜けて有名だが、最有力の弟子だったわけではない。後継者となった信空《しんくう》（１１４６～１２２８）、西山派の祖となった証空《しょうくう》（１１７７～１２４７）、鎮西《ちんぜい》派の祖となった弁《べん》長《ちょう》（１１６２～１２３８）などのほうが有力だったようで、親鸞を祖とする浄土真宗とは別に、「浄土《じょうど》四流《しりゅう》（西山派・鎮西派・長楽寺《ちょうらくじ》派・九品寺《くほんじ》派）」が誕生した。これらの派のほかにも小さな派が生まれては消え、一時は乱立状態だった。もっとも中世が終わる頃には、西山派と鎮西派の二つしか残っていなかった。

浄土宗の数珠の使い方

「日課数珠」という二つの数珠を組み合わせたものを使用。両手の親指に2輪ともかけ、房は手前に垂らす。

江戸幕府に庇護され繁栄をきわめる

浄土宗が全盛期を迎えたのは、江戸時代である。その理由は、ご存じのとおり、徳川家の宗旨となったことにあった。浄土宗は幕府の宗教統制にも協力的だった。徳川家から特別な配慮があり、ほかの宗派に先んじて、制度的な組織をきずきあげている。寺の数も僧侶の数も目覚ましく増えている。全国に道場を含め、大小さまざま40万あった寺のうち、10万が浄土宗に属し、同じく10万の浄土真宗と拮抗していた。

ただし江戸幕府を打倒した明治新政府の時代になると、その反動が起こった。倒幕に協力した浄土真宗が優遇されたのに対し、浄土宗は冷たい目で見られることになった。それでも明治後半期になると、近代的な教団としての体制を整えていく。仏教の精神にもとづく教育機関の設立や、福祉事業などに大きな貢献を果たす教団となり、現代に至っている。

浄土宗は浄土真宗ほど先鋭化することがなく、和合の心を重視する。いいかえれば、尖ったところがなく、柔らかい。この点は今後の精神世界において、すこぶる大切な要素と思われる。

※数珠の使い方は一般的な目安で、地方や寺、僧侶の考え方によって異なる。

浄土宗
知っておきたい名僧列伝

祐天《ゆうてん》

――念仏による悪霊退治

東京と横浜をむすぶ東急東横線に、祐天寺《ゆうてんじ》という駅がある。渋谷から乗車すると、三つ目の駅だから、まだ都心に近い。その祐天寺駅から東に向かって8分ほど歩いたところに、駅名の由来となった祐天寺がある。

祐天寺はその名のとおり、祐天（1637〜1718）を開山として創建された。祐天については日本近世文学の高田衛《たかだまもる》氏がかつて、『江戸の悪魔祓い師《エクソシスト》』というタイトルの本を出版され、評判になった。たしかに祐天は近世を代表するエクソシストだった。

祐天は遷化したとき、増上寺の第36世の要職にあった。つまりエクソシストが、増上寺の住職になったのである。江戸時代の増上寺は、上野の寛永寺とならんで、将軍家の御廟所、つまり墓を守る寺だった。浄土宗の場合、本来は第一位の本山は京都の知恩院で、増上寺はその下というランク付けだった。ところが、宗派内の実務を仕切る総《そう》録所《ろくじょ》が増上寺におかれ、人事をはじめとするもろもろの権力を握れたので、実力的には増上寺のほうが知恩院よりも上だった。

したがって増上寺の住職ともなれば、その位階や格式はすこぶる高かった。なにしろ将軍の臨終にあたっては来世への導き手となり、葬儀にあたっては導師をつとめるのだから、日本宗教界の最高位といってもいい。官位でいえば、大納言にあたる待遇を受けていた。これは、尾張・紀伊・水戸の御三家と同格である。

祐天の経歴を見ると、ハンディだらけだ。そもそも当時の感覚では、生まれが良くない。貧農の息子である。出家の動機も、ご立派な理由ではなかった。貧しさのあまり口減らしのために、捨て子同然に寺に入れられた。しかも少年時代の祐天は、今でいうLD、つまり学習障害の疑いが濃かった。僧侶になるために絶対におぼえなければならない経文を、どうやっても全然おぼえられない。おのれのバカさ加減に絶望して、自殺しようとしたくらいだ。それが成田山新勝寺《なりたさんしんしょうじ》に参籠していたときに、神秘的な体験をして、一躍天才的な霊能を発揮するに至ったと伝えられる。

天才的な霊能とは悪魔（悪霊）祓いだった。その霊能も尋常ではなかった。はじめは密教系の呪術から出発した。ところが紆余曲折をへて、最終的には浄土宗の本義である念仏、すなわち「南無阿弥陀仏」の一本槍で、あらゆる邪悪な存在に打ち勝つという顛末に至った。つまり念仏による悪霊退治である。これも私たちの常識とはかけ離れている。

このように、祐天の生涯はいろいろな意味でまことに興味深い。その生涯を知ることは、日本近世の精神世界を垣間見る絶好のチャンスになるかもしれないと思い、ご紹介した。

浄土教系

浄土真宗

親鸞が興し分派の本願寺派が台頭

宗祖・親鸞は流罪をへて関東で布教活動

親鸞（1173〜1262）は、浄土真宗の宗祖とされる。しかし親鸞自身はあくまで法然の後継者を自認していた。いいかえれば、新たな宗派を開き、その祖となるつもりはなかった。そもそも同時代の史料から親鸞の存在を見出すのは容易ではない。要するにほとんど注目されていないのである。『教行信証《きょうぎょうしんしょう》』のような立派な著作は残るが、親鸞自身が生きた時代の宗教界にあたえた影響力はきわめて限られていた。

出自も明らかではない。現時点では、父が下級貴族の日野氏、母が源氏の血を引く女性と推測されるくらいだ。9歳のとき、法然に帰依し庇護していた九条兼実の弟で、後に天台座主に就任する慈円《じえん》の稚児となり、15〜16歳のとき比叡山延暦寺で正式に出家したらしい。その後の20年間、親鸞は天台密教・真言密教・華厳宗・法相宗・三論宗などを修学したという。

19歳のとき、尊崇する聖徳太子の霊廟（現在の大阪府南河内郡太子町の叡福寺《えいふくじ》）へ3日にわたり参籠したところ、聖徳太子が夢に現れ、「おまえの寿命はあと10年余りしかないが、死ねばすみやかに浄土へ往けるであろう」と告げられた。この夢告は親鸞に強い衝撃をあたえた。そして10年後、今度は京都市中の聖徳太子建立と伝えられる六角堂に参籠したところ、再び聖徳太子が夢に現れ、法然のもとへ行くようにと告げられた。親鸞はこの夢告にしたがい、法然を訪れ、その弟子となった。

ちなみに古代や中世の人々にとって、夢は現実よりもはるかに高い価値があった。とりわけ神仏との交流はおおむね夢の中で果たされると信じられていたから、親鸞の行動はごく当然だった。

親鸞が法然のもとで過ごしたのは7年ほどである。この間に親鸞は妻帯し、四男三女をもうけている。妻といえば恵信尼《えしんに》がよく知られるが、別の女性も妻にしていたという説もある。妻帯した理由はよくわかっていない。一説には、女性と交わっても極楽へ往生できるという法然の主張を証明するため、法然から九条兼実の娘をめとるように命じられたからという。

7年後、親鸞の境遇は一変する。後鳥羽院に仕える宮中の女房と法然の弟子たちとのスキャンダルから引き起こされた建永《けんえい》の法難（1207年）で、法然やその弟子たち7人が流罪となったのである。この中に親鸞も含まれていた。

親鸞は越後国（新潟県）に配流されたが、このとき恵信尼をつれていた。九条兼実の配慮もあり、流罪とはいえさして厳しいものではなかったようだ。しかも親鸞の伯父が越後の国司の一人という非常に高い地位に就任しており、その庇護を受けられ、流人というイメージから遠い生活を送れたらしい。4年後の1211（建暦元）年、親鸞は赦免され、いったん京都に帰った後、関東へ旅立った。関東には20年ほど滞在して布教した後、63歳ころに京都に戻っている。その間に主著の『教行信証』の執筆にも精力を注いだ。

親鸞というと、民衆とともに歩んだ宗教者というイメージだが、実際には学僧の性格が濃かった。その証拠に、『教行信証』は高度な内容の宗教哲学書で、専門的な教育を受けた学僧でなければ、とうてい理解できない。とすれば、法然から受け継いだと自認する教えを、さまざまな文献を引用して証明し、その正しさを京都や奈良の大寺院にいる学僧たちに認識させるためとしか考えられない。また建永の法難を述懐して「主上臣下、法に背き（院もその臣下も仏法に背き）」と、後鳥羽院とその側近たちを非難している。別の著書では「阿弥陀仏とは姿も形もな

浄土真宗の教え　絶対他力

親鸞は『教行信証』の中で自力で修行を重ねて悟りを得ようとしなくとも、ただ阿弥陀如来を信じて念仏を唱える、つまり他力にまかせることで悟りを得られると説いた。それが極楽往生のための最善の道だという。

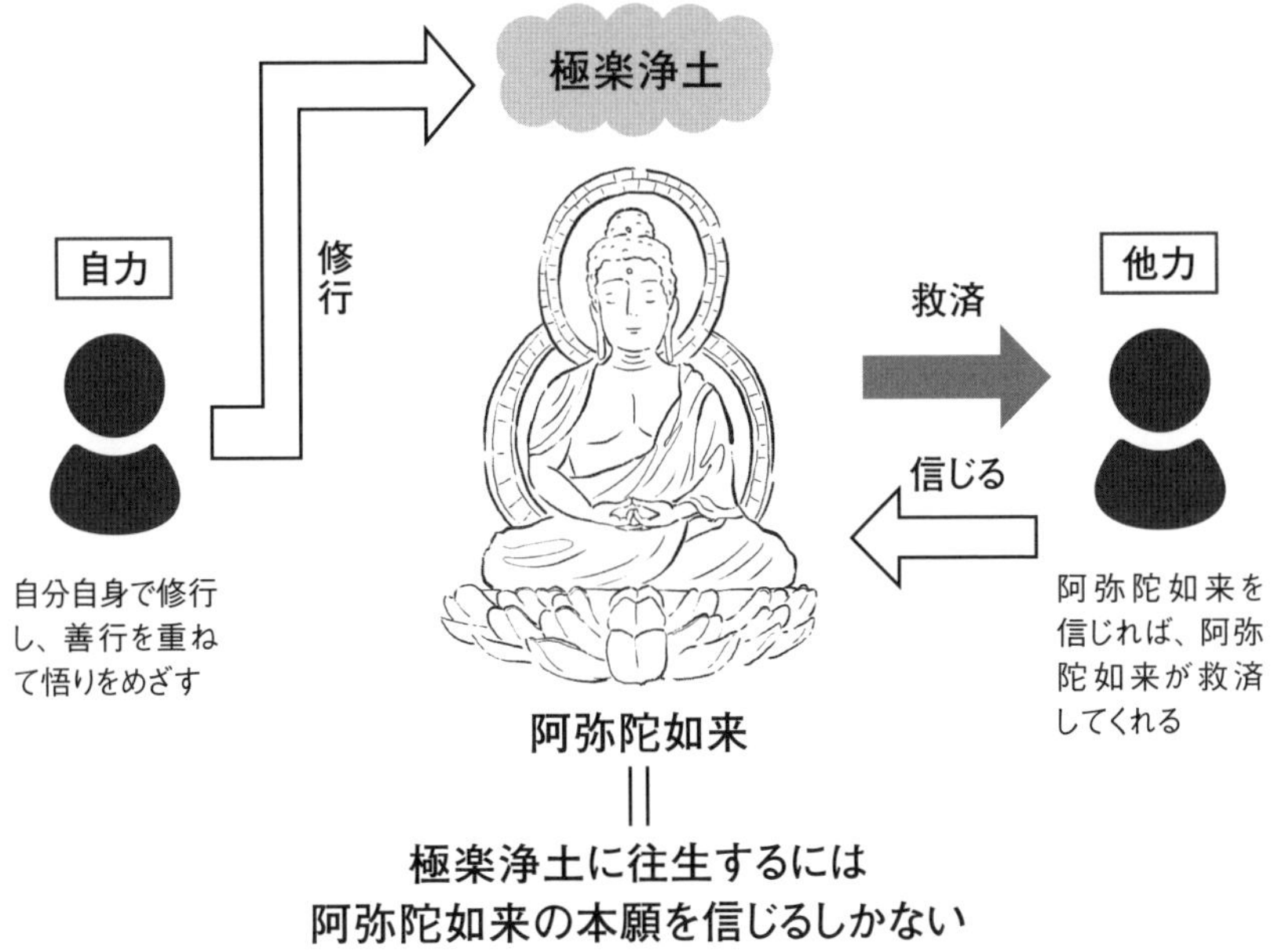
極楽浄土
自力
修行
自分自身で修行し、善行を重ねて悟りをめざす
救済
他力
信じる
阿弥陀如来を信じれば、阿弥陀如来が救済してくれる
阿弥陀如来
||
極楽浄土に往生するには
阿弥陀如来の本願を信じるしかない

い存在であって、それが真理である」とも述べ、民衆の常識的な信仰心では捉えがたいものがある。

悪人であることを自覚し優先的に救われる

一方で和讃《わさん》(※)といって、七五調の四句で教えを、誰でも理解できるようにやさしく説くこともしている。とくに晩年にその傾向が顕著で、大量の和讃を残した。内容は必ずしも平和的ではない。仏敵は暴力によって撲滅せよと説くなど、戦闘的な面も見られ、親鸞は決して現実政治に無関心どころではなく、積極的に関わろうとしていたことがわかる。

一方、自分が悪人であることを自覚できた者こそ、阿弥陀如来に

和讃：経典や仏菩薩、宗祖などを日本語でたたえた歌。

優先的に救われる「悪人正機《あくにんしょうき》」について述べていることで有名な『歎異抄《たんにしょう》』は、関東にいた弟子の唯円《ゆいえん》（1222〜1289）による聞き書きで、親鸞の著作とは言い難い。また、「悪人正機」は親鸞の独創ではなく、すでに法然が提唱していたという説もある。「悪」についても、『歎異抄』の「悪」は殺人など一般的な悪なのに対し、親鸞のほかの著作で論じられている「悪」は宗教上の悪、つまり正法（正しい教え）を誹謗中傷することであり、この種の悪は一般的な悪よりもずっと悪質で罪が重いと主張している。

宗派内で分裂 敵対関係になり戦が勃発

最晩年は末娘の覚信尼《かくしんに》に支えられながら、京都で暮らした。理由は明らかではないが、長男の善鸞《ぜんらん》を義絶せざるをえず、関東に残してきたほかの息子の行く末を心配するなど、いろいろな難題に苦慮しつつ、数え年で90歳という当時としては異例の長命で入滅した。

最期を看取った覚信尼は弟子たちの協力を得て、東山大谷に廟堂（大谷廟堂）を建立し、みずから留守職をつとめた。これが、後に浄土真宗で最有力となる本願寺派の出発点となった。親鸞以後の浄土真宗は、宗祖の教えに対する解釈や見解の違いから、あるいは利権をめぐって分裂を繰り返した。

現時点で浄土真宗は、以下の10派ある。浄土真宗本願寺派（西本願寺）・真宗大谷派（真宗本廟東本願寺）・真宗高田《たかだ》派・真宗興正《こうしょう》派・真宗仏光寺《ぶっこうじ》派・真宗木辺《きべ》派・真宗三門徒《さんもんと》派・真宗出雲路《いずもじ》派・真宗山元《やまもと》派・真宗誠照寺《じょうしょうじ》派。このうち、浄土真宗本願寺派と真宗大谷派は親鸞の血族が法主（最高指導者）を世襲してきた。真宗高田派と真宗仏光寺派は独立性が高く、本願寺をしのぐ勢力を誇った時期もある。

浄土真宗の数珠の使い方

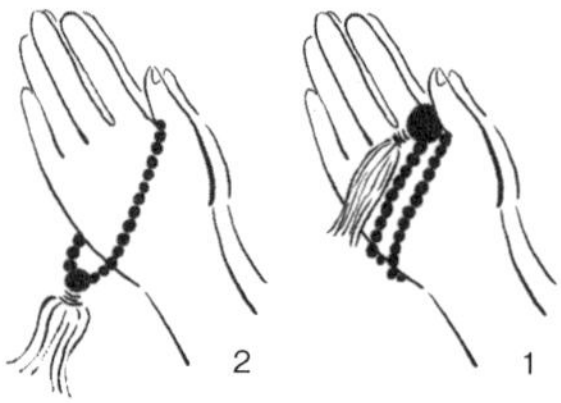

大谷派は房を左右どちらかの親指と人差し指の間にかけ（図1）、本願寺派は左手に持ち房を下に垂らす（図2）。

※数珠の使い方は一般的な目安で、地方や寺、僧侶の考え方によって異なる。

浄土真宗

知っておきたい名僧列伝

蓮如《れんにょ》

——日本仏教史上、最高の宣教者

戦国時代に突入した頃から、浄土真宗は本願寺派が圧倒的な力をもつことになった。その当事者こそ、本願寺第8世の蓮如（1415～1499）である。親鸞亡き後の本願寺は、曾孫で第3世となった覚如《かくにょ》（1270～1351）の頃は裕福だったようだ。覚如の伝記を絵物語に描いた『慕帰《ぼき》絵詞《えことば》』を見ると、非常に贅沢な暮らしぶりである。ところがその後は血族間で後継者をめぐる争いが続き、無理をして現在の本願寺に見られるような御影堂・阿弥陀堂を建立したことで財政が破綻するなど、真宗仏光寺派や真宗高田派（浄土真宗の一派）の隆盛とは裏腹に、衰退の道をたどった。

蓮如が第8世に就任した頃は疲弊の極みにあり、本願寺はもはや天台宗に属す青蓮院《しょうれんいん》の一末寺にすぎなかった。

実は蓮如の就任に際しても一問着あった。父で第7世の存如《ぞんにょ》からの「譲り状」がなく、蓮如が本当に後継者に指名されていたかどうか、疑問だったらしい。このときは叔父の裁定で異母弟の擁立を強引に阻止し、ようやく就任した。この背景には、蓮如の生母が存如の正妻ではなく、出自も不明、しかも蓮如が6歳のとき、本願寺を引き払っていたという事情があった。

このように蓮如の出発はとても順調とはいえな

かった。この劣勢を回復するために、蓮如は文字どおり奮闘する。結果的に蓮如は本願寺を立て直すどころか、かつてない強大な勢力に育て上げ、中興の祖とたたえられることになる。

蓮如が成功した理由は複数あるが、第一因は民衆の教化に並外れた手腕を発揮したことがあげられる。具体的には、「御文章《ごぶんしょう》（御文《おふみ》）」と呼ばれる手紙がある。内容は仮名書きの法語で、その数は二百数十通にのぼる。なかでも有名なのは「朝《あした》ニハ紅顔アリテ夕《ゆう》ベニハ白骨トナレル身ナリ　ステニ无常《むじょう》ノ風キタリヌレハ」という『白骨《はっこつ》の御文章（御文）』である。ここに表れている無常観は日本人の心の琴線にことのほか強く触れるようで、今もよく引用される。親鸞の和讃《わさん》が教義を語るのに比べ、蓮如の「御文章（御文）」は情緒に訴える傾向が感じられる。さらに紺紙《こんし》に金泥《きんでい》（金粉を溶いた絵具）で「南無阿弥陀仏」と書いた名号《みょうごう》（仏菩薩の称号）を本尊として授けたことも、人々の信仰心をかきたてるのに大きく貢献した。成功の第二因には、権力の本質や動向を鋭く見抜く眼をもち、権力と良好な関係をきずくことに成功した点があげられる。蓮如率いる本願寺派が、比叡山などの旧勢力から繰り返し弾圧された原因の一つは、蓮如と室町幕府との良好な関係が嫉妬されたからではないかという説があるくらいだ。

27人もの子女をもち、彼らを各地に配置して教団の基礎を固めたことも、成功の一因に数えられる。要するに蓮如は日本の仏教史上、最高の宣教者だったのである。

浄土教系

時宗

「踊り念仏」で布教活動

「賦算」は極楽浄土へのパスポートを配ること

時宗《じしゅう》は時衆《じしゅ》とも呼ばれてきた。時衆とは、一日に6回、定められた時刻に念仏を唱える集団を意味するので、六時念仏衆《ろくじねんぶつしゅう》あるいは六《ろく》時衆《じしゅう》と称され、後には宗祖の一遍《いっぺん》智真《ちしん》（1239〜1289）とその弟子たちが時衆と称されるようになった。直弟子たちは道時衆《どうじしゅう》と呼ばれ、つねに20〜30人ほどが一遍と行動をともにした。それ以外に、在俗の俗時衆や後述の賦算《ふさん》札を授かっただけの結縁衆《けちえんしゅ》がいた。

一遍は瀬戸内海に強大な勢力圏を誇っていた河野《こうの》水軍の統領、河野通信《みちのぶ》の孫として生まれた。10歳で出家し、13歳のときに九州の太宰府に行き、浄土宗の聖達《しょうたつ》の弟子となった。25歳で父が死去したため故郷に帰って還俗したが、33歳で再び出家した。出家の理由は親類縁者との間で起こった刃傷沙汰だったらしい。また二人の美しい愛人の「執心愛念嫉妬の畏るべきことを思ひ知り」、出家したともいう。36歳のとき、生まれ故郷を旅立つ。その際、妻の超一《ちょういち》と娘の超二《ちょうに》、実子ともいわれる聖戒《しょうかい》たちを連れていた。各地をめぐり、あるとき、熊野本宮大社の証誠殿《しょうじょうでん》に百日間、参籠した。ここが神から極楽往生の証明を受けられる聖所とされていたからである。一夜の夢に、御殿の扉が開き、白髪の山伏が長頭巾をかぶって出現し、「お前が阿弥陀仏への信仰を勧めたから、人々が救われるのではない。生きとし生けるものすべてを救おうという阿弥陀仏の誓願によって救われるのである。だから、相手

時宗の教え　賦算と踊り念仏

時宗の布教は多くの人と念仏との縁を結びつけるために、賦算することである。そして、その旅の最中に生まれたのが踊り念仏だった。

賦算

南無阿弥陀仏

一遍は「南無阿弥陀仏」と唱えれば、ほかの修行は必要ないとした

決定往生六十万人

出会う人すべてが救われるという意味。

賦算しながら遊行

起源は空也

踊り念仏

一遍たちが賦算のための遊行を続ける中で始まったのが、踊りながら念仏を唱える踊り念仏だった。多くの人々に受け入れられたという。

の信仰の有る無しに関係なく、浄不浄にも関係なく、『南無阿弥陀仏　決定往生六十万人《けつじょうおうじょうろくじゅうまんにん》』と書いた札を配れ」と告げられた。

これが、一遍の悟り体験となった。その10センチメートル足らずの紙の札はいわばば極楽往生のパスポートであり、札を配ることを「賦算」という。ここからわかるとおり、一遍の体験は仏と神が一体化したところに成立している。その意味で、日本の浄土信仰でもいちばん神仏混淆《こんこう》の性格が濃い。

さらに一遍は浄土信仰以外の信仰を否定していない。極楽浄土へ往生するには「南無阿弥陀仏」の一点張りだが、目的が別にあるならば、ほかの信仰にも存在する価値を認めていた。そのため時宗の

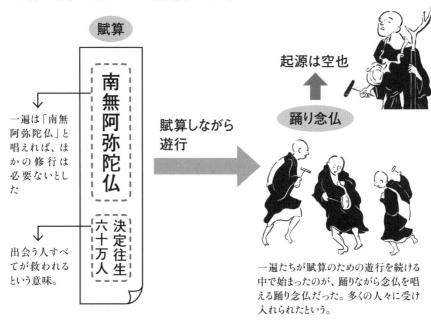

寺院では本尊が阿弥陀如来とは限らず、ほかの仏菩薩の例もある。

その後、16年間、北は現在の岩手県北上市、南は鹿児島県の大隅八幡宮（現在の鹿児島神宮）まで大勢の弟子たちを引きつれて、日本各地を遊行した。このときに布教のため実践した効果的な方法が「踊り念仏」だった。

発端は1279（弘安2）年の秋、信州の小田切《おたぎり》の里で、不遇のまま亡くなった叔父の霊をなぐさめる供養をしているとき、13人の僧侶が一心に念仏を唱えているうちに忘我状態となって、踊りはじめたのである。鉦鼓《しょうこ》やささらの音に合わせて、輪を描く激しい踊りが延々と続いたという。踊りの激しさは、『無量寿経《むりょうじゅきょう》』に「如来のお姿を見た者は、信仰をかため、踊躍して大歓喜する」と説かれていることに由来する。

踊り念仏という布教方法の創始者は空也《くうや》（903〜972）であって、一遍ではない。しかし踊り念仏を最も効果的に使ったのは一遍であり、踊り念仏は時宗の代名詞

浄土教3宗派の念仏の違い

念仏を唱えることを重視する浄土教の3宗派、浄土宗、浄土真宗、時宗だが、念仏へのアプローチはそれぞれ違いがあった。

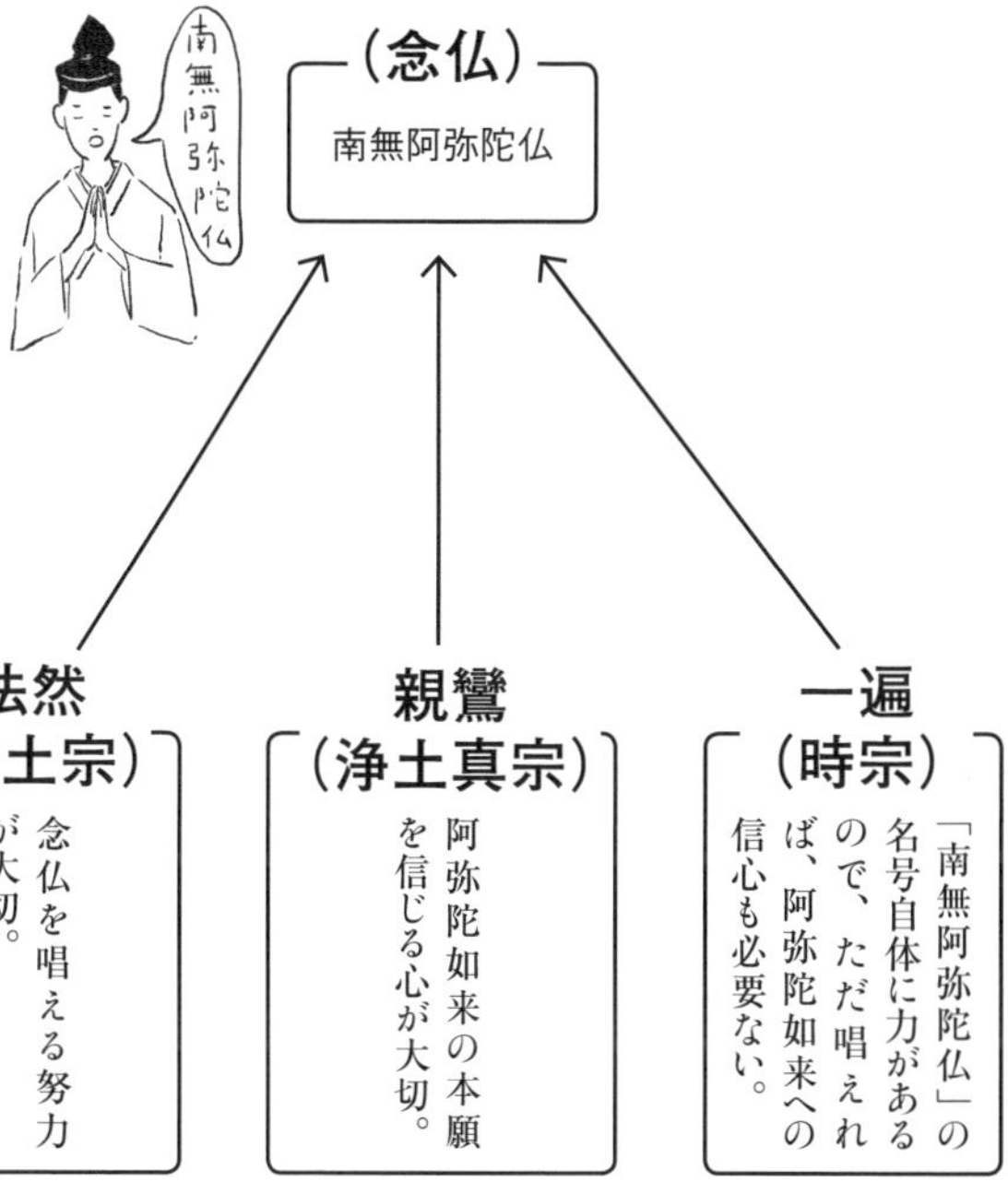
南無阿弥陀仏
（念仏）
南無阿弥陀仏
法然
（浄土宗）
念仏を唱える努力が大切。
親鸞
（浄土真宗）
阿弥陀如来の本願を信じる心が大切。
一遍
（時宗）
「南無阿弥陀仏」の名号自体に力があるので、ただ唱えれば、阿弥陀如来への信心も必要ない。

となっていく。時宗の踊り念仏は「さわがしき事、山猿に異ならず。男女の根を隠す事なく」（『天狗草紙』）というように必ずしも良い評判ばかりではなかったが、布教活動が大成功をおさめた要因だったことは疑いようがない。

一遍自身は、長年の労苦の果てに、おそらく一種の栄養失調のために示寂した。その際、弟子たちに経典や書物をことごとく焼却するように命じたが、それは完全には果たされず、おかげで私たちは一遍の思想を知ることができる。

時宗の数珠の使い方

二連数珠か日課数珠を使用。合掌して、左手の親指と人差し指の間にかける。

すべてを捨てて念仏を唱える「捨聖」の精神

同じ日本の浄土信仰でも、「南無阿弥陀仏」という名号を唱える行為に、解釈の違いが見られる。時宗では「一気十念《いっきじゅうねん》」といって、一息で唱えるのが重要であり、回数にはこだわらない。由来は一息一息の絶えるところを臨終、吸う息は生、吐く息は死、と解釈することに求められる。

さらに重要な点は、念仏を唱える際、すべてを「捨てる」ことだとされる。智慧も迷いも欲望も、俗世を嫌うことも、極楽浄土を念仏の外に望むことも捨てて、念仏を唱えなさいと一遍は説いている。このゆえに「捨聖《すてひじり》」とも呼ばれたのである。

一遍以後の時宗は、次項で述べる他阿の尽力により強大な教団となる。しかし室町時代の応永年間あたりから、その勢力は下降していった。戦国時代をへて、江戸時代になると、幕府の意向により、多種多様の念仏勧進聖の活動が一遍の流れを汲む「時宗」に統合され、結果的に時宗は再興した。しかし明治維新政府が実施した神仏分離や廃仏毀釈により甚大な被害に遭うことになる。その理由の一つは、時宗が各宗派の中でもひときわ神仏混淆の性格が濃かった点に求められるかもしれない。

※数珠の使い方は一般的な目安で、地方や寺、僧侶の考え方によって異なる。

時宗

知っておきたい名僧列伝

他阿真教《たあしんきょう》

――時宗の実質的な宗祖

その宗派が、後世に存続するためには、教団組織が欠かせない。教団組織が成立するためには、カリスマ性をもった宗祖だけでは無理だ。ある程度のカリスマ性をもち、なにより実務にたけた人材が欠かせない。他阿真教（1237～1319）はその点で最適だった。

一遍自身は示寂に先立って「我化導《わがけどう》は一期《いちご》ばかりぞ」と宣言しているところから、自身の死後、時宗は自然消滅すると考えていたらしい。時宗における一遍の権威は絶対的だったから、当然のなりゆきといえる。仮に後継者を選ぶとすれば、異母弟あるいは甥、一説には実子とも推測されている弟子の聖戒《しょうかい》（1261～1323）を考えていたようだ。一遍臨終の枕元で、他阿派と聖戒派が言い争った形跡もある。後に一遍の絵伝が制作されたときも、聖戒が関わった「一遍聖絵《いっぺんひじりえ》」と他阿が関わった「一遍上人縁起絵（遊行上人縁起絵）」は、互いの存在を無視しあっている。他阿と聖戒が対立する関係にあったことは確かである。

他阿自身は一遍が示寂したとき、あとを追って山中に入り、餓死しようとしたらしい。しかし周囲の者に押しとどめられ、消滅の危機にあった時宗を再結成することに全力をあげることになった。もし他阿がいなければ、時宗という教団は残らなかった可能性が高い。他阿は1277（建治3）年に九州で布教していた一遍と出会い、以来、一遍の示寂まで行動をともにした。一遍の死後は解散状態にあった時衆を再結成し、関東・北陸・東海道の諸国を遊行した。晩年は相模国に草庵をいとなみ、後にこの草庵が当麻《たいま》道場《どうじょう》金光院《こんこういん》無量光《むりょうこう》寺《じ》となる。以上のようないきさつを考えると、他阿こそ時宗の実質的な宗祖といえる。

　他阿は教義をわかりやすく説くとともに、教団の統制に並々ならぬ手腕を発揮した。下部組織としての末寺道場や支部をピラミッド状に構成し、それらを恒常的に支配し指導し、さらには末寺道場や支部が信者たちを把握する体制を確立した。その一つが、時衆の僧侶としての規律を定めた「道場制文《どうじょうせいぶん》」だ。他阿はこれを全国に配布して、乱れがちだった規律の徹底化をはかった。これらは当時としては画期的だった。

　また「時衆《じしゅう》過《か》去帳《こちょう》」をつくって、他阿の後継者となった歴代の遊行上人が、知識の名のもとに、信者が往生できたか否かを判定する仕組みを創始した。その効果は絶大で、信者は過去帳に「往生《おうじょう》」と書かれるように懸命に努力することとなった。ただしこうした措置が遊行上人の権威を必要以上に高め、結果的に時宗の体制化や形骸化につながったことも否定できない。

禅宗系

臨済宗

坐禅により悟りをめざす教え

中国で成立した定（瞑想）を主流とする仏法

禅宗はブッダの悟り体験をみずからの心身を場として再体験することをめざす。すなわち仏教の原点回帰といっていい。そして仏教の基本である「戒《かい》・定《じょう》・慧《え》」、つまり戒律・瞑想・智慧のうち、定の部分が独立し、「禅戒一如《ぜんかいいちにょ》・定《じょう》慧一等《えいっとう》」と称して、定の中に戒も慧も含まれるという構造をもつ。ただし成立したのは、仏教の生まれ故郷のインドではなく、中国である。

「禅」は、サンスクリット（梵語）で精神の集中徹底を意味するディヤーナを漢字で音写した禅那《ぜんな》の略語だ。仏教の瞑想法では、ダラーナ（執持《しゅうじ》＝意識集中）→ディヤーナ（禅）→サマーディ（三昧《さんまい》＝対象との一体化）と進むのが原則とされる。なお「禅」という漢字そのものは、祭壇を設けて天を祀ることを意味し、仏教とはまったく縁がない。

中国禅の伝承では、インドから菩提達磨《ぼだいだるま》が伝え、第6祖の慧能《えのう》（638〜713）が大成したとされている。大きく分けると、慧能の「南宗禅《なんしゅうぜん》」と神秀《じんしゅう》（?〜706）の「北宗禅《ほくしゅうぜん》」の二系統ある。

前者は、機会に恵まれれば一気に悟りに到達する「頓悟《とんご》」を、後者は段階的に修行を積んで悟りに到達する「漸悟《ぜんご》」を主張する。主流となったのは「南宗禅」の「頓悟」である。

禅の思想の中核には『華厳経』からの影響が認められる。とりわけ「一即多《いっそくた》」・「有無一如《うむいちにょ》」の思想が指摘されている。しかし禅には仏教以外の要素もある。道教からは「無」の思想や内観《ないかん》と呼ばれる技法が導入されている。

師からの課題「公案」を坐禅修行で解きあかす

唐時代に始まる禅宗は宋の時代までに「五家七宗《ごけしちしゅう》」に分かれた。「五家」は潙仰宗《いぎょうしゅう》・曹洞宗・雲門《うんもん》宗《しゅう》・法眼宗《ほうげんしゅう》・臨済宗をいい、臨済宗はさらに黄龍派《おうりゅうは》と楊岐派《ようぎは》に分かれたので「七宗」という。

「五家七宗」はあくまで宗風の違いであって、根本的な教義や儀礼は変わらない。このうち日本へは鎌倉時代から室町時代に、臨済宗と曹洞宗が伝えられた。江戸初期に伝えられた黄檗宗は臨済宗の流れを汲む。

臨済宗の「臨済」は唐時代の末期に登場した臨済義玄《ぎげん》（？～867）に由来する。北宋の時代には黄龍慧南《おうりゅうえなん》と楊岐方会《ようぎほうえ》というすぐれた人材が現れ、黄龍派と楊岐派が生まれる。

南宋の時代になると楊岐派が黄龍派を圧倒して、主流派となる。臨済宗の特徴は師からあたえられた「公案」と呼ばれる課題を、坐禅修行によって解きあかし、悟りを追求することにあり、「看話禅《かんなぜん》」とも呼ばれる。

日本の臨済宗は、栄西《ようさい》（1141～1215）によって黄龍派が、ややおくれて俊芿《しゅんじょう》（1166～1227）によって楊岐派が伝えられた。

臨済宗というと栄西のほうが有名だが、実際には俊芿が伝えた楊岐派のほうがずっと優勢で、禅宗24流のうち20流までを占めている。中国から渡来した無学祖元《むがくそげん》・一山一寧《いっさんいちねい》などの禅僧も、みな楊岐派である。

栄西自身は非常に複雑な方向性の持ち主で、禅僧でありながら、天台密教葉上流《ようじょうりゅう》の祖でもあった。もっともこのような「禅密兼修・禅密双修」は、なにも栄西に限ったことではなく、鎌倉時代から室町時代に活動した禅僧にはありがちだった。

ほかの宗派よりも厳しい修行にいどむ禅僧たちには、同じように厳しい修行を積む密教僧たちと同様に、霊的な能力があるとみなされていた。そのため、中世の闇を跳梁跋扈《ちょうりょうばっこ》した怨霊対策が期待され

禅の基本である坐禅とは

禅宗では経典に頼らず、坐禅を組んでみずからの心を見つめ、みずからの力で悟りをえることを目標としている。臨済宗でも重要視されている坐禅とはなにか。

基本の姿勢

さまざまな雑念が浮かんでは消えていくのを、無理に払いのけない。思いのままにまかせる。

目は閉じずに、1メートルほど先に視線を落とす。口は軽く閉じる。

（呼吸の仕方）

最初に口から息を長く静かに吐く。限界まで吐くと、自然に鼻から息が吸い込める。

背筋をまっすぐに伸ばして、腰を据える。

（手の組み方）

右の手のひらに左の手のひらを重ね、親指で卵形をつくるようにする。法界定印という手の形。

（足の組み方）

両足の裏を上に向けて足を組む結跏《けっか》趺坐《ふざ》という組み方に。片足のみ足を上に向ける、半跏趺坐《はんかふざ》で組むこともある。どちらも、両膝とお尻の3点で体を支える。

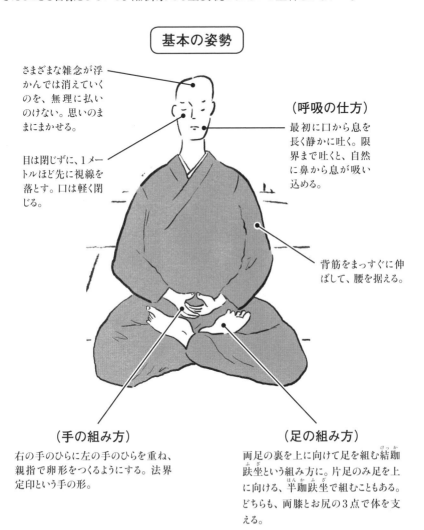

臨済宗の教え　公案

公案には、古則《こそく》公案と現成《げんじょう》公案があり、両方とも理解を得なければ悟りは開けない。

公案

師から弟子に出す課題のこと。

古則公案

かつて悟りを開いた師たちの言行録から出題した、課題1700問に取り組む。どれも難題であるが、すべて解答しなければ悟りを開けない。

現成公案

公案の応用問題。現実世界で起こる自然現象や、悩みのすべてを公案として考える。あらゆる真理に触れることで、真の悟りにつながる。

師から弟子に課題があたえられる。弟子は坐禅を組みながら、解答を模索する。

解答が出たら師の部屋へ行き、自分の見解を述べる。解答に師が納得すれば、悟りを得たことになる。このやり取りを「禅問答」という。

ていたからだ。

現在の日本臨済宗は応燈関の系統に属する

臨済宗の場合、仏道修行の原点に立ち返り、ひたすら悟りを追求する「純粋禅《じゅんすいぜん》」は、南宋から渡来した蘭渓道隆《らんけいどうりゅう》（1213～1278）から始まった。

この流れは鎌倉末期から南北朝時代をへて室町時代初期に、「応燈《おうとう》関《かん》の三代」と呼ばれる日本臨済禅の頂点に至る。南宋の虚堂智愚《きどうちぐ》に師事した大応国師《だいおうこくし》（南浦紹明《なんぽじょうみん》1235～1308）・大燈国師《だいとうこくし》宗峰妙超《しゅうほうみょうちょう》（1282～1337）・無相大師《むそうたいし》（関《かん》山慧玄《ざんえげん》1277～1360）の三人である。

現在に伝えられる日本臨済宗の

法系はことごとく応燈関に属する。なぜなら、関山の衣鉢《いはつ》のみが江戸時代前期に登場した白隠慧鶴《はくいんえかく》（１６８５〜１７６８）に受け継がれ、ほかの系統はすべて絶えてしまったからだ。

支配階層武士から支持を受け幕府とも密な関係に

その一方で、臨済宗は支配階層に属する武士たちの基本的な素養となった。生死をかけて戦うことを本分とする武士にとって、禅宗の簡潔で実践しやすい教えは福音だったからだ。

なかでも京都五山をはじめとする臨済宗の巨大な寺院は、権力と密接な関係をきずきあげることに成功する。対明貿易を仕切って莫大な利益を上げ、官僚機構の脆弱な室町幕府に代わって徴税を請け負い、これまた莫大な利益を手にしている。

経済的に豊かな臨済宗の僧侶たちは、いわゆる禅文化の担い手ともなっていった。この功績は十分に評価すべきだが、ひたすら悟りを志向する純粋禅と禅文化が果たして両立できるものか否かは、疑問の余地はある。事実、京都五山の禅僧たちの中には贅沢三昧に明け暮れる者も少なからずいたからである。

また権力者の側近として政治に関与していく僧侶の割合がほかの宗派に比べて多いところも、気になる。民衆との接点も、あまりなかった。

それやこれやで室町幕府が衰退すると、臨済宗もそれにあわせるように衰退していく一方だった。臨済宗の復興は、次項で述べる白隠慧鶴の登場を待たなければならなかった。

そして白隠によってよみがえった臨済宗は、明治維新期以降、ほかの宗派がおおむねふるわなくなるのとは対照的に、精神界に占める地位を高める。そして、さらには日本国内にとどまらず、世界へと飛躍していった。その証拠に、日本仏教といえば、まずほとんどの場合、ＺＥＮ（禅）を意味するほどだ。

白隠慧鶴《はくいんえかく》――病を乗り越えた偉大な禅僧

日本臨済宗の歴史で最も重要な人物を選べといわれて、白隠慧鶴（1685〜1768）の名をあげることに躊躇はない。現在の臨済宗は、ことごとく白隠の法系につらなっているからである。白隠は柔軟な思考の持ち主で、布教の天才でもあった。絵画の才能に恵まれていたこともあり、身分に関係なく帰依を集め、臨済宗の復興に絶大な貢献を果たした。

「大悟《だいご》十八度　小悟《しょうご》数を知らず」は、中国の宋時代の禅僧で、公案に否定的な曹洞宗を批判して臨済宗の優位を打ち立てたとされる大慧宗杲《だいえそうこう》（1089〜1163）が発した言葉である。刻《こっ》苦修行《くしゅぎょう》の果てに、大悟（大きな悟り）して、これで終わりと思っていたらその先がまだあって、小悟（小さな悟り）に至っては数えきれないという意味だ。白隠も著作の中で「大慧のいわゆる大悟十八度小悟数を知らざること今更疑うなし」と述べているところを見ると、白隠もまた同じ体験をしたらしい。禅の悟り体験は、一回だけでは済まないようで、「究極の悟りだ」と思うくらい大きな悟り体験ですら繰り返しあり、逆にいえば、たった一回だけ悟り体験を得ても、「それがどうした?」というわけである。こんなことを言えるのも、白隠だからであって、余人では無理だろう。

なぜなら白隠はその頃不治の病とされた肺結核を、ひたすら修行して治したからだ。死と直面せざるをえない過程で、貴重な体験を無数に重ねていたのである。

白隠は生前すでに稀代の禅僧として名声を得ていたが、その位階は生涯住職としては最低ランクの座元《ざげん》にすぎなかった。生活も貧窮をきわめ、醤油は商家の捨てたものを使い、椀の中に虫が浮いていても、平然として食べていたという。師から印可《いんか》（悟ったという証明書）をえれば、修行は終わったと思い込み、あとは裕福なお寺でのうのうと暮らす禅僧が少なくなかった時代に、白隠はまさに別格中の別格だった。

重い病といえば、禅の修行に熱中すると、人によっては心身のバランスを崩し、「禅病」という病にかかってしまう危険性がある。白隠もまたその一人で、回復にずいぶん苦労している。「禅病」は、いまでいう神経症かうつ病のようだ。「禅病」の症状は、心気は逆上し、肺臓は痛み、両脚は氷雪につけたように冷えきり、両耳は谷川の響のように耳鳴りし、肝胆は疲れ弱まり、心神は疲労困憊。寝ても醒めても、さまざまな幻覚が見え、両脇の下にはたえず汗をかき、両眼にはいつも涙がたまっている……。

しかし、白隠は禅病の危機をみごとに乗り越えた。それどころか真の悟りを開き、臨済宗を復興し、今日に続く禅隆盛の基礎をきずいた。肺結核や「禅病」の体験がなければ、白隠はこれほど偉大な禅僧になれなかっただろう。

禅宗系

曹洞宗

坐禅に徹して悟りをめざす「默照禅」

二つの禅の方法論「看話禅」と「默照禅」

唐時代の中国で生まれた禅宗は、宋時代に至って大きく変容した。唐時代の禅僧たちはまだ数が少なく、もって生まれた天分のまま、いわば天衣無縫《てんいむほう》に悟りを体験していた。ところが宋時代に至り、禅僧をめざす人々の数が飛躍的に増え、さらに在家のままで禅宗に帰依する者もあらわれる。そうなると、唐時代のように天分に任せてというわけにはいかなくなる。悟りへと至る階梯《かいてい》を想定し、一種の教育的な措置を講じる必要に迫られた。

そこで創出されたのが「看話《かんな》禅《ぜん》」だった。日本へは24流の禅宗が伝えられたが、そのうちの21流が「看話禅」の臨済宗であった。曹洞宗は3流にすぎず、しかも現在まで残っているのは希玄道元《きげんどうげん》（1200～1253）が伝えた1流のみである。

「看話禅」を最終的に完成したとされる人物が大慧宗杲《だいえそうこう》（1089～1163）である。その大慧宗杲には好敵手がいた。曹洞宗の宏《わん》智正覚《ししょうがく》（1091～1157）である。彼はブッダに始まるインド伝来の坐禅を継承して、ひたすら坐禅する「默照禅《もくしょうぜん》」を主張し、公案による「看話禅」を否定した。

「默照」とは「黙々たる瞑想により智慧の光で心の中を照らす」ことを意味する。したがって「默照禅」では悟りという目標は設定されるべきではなく、坐禅することがすなわち坐禅の目的になる。そして坐禅に徹すれば、自己の内奥にもともとある仏性《ぶっしょう》（仏としての

曹洞宗の教え 只管打坐と生活禅

曹洞宗の主張する黙照禅は、坐禅することが悟りになるのだから、ただ黙々と坐禅を行えばよいという考え方で、只管打座《しかんだざ》とも呼ぶ。

只管打坐

曹洞宗では、修行のすえに悟りをえることを目的にしてはいけない。無心で坐禅に取り組むことで、悟りを開けるとする。そのため、曹洞宗では壁に向かってひたすらに坐禅を行う。

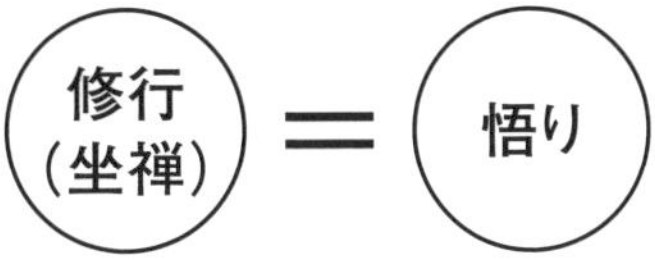

生活禅

坐禅の他にも、曹洞宗は日常生活も修行であると説く。仕事や食事、睡眠、炊事などの日々の行いのすべてが修行で、それらは尊いものでなければならない。この考え方を生活禅という。

本質）がおのずからあらわれるとみなすのである。

なお宏智正覚と大慧宗杲は禅の方法論では対立したが、互いを深く信頼し、親交があった。その証拠に、宏智正覚は臨終の際、後事を大慧宗杲に託している。

真の教えを求めて宋へ渡った道元

日本の禅宗史を俯瞰するとき、他の宗派を兼修せず、ひたすら悟りを追求する純粋禅は、二人の禅僧によって切り開かれた。一人は南宋から渡来した蘭渓道隆《らんけいどうりゅう》（1213～1278）であり、もう一人は日本曹洞宗の祖となった道元である。

道元は24歳の春、臨済宗が全盛

の南宋時代に法を求めて渡った。最初は臨済宗の大慧宗杲の衣鉢を継ぐ、天童山景徳寺《てんどうざんけいとくじ》の無際了派《むさいりょうは》に師事している。

　しかしその教えに満足できず景徳寺を去り、各地の禅寺をわたり歩きながら良師を求めたものの、見出せなかった。失望のあまり、一時は帰国も考えたようだが、無際了派の没後、景徳寺の住職に就任した曹洞宗の長翁如浄《ちょうおうにょじょう》（天童如浄　1163〜1228）のもとを訪ねたところ、この人こそ真の師であると確信し、修行に励むことになる。

「身心脱落」の言葉で悟りを開く

　そしてある日の早朝、如浄が坐禅中に居眠りをしていたある僧を厳しく叱って、「坐禅はつねに身心脱落でなくてはいけない。眠りこけてどうするのだ」と一喝したとき、道元は身も心もすべての執着から解き放たれ、行住坐臥《ぎょうじゅうざが》（※）のいとなみすべてがそのまま仏の姿のあらわれにほかならないことを悟ったという。この体験は師の如浄にも認められ、印可を受けた。

　4年間の留学を終え、28歳で帰国した道元は、まず京都の建仁寺に住し、次いで深草《ふかくさ》（現在の京都市伏見区）に興聖寺《こうしょうじ》を建立して弟子の養成と著述につとめた。しかし比叡山延暦寺の僧徒から激しい迫害を受け、やむなく新天地を求めざるをえなくなる。

　このとき手をさしのべたのが、道元にかねて帰依していた波多野《はたの》義重《よししげ》だった。義重は領地のある越前に道元を招き、ここに永平寺が建立されることとなった。

教団方針の内紛により誕生した「両祖」制度

　当時の禅僧の多くは、帰国に際してかの地の経典や論書、あるいは仏像や画像などをあまた持ち帰るのが当然だった。しかし道元はまったく持ち帰らず、その代わりに自身の体験や思索を著作として著した。その代表作が『正法眼蔵《しょうぼうげんぞう》』であり、全部で95巻もある。ちなみに禅宗は「不立文字《ふりゅうもんじ》」と称して、言葉で真理は表現できないと主張しながら、皮肉なことに全宗派の中で書物の数が最も多い。

行住坐臥：日常の振る舞いのこと。「行く」「とどまる」「座る」「寝る」の四つを指す。

このようにして日本曹洞宗は出発したが、その後の展開はすこぶる複雑ないきさつをたどった。原因の一つは、後継者の間で教団の方針をめぐる見解に相違が生じたことに求められる。あくまで道元以来の純粋禅を志向する派と、民衆への教化をはかって教団を発展させてこそ道元の遺志を実現できると主張する派が、激しく対立したのである。

曹洞宗の数珠の使い方

合掌して左手の親指と人差し指の間にかけて使う。

民衆への教化にはときとして密教に類する呪術的な行為も実践しなければならない。そうなると、純粋禅とは異なる方向へ向かう危険性がある。では、どうするか。

この種の対立は、ブッダが弟子たちを養成するために教団を組織した時点からあり、どの宗派でも悩みの種だった。

その結果、曹洞宗には他の宗派には見られない事態が生まれた。「両祖《りょうそ》」といって宗祖が二人いる。一般的な意味で宗祖にあたる希玄道元を高祖、布教の天才で宗派の発展に大きく寄与した瑩山紹瑾《けいざんじょうきん》（１２６８～１３２５）を太祖《たいそ》と呼んでいる。現時点で永平寺を拠点とする道元派が3割、總持寺を拠点とする瑩山派が7割といわれ、かつては瑩山派の割合がもっと大きかったという説もあるから、教団が発展するためには民衆への教化がやはり大事だったことがよくわかる。

また、もともと天台宗や真言宗に属していた寺が、今は曹洞宗に属している例が少なからずある。その場合、寺の構造はもとより、先祖供養の方式などがそのまま受け継がれている例も少なくない。

このように、道元の主張からは想像しにくいが、曹洞宗は思いのほか寛容なところがある。とりわけ寺三つに一つが曹洞宗といわれる東北地方に、その傾向が強い。

※数珠の使い方は一般的な目安で、地方や寺、僧侶の考え方によって異なる。

曹洞宗
知っておきたい名僧列伝

鈴木正三《すずきしょうさん》

——労働こそ仏道修行

日本仏教の歴史において、仏教における労働観を確立し、日本を宗教思想の面で近代化へ導いた人物として近年、注目を集めている禅僧がいる。江戸初期に登場した曹洞宗の僧侶、鈴木正三（1579〜1655）である。正三は徳川家康につかえて大坂冬の陣で戦功を立てた武士だったが、豊臣氏が滅びて戦火がおさまったとき、42歳で出家して曹洞宗の僧侶となった。ただし宗派にこだわらず、臨済宗の師家《しけ》(※)とも親交があった。律宗の律師《りっし》(※)から沙弥戒《しゃみかい》(※)も授かっている。

正三は中国の唐時代の禅僧、普化《ふけ》（?〜860）に傾倒《けいとう》していた。普化は常識からかけ離れた振る舞いで風狂の名をほしいままにした。夜は墓地で眠り、昼は市場にあらわれて人々を教化したと伝えられる。日本で似た例を探せば、一休宗純《いっきゅうそうじゅん》（臨済宗大徳寺派の僧）にやや近いかもしれない。ともあれ、正三は宗派にとらわれず、自由な立場から禅宗を広めた偉人だった。

正三は著書『万民徳用《ばんみんとくよう》』に「どの事業もみな仏行である。みななすべきことをなせば、仏になれる。仏行でない仕事はない。どんな仕事も、すべて世界のためになると心得なさい」と書いている。このように、正三は、労働こそ悟りへの道にほかならない、労働は世のため人のためになる

師家：指導的な立場にある高僧。
律師：戒律をつかさどる高僧。
沙弥戒：見習い僧がまもるべき戒律。

真正な行為である、職業に貴賤はない、だから真面目に働きなさい、と主張した。

　こういう発想は正三以前には見出しがたい。その点は正三も自覚していて、晩年の正三の言葉を門弟が書きとめた『驢鞍橋《ろあんきょう》』という書物に「昔から、出家僧であろうと在家信者であろうと、悟りを得たと主張する人は数多くいる。しかし、かれらは仏法知りになっただけで、世俗の労働が悟りへの道にほかならないと主張した人は一人もいない。もしかしたら、いたのかもしれないが、これまで聞いたことがない。おそらく、私が言い出しっぺだろうと思う」としたためている。

　同じ書物の中で「臨済宗は外見ばかりとりつくろっていて、真の仏法は起こりがたい。……やがて曹洞宗のような土民の禅風から、必ずや真の仏法が起こってくるにちがいない」とも述べられている。ちなみにこの批判にこたえた臨済宗の改革者こそ、白隠慧鶴《はくいんえかく》だった。

　かつて日本の近代化は、江戸時代の武士層に必須の教養とされた朱子学《しゅしがく》と、不可分の関係にあったという学説が、政治学者の丸山真男《まるやままさお》氏によって主張され、今もなお通説になっている。しかし仏教学者の末木文美士《すえきふみひこ》氏は、朱子学の影響など所詮は限られたもので、正三の思想こそ、日本の近代化を根底から支えた可能性があると指摘する。とくに個人の生き方を正面から問う宗教思想の提唱者として、正三を高く評価すべきだという。私もまったく同じ意見だ。

禅宗系

黄檗宗

念仏と禅を融合させた教え

念仏をしながら坐禅をする「念仏禅」という修行

中国の禅宗は唐時代に登場し、宋時代に大きく発展した。モンゴル族が支配した元時代になると、モンゴル族はチベット仏教を信仰したが、漢族の間では禅宗が優勢だった。モンゴル族を北方に追い払った明時代、初代皇帝の朱元璋《しゅげんしょう》（洪武帝《こうぶてい》）によって、チベット仏教は圧迫され、中国伝統の禅宗をはじめ、華厳宗・天台宗・浄土宗・律宗などが復興した。もっとも仏教界は厳しく統制され、たとえば名刹の住職の任免は政府の管轄下におかれた。

明時代も後期に至ると浄土宗の勢力が拡大し、禅宗との融合が主流となる。また仏教と儒教と道教は本質的には変わらないと説く三教混融もしくは三教調和が常識化した。

念仏しながら禅定に励む念仏禅は、インドですでに実践されていた。ただしこの場合の念仏は観想念仏、つまり阿弥陀如来の姿や極楽浄土のありさまを心の中にありありと想い描く念仏であり、「南無阿弥陀仏」と唱える称名《しょうみょう》念仏（口称《くしょう》念仏）ではなかった。称名念仏しながら坐禅するという方式は、中国では唐時代から少しずつ始まり、宋時代をへて明時代に入ると、仏教界の主流となっていった。精神生理の面でも、禅定に際して精神を集中させるためには、ただ黙然と坐し続けるよりも、なんらかの言葉を繰り返し唱え続けながら瞑想するほうがはるかに効果的といわれるから、その点でも理にかなう。

黄檗宗の教え　念仏禅

隠元がもたらした「念仏禅」は、禅宗に浄土教の教えを取り入れたものだった。隠元は浄土教のほかにも密教の影響を受けていた。

浄土教

念仏を唱えれば、現世の苦しみから逃れ極楽浄土へ往生できる。

禅

坐禅によって修行を積むことで、自力で悟りを開く。

念仏禅

禅と浄土教の教えを融合した、念禅一致の念仏禅。念仏を唱えながら坐禅を組む。

隠元が日本に伝え当初は中国禅を強く意識

江戸初期に隠元隆琦《いんげんりゅうき》（1592〜1673）によって、明から日本へ伝来した黄檗宗は、この念仏禅を修行に採用してきた。ただし念仏禅を採用するほかは、臨済宗と教義も儀礼も異ならない。なぜなら、黄檗宗は臨済宗楊岐派《ようぎは》に属しているからである。現在も臨済宗とは共同で公益財団法人を運営していて、公式ウェブサイトも両者合同で設置されている。

「黄檗」という名称は、唐時代の禅僧、黄檗希運《おうばくきうん》（?〜850）に由来する。黄檗は中国臨済宗の祖となった臨済《りんざい》義玄《ぎげん》（?〜867）の師である。ややくわしくいうと、中国禅の基礎を築いたのが馬《ば》祖道一《そどういつ》（709〜788）、馬祖道一の後継者が禅宗の清規《しんぎ》（規範）を初めて定めた百丈懐海《ひゃくじょうえかい》（749〜814）、懐海の後継者が黄檗という関係にある。

また隠元自身も、南宋に渡り修行して日本臨済宗の祖の一人となった円爾《えんに》（1202〜1280）、あるいは南宋から渡来して北条時宗の帰依を受けた無学祖元《むがくそげん》（1226〜1286）などの師として知られる無準師範《ぶじゅんしばん》（1177〜1249）の法系を受け継いでいる。

このことから想像されるとおり、黄檗宗は臨済宗の正統を自任し、隠元が来日して法を伝えた当初は「臨済正宗《りんざいしょうしゅう》」あるいは「臨済禅宗黄檗派」と称していた。申し添えれば、隠元が来日した当時、中国大陸は漢族王朝の明が満州族の清によって侵略され、ついには滅ぼされてしまうという状況にあった。そのため漢族の間では一種の国粋主義が勢いを得ていて、隠元が中国禅の正統を強く意識して、あえて臨済正宗を名乗ったという事情も指摘されている。

「萬福寺」を拠点とし、仏教研究の発展にも寄与

その黄檗宗の拠点として、幕府や諸大名の後援により、1661（寛文元）年に開創されたのが、宇治の萬福寺《まんぷくじ》である。なお1740（元文5）年に、第14代住持に日本人の龍統元棟《りょうとうげんとう》（1663〜1746）が晋山《しんざん》（住職として就任）するまでは、歴代にわたり中国から住職を招聘《しょうへい》してきた。この点も黄檗宗が保持する正統意識と深い関わりがあると思われる。

とはいえ、同じ臨済宗とはいっても、日本の臨済宗は宋および元時代の中国臨済宗の流れを汲み、念仏禅とは縁遠い。したがって念仏禅を採用する黄檗宗が違和感をもたれた面は否定できない。さらに日本の臨済宗は、長い歳月の間に、良くも悪くも日本化を遂げていて、この点からも忌避反応がなかったとはいいがたい。とりわけ純粋禅を志向する禅僧たちにすれば、黄檗宗の融合的な性格は賛同しがたいものがあったらしい。

その一方で、江戸初期の頃は中国の文物に対する尊崇の念がまだ

非常にあつく、中国から新たに伝来した黄檗宗が、さまざまな意味で歓迎されたことも事実である。黄檗宗の僧侶たちもそれを十分に認識し、社会的な事業に大いに力を注いだ。

具体例をあげれば、隠元の法孫にあたる鉄眼道光《てつげんどうこう》（１６３０～１６８２）は、隠元が来日の際に持参した明版大蔵経（漢訳仏典全集）を元版として『鉄眼版《てつげんばん》（黄檗版）一切経《いっさいきょう》』と呼ばれる大蔵経を開刻し、出版している。

この出版によって日本の仏教研究は飛躍的に進んだ。さらには副次的な効果として、出版技術も大きく進歩したと高く評価されている。

明治政府が下した臨済宗との合併

隠元を継いで黄檗宗第2世となった木庵性瑫《もくあんしょうとう》（１６１１～１６８４）は江戸に瑞聖寺《ずいしょうじ》を開き、関東に黄檗宗の基礎をきずいた。全盛期の18世紀中頃は、萬福寺の塔頭は33カ院にもおよび、１０４３もの末寺があった。

その後は時代の推移とともに盛衰を繰り返す。江戸時代が終わると、黄檗宗は一時期、悲運に遭遇する。１８７４（明治7）年、仏教を冷遇する明治政府は、禅宗を臨済宗と曹洞宗の二宗のほかは認めなかったのである。そのために、黄檗宗はむりやりに臨済宗に合併され、宗派の名称も臨済宗黄檗派に改称されてしまう。黄檗宗として、正式に禅宗の一宗として独立できたのは１８７６(明治9)年のことである。

またこの間に、ほかの臨済宗系の寺と同じように、系統が白隠慧《はくいんえ》鶴《かく》の系統に変わっている。しかし方式勤行《ごんぎょう》は、読経が「黄檗唐韻《おうばくとういん》」と呼ばれる明時代の中国語の発音で行われるなど、あいかわらず中国風を伝えている。

黄檗宗

知っておきたい
名僧列伝

了翁道覚《りょうおうどうかく》

多岐にわたる社会貢献を行う

黄檗宗が日本に定着して以降の歴史をたどるとき、その生涯に果たした社会貢献の偉大さと修道の激烈さにおいて、突出している人物がいる。了翁道覚（1630〜1707）である。

出羽国《でわのくに》雄勝郡《おがちぐん》（現在の秋田県湯沢市）の貧しい農家に生まれ、幼くして両親も養父母も失った。そのため不吉な子どもとみなされ、11歳で真言宗の寺にあずけられてしまう。その後、曹洞宗龍泉《りゅうせん》寺《じ》の下僕となり、2年後に出家した。次いで仙台藩松島の瑞巌寺《ずいがんじ》をはじめ、各地の名刹で修行に明け暮れた。修行は寺に限らず、ときには神社に100日間、火食を断って参籠することもしている。了翁は生涯をかけて散逸した経典や群書の収集、また漢訳された仏典を網羅する一切経蔵《いっさいきょうぞう》建立の運動に邁進するが、そのきっかけは、10代のころ、平泉の中尊寺《ちゅうそんじ》に参拝した際、貴重な宋版大蔵《そうはんだいぞう》経《きょう》の大半が失われてしまっていると知り、嘆いた体験にあった。

1654（承応3）年7月、明から隠元隆琦《いんげんりゅうき》が来日したと聞き、長崎におもむいた。興福寺（長崎市）に滞留中の隠元を訪ねたところ、入門を許された。しかし重い病にかかって、いったん郷里にもどるなど辛苦を重ねたが、全快すると摂津島《せっつしま》上《がみ》（大阪府高槻市）の普門寺《ふもんじ》に滞在中の隠元隆琦のもとを訪れて私淑《ししゅく》し、ふたたび修行に励んだ。

了翁の修行の厳しさは言語に絶するものだった。たとえば33歳のとき、愛欲の根源であり、修行や学問の妨げになると考えて、男性器をカミソリで切り落としている。また観音菩薩に祈願するため、左手の小指を砕いて火をともす燃指行《ねんしぎょう》を実践している。燃指行は一度では終わらず、たびたび実践したために、ついに左の指すべてが焼き切られたという。

こういう部分を見ると、了翁は常軌を逸した奇人変人のたぐいと思われがちだが、実は金銭感覚に富み、利殖《りしょく》（投資により財産を増やすこと）の才に秀でたリアリストでもあった。ある夜、傷の痛みに耐えかねていると、長崎の興福寺を開いた明の高僧、黙子《もくす》如定《にょじょう》が夢枕に現れ、霊薬の製法を教えてくれた。夢告どおりに薬を調合すると、多くの疾病に劇的に効いた。この霊薬は「錦袋円《きんたいえん》」と名付けられ、爆発的に売れて、了翁は3000両（約9億円）の大金を手にした。

この金をもとに、年来の念願を果たすために全国21ヵ寺に経蔵を建立して大蔵経を安置し、あわせて貴重な文献の収集を果たしている。さらに全国に約30もの公開または半公開の図書館を開設して、一般の人々に読書研究を勧めたほか、講座を開き、貧しい閲覧者には給食まで施した。そのほか、孤児の救済事業、大火で焼き出された人々の救済など、その活動はすこぶる多岐にわたる。ちなみに上野寛永寺の中に建立した勧学寮の寮生のために了翁が工夫した漬物が「福神漬け」の起源とも伝えられる。

日蓮系

日蓮宗

他派を批判し『法華経』を絶対視

『法華経』だけを強く信奉した日蓮が開いた教団

日蓮宗は日本の伝統仏教界において、宗祖の名を宗派の名としている唯一の宗派である。もっとも日蓮宗と称することになったのは1876（明治9）年であり、それ以前は法華宗を称する例が多かった。現時点で日蓮を祖とする教団は、主な団体だけでも39もあり、その中には法華宗と称するものも少なくない。また在家信者を主体とする新宗教団体が多いことも大きな特徴の一つであり、信者の数からすると、伝統教団をはるかに超えている。極論すれば、これらの諸団体に共通する要素は、日蓮を宗祖とし、日蓮が最高の経典とみなした『法華経』を根本聖典とみなす点だけといってもいい。

日蓮（1222〜1282）は現在の千葉県鴨川《かもがわ》市の漁村で生まれた。16歳のとき、出身地に近い天台宗寺院の清澄寺《せいちょうじ》で出家した後関西に旅立ち、延暦寺・園城寺《おんじょうじ》・高野山などで修学している。十数年におよぶ修学をへて日蓮は『法華経』こそが唯一絶対の聖典であり、『法華経』を信奉する天台宗以外の宗派はすべてあやまちを犯していると確信するに至った。

『法華経』は2世紀頃におそらく西北インドで成立した大乗経典である。その核心は、時期に違いはあってもいつかはすべての者が悟りを開いて成仏できると説く「万人成仏《ばんにんじょうぶつ》」論、ブッダが涅槃に入ったというのは人々を正しい教えに導くための方便であって実は永遠不滅なのだと説く「久遠実成《くおんじつじょう》の本《ほん》仏《ぶつ》」論などにある。

日蓮宗の教え　五義と三大秘法

日蓮宗の根本経典である『法華経』は、日蓮宗にとって唯一無二の存在である。なぜ『法華経』が絶対的存在であるのかを示したのが「五義」である。

五義 ＝ 『法華経』を重んじる根拠

教
『法華経』が最も優れていることを知る

機
人々の能力。末法の時代の人々は、善悪の判断ができないため『法華経』が必要

時
『法華経』が広まるべき時期。末法の時代は、仏教信仰が衰弱し、教えを必要としている

国
教えが広められるべき国。末法の時代の日本のこと

序
教・機・時・国をふまえ、その国にどんな教えが広まってきたのかを知る

←実践

三大秘法 ＝ 五義を実践する修行方法

（本門の本尊）
久遠実成の仏の救いを表した「大曼荼羅」を信仰すること

（本門の題目）
「南無妙法蓮華経」の題目を唱え、本仏との融合をめざす

（本門の戒壇）
題目を唱えるための道場。本仏との一体化につとめる

生まれ故郷のインドや、インド仏教の忠実な後継者となったチベットではさして尊崇されなかったが、中国では隋時代に活躍した天《てん》台《だい》智《ち》顗《ぎ》が「諸経《しょきょう》の王」と絶賛し、みずからきずきあげた壮大な宗教哲学の根本に据えたことから、後世に大きな影響力をあたえた。

日本の仏教界では日本天台宗の祖となった最澄が智顗の教えを受け継ぎ、『法華経』を天台宗の中核に位置づけた。ところが、最澄以後の天台宗は時代の求めもあって密教や浄土教に傾斜し、最澄の遺志は無視されがちだった。その状態を仏教の自己破産と断じた日蓮は自身を『法華経』の行者と称し、他宗に対して無謀とも思える戦いを挑んでいく。

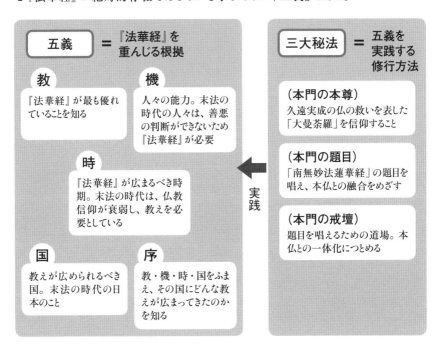

他宗や幕府を批判し流罪
日蓮没後、宗派は分裂

日蓮は武家政権のあった鎌倉を主な活動の場とし、説教と著作につとめた。ちなみに関東生まれで関東を活動の場とした宗祖は、日蓮しかいない。当時の関東は暴力が横行し、すこぶる野蛮だった。この点は日蓮を理解するのに欠かせない条件の一つである。

日蓮の批判はほとんどすべての宗派に向けられたが、とりわけ一世を風靡していた浄土宗は、死後に重心が置かれ、現世を軽視していると激烈に批判した。主著とされる『立正安国論《りっしょうあんこくろん》』はまさに法然批判の書にほかならない。批判に激怒した信者たちは、日蓮とその弟子たちを何度も襲った。日蓮は傷を負い、弟子たちの中には死者も出た。

中世では政治と宗教は分離されず、互いに密接な関係にあり、日蓮自身もそう認識していたから、日蓮の行動はおのずから政権批判となった。それに加え、対立する宗派からの訴えもあって、鎌倉幕府から斬首を言い渡されたが、処刑の寸前に強烈な光に照らされるという奇跡が起こって処刑が中止となり、代わりに佐渡島へ流罪となった。

流罪を解かれていったん鎌倉へ帰った日蓮は、1274（文永11）年4月8日、幕府の要人から『立正安国論』で日蓮が予言した外国からの侵略がいつ起こるか、と尋ねられている。6年ほど前の1268（文永5）年1月16日、九州の大宰府に蒙古と高麗の国書が届けられ、その中に日本への侵攻をほのめかす文言があったからである。日蓮は今年中に起こると答えている。事実、半年後の10月に、いわゆる文永の役が勃発し、日蓮の予言は的中した。

幕府にこれ以上なにを進言しても意味がないと感じた日蓮は、日蓮に帰依していた南部実長《なんぶさねなが》（波木井《はき》《い》実長《さねなが》）が地頭として統治していた甲斐国身延《かいのくにみのぶ》（山梨県南巨摩郡身延町）に入った。後にこの地に久遠寺を建立して、弟子の育成と書物の執筆に専念することとなる。

また本尊として、文字による曼荼《まんだ》羅《ら》（御曼荼羅・大曼荼羅）をあまた書いている。なお日蓮は元寇《げんこう》を『法華経』を無視した日本を諸天《しょてん》善神《ぜんしん》(※)が罰した結果とみなし、むしろ『法華経』布教の好機とさえ述べている。

日蓮の死後、教団は日蓮が選んだ六老僧による集団指導体制を採用し、勢力を拡大していった。その一方で見解の相違から分裂する傾向も次第に目立っていく。たとえば『法華経』を前半と後半に分けて前半を迹門《しゃくもん》、後半を本門《ほんもん》と称し、本門が迹門よりも優位とみなす勝劣派と、両者の違いを認めつつも優劣はないとみなす一致派が対立し、分派の一因となった。日蓮の位置づけも対立の原因となった。日蓮こそ本仏（根本的な仏）とみなす派と、本仏はやはり釈迦如来とみなす派に分かれて対立した。この対立は今も続いている。

さらに『法華経』を絶対視する立場から、他宗を信仰する人々からは布施を受けず、施しもしない「不受不施《ふじゅふせ》」派（義）と、やや妥協的な「受不施《じゅふせ》」派（義）に分かれて対立した。江戸時代には「不受不施」派はキリシタンとともに邪宗として厳禁され、苛酷な弾圧の対象となったが、２００年以上を耐え抜き、現在も少数ながら生き残っている。

日蓮宗の歴史を考える際、きわめて重要な事実は、中世後期から近世の時期に、京都や堺といった中核都市の富裕な商人たち、すなわち町衆の信仰となったことだ。その町衆に後援された狩野派や琳《りん》派《ぱ》、あるいは長谷川等伯《はせがわとうはく》なども日蓮宗を信仰していた。そのため造形芸術に関しては、旧仏教系に比べると、臨済宗以外は実りの少ない鎌倉新仏教系としては例外的に、すぐれた作品が生まれている。また冒頭に述べたとおり、近代化の過程で最も活動的な新宗教団体の多くが日蓮宗系という事実も忘れてはならない。

日蓮宗の数珠の使い方

両手の中指にかけ数珠をひねり、合掌する。このとき房が左手側に３本、右手側に２本くるように。

諸天善神：仏法、仏教徒を守護し、幸福をもたらす神々（主に天部）のこと。
※数珠の使い方は一般的な目安で、地方や寺、僧侶の考え方によって異なる。

日蓮宗
知っておきたい名僧列伝

日親《にっしん》

――拷問、弾圧に抗う不屈の僧

強烈な個性の持ち主だった日蓮を宗祖とするだけに、日蓮宗はほかの宗派に例を見ない後継者たちを育んできた。その中でも際立った人物に、「鍋かぶり日親」と呼ばれた日親（1407～1488）がいる。通称のとおり、焼けた鉄鍋を頭にかぶせられ、舌先を切り取られるなどの拷問を受けても屈せず、説法し続けた。日蓮宗（法華宗）以外の宗派の存在を否定し、絶対に妥協しない「不《ふ》受不施《じゅふせ》（他宗派の人から布施を受けず、他宗派の人の供養もしない）」の思想を主張し実践した人物でもある。

日親は上総国《かずさのくに》（千葉県中部）に生まれ、14歳のとき下総国《しもうさのくに》（千葉県北部）の中山法華経寺《なかやまほけきょうじ》（千葉県市川市）で出家した。その後は鎌倉や京都で布教活動に励んだ。中山門流は他宗に対して寛容な面もあったが、日親は門流の姿勢に反し、総導師として派遣された九州の肥前国《ひぜんのくに》（佐賀県）で折《しゃく》伏《ぶく》、つまり他宗に対する猛烈な攻撃を繰り返したため、門流から破門されてしまう。破門をきっかけに日親は京都にもどって本法寺《ほんぽうじ》を開き、京都の活動拠点として、あいかわらず折伏を続けた。その激烈な行動はかなり成功をおさめ、他宗の寺をいくつも日蓮宗に改宗させている。

33歳で、室町幕府の第6代将軍足利義教《よしのり》に説法する機会を得た。乱れた世を正すにはひたすら『法華経』をあがめ、他宗を禁止するしかないと進言したが、義教の怒りを買い、逆に布教を禁止されてしまう。さらに日蓮の『立正安国論《りっしょうあんこくろん》』にならい『立正治国論《りっしょうちこくろん》』を執筆し義教に諫言《かんげん》（忠告）しようとしたことが義教の逆鱗に触れ、投獄された。ちなみに『立正安国論』が法然流の念仏批判が中心なのに対し、『立正治国論』は念仏批判より「『法華経』信仰のほかに天下泰平の道はない」という点が重要視される。

逮捕された日親は苛酷な拷問を受けた。炎天下の火責め、その半年後には寒夜の鞭打ち、ついで熱湯漬け、水をむりやり飲ませる水責めと続き、それでも屈しないので、真っ赤に焼けた鉄鍋を日親の頭上にかぶせ、鋤《すき》や鍬《くわ》を真っ赤に焼いて日親の両脇に差し込んだりした。最後には「南無妙法蓮華経」という題目を唱えられないように、日親の舌先を切り落としたが、これらの拷問に日親は耐え、信仰を守り続けた。

そうこうするうちに１４４１（嘉吉《かきつ》元）年、義教が赤松満祐《あかまつみつすけ》（室町時代中期の武将）に暗殺されたため（嘉吉の乱）、日親は赦免された。その後も弾圧は止まず、肥前国における布教活動を第8代将軍の義政にとがめられて禁錮刑を受け、京都の活動拠点だった本法寺がたびたび破却されている。しかし日親の権力に屈しない姿勢は京都の町衆（有力商人）から支持され、京都や堺といった中核都市に日蓮宗が根付く基盤をきずきあげた。晩年は本法寺の再建も果たした。なお酷い弾圧を受けたにもかかわらず、日親は82歳の長寿をまっとうしている。

なぜたくさんの「信仰」があるのか

日本の伝統仏教にはさまざまな信仰がある。もう少し正確にいえば崇拝対象がたくさんある。釈迦如来、阿弥陀如来、大日如来、薬師如来、観音菩薩、弥勒菩薩、不動明王というように、ありすぎるくらいだ。

この点はキリスト教やイスラム教、あるいはユダヤ教が、イエス、アッラー、エホバなどと呼称は異なるとはいえ、基本的に同じ神を崇拝するのとはまったく違っている。同じ仏教でも、初期仏教やその後継者といえるテーラワーダ仏教（上座部仏教）が釈迦如来しか崇拝対象にしてこなかったのとは、大きく違う。

なぜ、日本の伝統仏教には崇拝対象がたくさんあるのか。その理由は、日本の伝統仏教が、大乗仏教の系譜を継いでいるからだ。大乗仏教は人々の求めに従って、さまざまな仏菩薩を創造した。

では、なぜ大乗仏教に対して人々が、初期仏教とは異なるものを求めたのか。理由はいくつもある。まず人々が仏教に求めるものが多様化した。たとえば初期仏教では出家と徹底的な禁欲が欠かせなかったが、この条件を満たせる者は限られていた。ブッダの教えと、みずからの堅い意志によって、つまり自力によって修行に徹することができる者も限られていた。そこに自力ではなく、仏菩薩がもっているであろう聖なる救済力を期待する他力信仰が生まれた。

さらに紀元後2世紀頃になると、死後世界に対する関心が急速に高まり、死後世界に関わる阿弥陀信仰（浄土信仰）が台頭した。このタイプの信仰はインドではさして広まらなかったが、中央アジアをへて東アジアに伝えられると、むしろ主流になっていった。そこには、仏教とは本来あまり縁がなかった死者供養の問題も深く関わっていた。

この例のように、大乗仏教が仏教の生まれ故郷のインドの外へ展開したことも、さまざまな信仰が生まれた原因の一つといえる。異なる民族、気候や風土の異なる地域に伝えられれば、おのずから変化が生じる。加えて仏教が伝えられる前からあった在地の信仰と融合することで、仏教は大きく変わっていった。

日本を例にとれば、恩恵をもたらす「和《にき》魂《みたま》」系の神が観音菩薩に、絶大なパワーを発揮する「荒魂《あらたま》」系の神が不動明王に、それぞれ変容し、仏教の裾野を大きく拡げたのである。このような例は至るところで見られる。

正木　晃（まさき・あきら）
1953年、神奈川県生まれ。筑波大学大学院博士課程修了。国際日本文化研究センター客員助教授等を経て、現在、慶應義塾大学非常勤講師。専門は宗教学、とくに日本密教・チベット密教における修行ならびに図像の研究。主な著書に『密教』『増補　性と呪殺の密教　怪僧ドルジェタクの闇と光』（共にちくま学芸文庫）、『現代の修験道』（中央公論新社）、『現代日本語訳　空海の秘蔵宝鑰』『現代日本語訳　法華経』『「空」論　空から読み解く仏教』『カラーリング・マンダラ』（以上、春秋社）、『空海と密教美術』（角川選書）、『現代語訳　理趣経』（角川ソフィア文庫）、『マンダラとは何か』（NHKブックス）、『宗教はなぜ人を殺すのか　平和・救済・慈悲・戦争の原理』（さくら舎）、訳書にスザンヌ・F・フィンチャー著『マンダラ塗り絵』（春秋社）などがある。

The New Fifties

詳説《しょうせつ》　日本仏教《にほんぶっきょう》13宗派《しゅうは》がわかる本《ほん》

二〇二〇年三月三日　第一刷発行
二〇二三年六月二日　第四刷発行

著者　正木《まさき》　晃《あきら》
発行者　鈴木章一
発行所　株式会社講談社
郵便番号　一一二―八〇〇一
東京都文京区音羽二―一二―二一
電話　編集　〇三―五三九五―三五六〇
販売　〇三―五三九五―四四一五
業務　〇三―五三九五―三六一五

KODANSHA

印刷所　凸版印刷株式会社
製本所　株式会社若林製本工場

N.D.C.180　208p　21cm

定価はカバーに表示してあります。

ISBN978-4-06-517591-0